Nigg
Vom beispielhaften Leben

W

Walter Nigg

Vom beispielhaften Leben

Neun Leitbilder und Wegweisungen

Walter-Verlag
Olten und Freiburg im Breisgau

3. Auflage 1978

Alle Rechte vorbehalten
© Walter-Verlag AG Olten, 1974
Gesamtherstellung in den grafischen Betrieben
des Walter-Verlags
Printed in Switzerland

ISBN 3-530-61205-7

«Mein Denken bewegt sich fast nur noch
um den Einblick der Heiligen in die Geschichte.»
Reinhold Schneider an Jochen Klepper

Inhaltsverzeichnis

Zum Auftakt

Der Heilige
in einer unheiligen Zeit

Am Wirtstisch einer düstern, russischen Kneipe sagte Marmeladoff zu Rodion Raskolnikoff: «Es müßte doch so sein, daß jeder Mensch irgendwo hingehen könnte. Denn es kommen Zeiten, wo man sich unbedingt an irgend jemand wenden muß.»[1] In seinem trunkenen Elend hat Marmeladoff eine Ansicht ausgesprochen, die nicht nur wahr ist, sondern der Situation des modernen Menschen besonders entspricht. Obwohl der heutige Mensch nur noch an Geldverdienen und Sicherheit denkt, gerät er immer wieder in Zustände von Angst und Ratlosigkeit. In solchen dunkeln Stunden der Verzweiflung kommt ihm unwillkürlich der Gedanke, er sollte jetzt unbedingt jemanden kennen, bei dem er sich aussprechen und einen erhellenden Rat holen könnte. Aber bei wem? Kennen wir jemanden, der verschwiegen ist und überlegen und zu raten weiß? Können wir irgendeinem Menschen unbedingt vertrauen? Marmeladoff hatte recht, es werden schwere Zeiten kommen, und es müßte so sein, daß jeder Mensch irgendwo Rat holen könnte. Zu wem aber soll einer gehen, wenn er niemanden kennt, nicht eine einzige Seele auf der ganzen Welt? Hier besteht eine der tiefsten seelischen Nöte unserer Zeit. Unsere Tage werden vom politischen und wirtschaftlichen Trubel übertönt, woran unzählige Menschen in heimlicher Qual leiden und, oft unbemerkt, langsam seelisch zugrunde gehen.

Auf die aktuelle Frage nach Geborgenheit und helfender Weisung antwortet ein urchristliches Zeugnis: «Gehet zu den Heiligen, denn die mit ihnen gehen, werden geheiligt werden.»[2] Das

Wort stammt aus dem ersten Clemensbrief, ein Zitat, das der Verfasser mit den Worten einführt: «Es steht geschrieben.» Wo es geschrieben steht, sagt er nicht, die Herkunft des Ratschlages ist sekundär. Bedeutsam ist einzig und allein, daß Clemens, einer der ersten Bischöfe der Römischen Gemeinde, die Worte an die Christen von Korinth richtete. Er schrieb die Mahnung wenige Jahrzehnte nach dem Tode der Apostel, und das hohe Alter der Wegweisung verleiht seinen Worten ein nachhaltiges Gewicht. Clemens wies die Empfänger seines Briefes an die Heiligen. Diese Bezeichnung wurde damals noch auf alle Christen angewandt. Aus der Frühzeit des Christentums stammt der Ratschlag, den man auch heute noch jedem Menschen geben sollte: «Es müßte doch so sein, daß jeder Mensch irgendwo hingehen könnte», da die Zeiten, in denen menschlicher Rat selten geworden ist, nun wirklich da sind.

Eine merkwürdige Empfehlung, so ganz ungewohnt für unsere Ohren voll verwirrenden Gesummes. Können wir sie ohne weiteres befolgen, indem wir mit Tersteegen schlicht sagen: «Kommt, Kinder, laßt uns gehen.»? Nein, so einfach liegen die Dinge für uns späte Menschen nicht. Wir haben gegenüber der frühchristlichen Antwort mannigfache Bedenken, Einwendungen und Hemmungen. Es ist geboten, über diese innern Schwierigkeiten offen zu reden, damit Clemens' Aufforderung «geht zu den Heiligen» nicht zum voraus wirkungslos bleibt.

Zunächst hindert uns einmal die verunstaltete Vorstellung von den Heiligen daran, der Aufforderung nachzukommen. Die ganze Barockisierung der Heiligen mit ihren Triumphgebärden ist uns fremd geworden. Das übliche Heiligenschema mutet uns steif und langweilig an; wir sind seiner gründlich überdrüssig geworden. Wenn wir eine Heiligenbiographie zur Hand nehmen, legen wir sie nach wenigen Minuten gähnend wieder weg. Der salbungsvolle Ton widerspricht unserem Lebensgefühl, weil wir ihn als unecht empfinden. Verstärkt wird die Ablehnung noch durch unser mangelhaftes Geschichtsbewußtsein, um nicht zu sagen, unsere Geschichtsfeindlichkeit.

Das zweite Hemmnis, das uns den Weg zu den Heiligen zu erschweren vermag, ist unsere Blindheit gegenüber der Vergangenheit. Die Heiligen sind für uns zu unbekannten Gestalten geworden. Von weit her klingen uns noch ihre Namen im Ohr, aber es verbindet sich keine anschauliche Vorstellung mehr mit ihnen. Bernanos läßt deswegen eine seiner Romanfiguren sagen: «Wir Draußenstehenden, wir kennen die Heiligen nicht, aber es kommt mir so vor, als ob ihr Katholiken sie nicht viel besser kennt. Wer von euch wäre imstande, zwanzig Zeilen über seinen Namenspatron zu schreiben?»[3] Was aber unmerklich verblaßt ist, läßt sich in einer bedrängten Situation nicht plötzlich wieder hervorholen. Daß die Heiligen uns unserem Bewußtsein so entschwinden konnten, ist eine Schande, besonders auch im Hinblick auf all die unsinnigen Eitelkeiten, die wir dafür eingetauscht haben. Diese grobe Nachlässigkeit jedoch rächt sich heute schon bitter und wird es in Zukunft noch mehr tun.

Schließlich ist noch eine dritte Schwierigkeit zu erwähnen. Die Heiligen wurden uns als unwahrscheinlich vollkommene Menschen hingestellt, die sich schon als Säuglinge während der Fastenzeit der Mutterbrust enthalten hätten und in der Pubertät gegenüber dem andern Geschlecht stets die Augenlider fromm niedergeschlagen hielten. Solche Vollkommenheit schreckt uns mehr ab, als daß sie uns anzieht, denn wir sind das Gegenteil von heiligen Menschen solcher Art; in unserem Leib rumoren immer wieder sieben Teufel und verstricken uns in beinahe ausweglose Situationen. Wie soll es aber zu einem nahen Kontakt zwischen so überaus vollkommenen Gestalten und uns kommen, die wir im Leben alles verkehrt gemacht haben?

Solche Bedenken melden sich in uns gegen die Aufnahme einer Beziehung zu den Heiligen. Wir müssen uns ernstlich fragen: Können wir heute noch zu den Heiligen in ein inneres Verhältnis treten, und was müßte in uns selbst geschehen, damit wir wieder fähig würden, auf ihre Wirklichkeit zu antworten? Schwierigkeiten sind bekanntlich da, um überwunden zu werden, weshalb es notwendig ist, die genannten Widerstände zu übersteigen. Leicht ist das freilich nicht, und es liegt mir ferne, goldene Brücken zu bauen. Vielmehr bin ich von dem Wort überzeugt, das einst die Ewige Weisheit zum Mystiker Heinrich Seuse sprach: «Das ist meine unveränderliche Ordnung in der ganzen Natur, von der ich nicht abgehe: Was edel und gut ist, das muß sauer erworben werden.»[4] Von selbst fällt einem nie etwas in den Schoß, und was billig ist, ist auch nichts wert. Zu den Heiligen gehen ist nicht das gleiche wie in ein Kino oder auf den Sportplatz gehen. Es ist keine Kleinigkeit, mit den Heiligen in eine neue Fühlung zu kommen, eher ist es ein Wagnis, über das keine leichtgefederte Aussage erlaubt ist. Man muß da schon einen Entschluß fassen, ihn konsequent durchführen und es sich etwas kosten lassen. Wem das zu mühsam ist, der geht besser nach Hause und kriecht unter die Bettdecke. Das Göttliche ist niemals einfach und keineswegs so nebenbei zu haben – das wäre eine fatale Selbsttäuschung. Nur wer bereit ist, das Letzte zu wagen, gelangt in die Nähe der Heiligen. Hier, und vor allem hier gilt die Wahrheit: Der Glaube ist ein Abenteuer, er ist das einzig wahre Abenteuer.

Uns ist das Problem gestellt, den Heiligen in einer unheiligen Zeit zu sehen. Das ist die entscheidende Frage, vor der wir stehen, eine Frage, die uns existentiell und nicht theologisch aufgegeben ist. Ich habe nichts gegen die Theologen – Gott habe sie selig –, aber was sie heute ausführen, ist Fachwissenschaft, ist intellektuelle Geistesübung; während wir doch der Wegweisung und der Kraft bedürfen. Die Heiligenbeziehung hat es mit der christlichen Existenz zu tun – ohne diese fehlt ihr jede ernsthafte Bedeutung. Wir benötigen diese Klarstellung in unserer Gegenwart doppelt, weil so viele Nebelschwaden dem Menschen den klaren Blick verwehren. Es bleibt keine andere Möglichkeit, als durch die Unheiligkeit unserer Zeit zu den Heiligen vorzudringen. Wir brauchen sie als Gefährten, um die schwere geistige Schlacht in der Gegenwart zu gewinnen.

Wir sprachen von einer unheiligen Zeit. Aber nicht nur unsere Zeit ist unheilig, die früheren Jahrhunderte waren es auch. Die Bibel selbst mahnt uns: «Frage nicht: Wie kommt es, daß die früheren Zeiten besser waren als die jetzigen? Denn das wäre», schreibt der Prediger Salomo, «nicht eine weise Frage.»[5] Auch zur Zeit, da Clemens seinen Ratschlag gab, «gehet zu den Heiligen», herrschte ein gewalttätiger Kaiser über das Römische Reich, und die antiken Großstädte waren Lasterhöhlen, in denen schandbare Dinge geschahen. Zu allen Zeiten bedurfte es der äußersten Anstrengungen, um den Weg zu Gott zu finden. Wir leben ebenfalls in einer ruchlosen Zeit, die durch den Abfall zum Neuheidentum charakterisiert ist. In unserer unheiligen Zeit treiben nicht nur politische Machthaber und ehrgeizige Technokraten ein frevelhaftes Spiel mit der Menschheit, es erscheinen auch die Vertreter des Nichts, die mit ihrer nihilistischen Gesinnung die Fundamente des Abendlandes untergraben und nichts an ihre Stelle zu setzen imstande sind. Millionen von Mitläufern folgen ihnen heute unbedenklich, sie finden die Auflösungsbestrebungen innerhalb der Christenheit interessant und machen sich über die Auswirkungen nicht die geringsten Gedanken. Es ist unnötig, den geistigen Verfall unserer Zeit ausführlicher zu schildern, wir haben mit seinen Erscheinungen jeden Tag zu tun und kennen ihn zur Genüge. Jedoch lebt in uns die Ahnung, es werde alles eines Tages ein überaus schlimmes Ende nehmen, weil die neue Katastrophe über uns hereinbrechen könnte, bevor wir die letzte geistig verarbeitet haben.

Gegen die unheilige Zeit tritt der Heilige zum geistigen Zweikampf an: nicht als eine Gestalt mit einem goldenen Reifen um das Haupt, sondern oftmals als ungeschickter, linkischer

Mensch, der, allen Mächten preisgegeben, allein von Gott gehalten ist. Die Heiligen sind die Gegenspieler der Abgesandten des Teufels, und weil unsere Zeit auf die Boten des Himmels glaubte verzichten zu können, sind die Gewalten des Bösen übermächtig geworden. Es hat immer, heute nicht weniger als früher, das Dämonische in der Zeit gegeben, und das Ringen mit ihm ist der tiefere Sinn der Teufelskämpfe der Heiligen. Man darf sie nicht verschweigen aus Angst, man könnte sich vor den aufgeklärten Zeitgenossen lächerlich machen. Die Heiligen haben das Dämonische in seiner Abgründigkeit gesehen; sie haben sich ihm entgegengestellt und den innern Kampf dagegen aufgenommen. Statt sich anzupassen, haben sie Widerstand geleistet. In diesem atemberaubenden Ringen mit dem Zeitgeist besteht die Sendung der Heiligen. Sie haben die Großtaten Gottes verkündet und mit ihrem Leben eine gültige Antwort auf die Nöte ihrer Zeit gegeben. Vermag man diesen geistigen Zweikampf nicht zu sehen, versteht man auch das Thema des Heiligen in einer unheiligen Zeit nicht. Freilich dürfen wir diese metaphysischen Auseinandersetzungen nicht in einer schönfärberischen Beleuchtung sehen. Die Heiligen sind keineswegs als die glorreichen Sieger aus der Geistesschlacht hervorgegangen, im Gegenteil, viel zu oft eilten sie von Niederlage zu Niederlage und haben gerade darin die Ähnlichkeit mit dem von den Menschen ans Kreuz geschlagenen Erlöser bewiesen. Alle Geschehnisse bedürfen einer realistischen Schilderung, bei der wir uns auch vor kühnen Formulierungen nicht zu fürchten brauchen. Mit Léon Bloy vermögen wir unter Umständen in einem Straßenmädchen eine verborgene Heilige zu sehen.

Wer zu den Heiligen in eine neue Beziehung treten will, muß sich vor allem von der irrigen Vorstellung befreien, daß sie als vollkommene Menschen auf die Welt kamen und sich nie eines Fehlers schuldig gemacht haben. Einer solchen Auffassung würden sie selbst am heftigsten widersprechen. Diese uns schon in der Jugend eingeimpfte Ansicht verändert die Wirklichkeit der Heiligen ins Unwirkliche. Selbst die Heiligen mußten höchst mühsam den Pfad suchen, sie erlebten oft bitterböse Rückschläge und beschritten sogar im Guten Irrwege. Oftmals verurteilten sie im Alter die allzu rigorose Askese ihrer Jugend. Niemals sind sie in einem Sprung ans Ziel gelangt. Bei eingehender Vertiefung in die Heiligen-Literatur wird man bald bemerken, wie hart diese Menschen mit sich und der Welt gerungen haben. Ihr Kampf mit dem eigenen Willen spricht eine deutliche Sprache. Er darf nicht als eine Selbstquälerei abgetan werden, der nur zu einer Verdrängung geführt habe. Ihre geradezu stürmischen Anstrengungen waren unumgänglich notwendig, damit das erste erreicht wurde: endlich sich selbst in den Griff zu bekommen. Dies ist die erste Stufe, um auf der Leiter nach oben aufsteigen zu können. Der Bemühung blieb oft lange Zeit kein Gelingen beschieden, und wenn nicht die Gnade zu Hilfe gekommen wäre, hätte sich die Gottesnähe auch nicht erreichen lassen. Anstatt sich vorzustellen, die Heiligen seien schon in der Wiege heilig gewesen, wäre es geboten, gerade ihre betrüblichen Erfahrungen zu verfolgen, weil diese unserm Versagen nur allzu ähnlich sind. Warum sage ich das? Gewiß nicht um an den Heiligen eine klägliche Enthüllungspsychologie zu betreiben, was eine wenig vornehme Gesinnung verraten würde; vielmehr geht es um die Beseitigung jener Hemmung, die uns gerade hindert, uns mit angeblich vollkommenen Menschen überhaupt näher einzulassen. Die Heiligen kamen mit der Erbsünde belastet auf die Welt und hatten es mit allen erdenklichen Versuchungen zu tun, nicht anders als wir. Auch bei den Heiligen erschien das Göttliche in Knechtsgestalt. Auch sie hatten mit Fleisch und Blut zu kämpfen und waren nicht an einem Tag am Ziel. Dieser Hinweis bezweckt keine Herabsetzung, er will uns vielmehr Mut machen, an uns selbst nicht zu verzweifeln. Gehen wir doch getrost zu den Heiligen: sie verurteilen uns nicht, sie verdammen uns nicht, sondern sie verstehen uns, ja, sie verstehen uns besser, als wir uns selber verstehen. All das, was uns zu schaffen macht, haben auch sie erlebt, aber sie sind nicht im Morast steckengeblieben, sondern aus dem Abgrund in den inneren Aufstieg gelangt. Die Heiligen sind durch geheimnisvolle, dem Verstand nicht zugängliche Bande mit uns sündigen Menschen verbunden. Es gibt eine tiefe Solidarität zwischen den Heiligen und uns. Dieses Mysterium des Christentums gilt es neu zu entdecken.

In unheiliger Zeit gibt es nicht nur Heilige aus schlechtem Holz, sondern auch noch andere, die der Erwähnung wert sind. Unsere jungen Menschen sind bei aller Verwirrung dennoch vom Drange erfüllt, den Elenden zu helfen. In ihrer Verwahrlosung – sind sie doch meist ohne jedes Leitbild aus der Schule ins Leben hinaus gestoßen worden – strolchen sie davon und sind von einem Helferwillen erfüllt, ja sie sind geneigt, das ganze Christentum, soweit sie davon noch etwas kennen, auf das Helfen und auf die Mitmenschlichkeit zu reduzieren. Manchmal gebärden sie sich auch so, als ob sie das Helfen eigentlich entdeckt hätten, weil sie in völliger Unkenntnis der Geschichte des Christentums groß geworden sind oder überhaupt der Meinung huldigen, die Weltgeschichte beginne erst mit ihnen. In Wirklichkeit aber – es muß leider bei allem Erbarmen mit der desorientierten Jugend gesagt sein – helfen die jungen Leute nicht viel, sondern sie wollen vor allem über das Helfen diskutieren, und wenn das Tun dann wirklich beginnen sollte, sind sie plötzlich nicht mehr da. Ganz anders die Heiligen. Unter ihnen gab es Helfergestalten, es sei nur an Elisabeth von Thüringen oder an Vinzenz von Paul erinnert, die auf ihren Reichtum verzichteten, zu den Armen hinunterstiegen und selbst arm wurden. Sie legten Hand an, gingen in das Elend hinein und schenkten das Hemd vom Leibe. Sie scheuten keine Arbeit, sie schreckten vor nichts zurück, sie halfen und zehrten sich auf im Helferdienst, weil sie in den Armen und Kranken den verborgenen Christus erkannten. Beschäftigen wir uns doch einmal genauer mit den charitativen Gestalten. Wir werden staunen, was uns begegnet, Leistungen, die wir nie für möglich gehalten hätten. Es ist etwas Grandioses um die Liebestätigkeit der Heiligen, die Gottesliebe nicht mit Nächstenliebe verwechselten und doch das Gebot der Nächstenliebe so erfüllten, wie man es nicht besser tun kann. Ein wahres Heldentum der Liebe liegt in ihnen. Sollten wir zu solchen Menschen nicht gehen, zu ihnen kein unbegrenztes Zutrauen haben?

Eine weitere Gruppe von Heiligen umfaßt die kontemplativen Gestalten. Ihnen begegnet unsere aktivistisch eingestellte Zeit mit betonter Geringschätzung, stehen sie doch in der Gegenwart nicht hoch im Kurs. Man verachtet sie als Müßiggänger und bezichtigt sie des reinen Egoismus. Solche Vorurteile sind freilich gedankenlos nachgeplappert und von Menschen in Umlauf gesetzt, die nichts, aber auch gar nichts von innern Werten verstanden haben. Die kontemplativen Heiligen waren von einem unstillbaren Gottesverlangen erfüllt; sie dürsteten nach Gott und wußten auch, daß das konzentrierte Gebet die stärkste innere Arbeit erfordert. Sie flüchteten sich in Gott, ließen sich in Gott fallen, verbargen sich in Gottes Mantel und wurden von Gott auch an sein Herz gedrückt. Und dies blieb nicht ohne Früchte. Es ist erstaunlich, welche Einsichten wir bei ihnen finden, und welche Leidbewältigung sie vollbracht haben. Erinnern wir uns nur an die in einem geschlossenen Kloster lebende kleine Therese. Von dieser weltabgeschiedenen Karmelitin haben viele Christen wieder gelernt, was der Geist der Kindheit ist, und daß das Evangelium im kleinen Weg besteht, der jedoch ein ebenso weiter als schwerer Weg ist. Man lernt diese schweigenden Heiligen freilich nur richtig schätzen, wenn man sich eingehend mit ihnen beschäftigt, sie nicht nur so flüchtig anschaut, sondern immer wieder ihre Worte bedenkt, sich noch einmal auf sie besinnt, weil man seit gestern bereits wieder vergessen hat, was sie über die Freude des Evangeliums ausgesagt haben. Höchst verwunderlich ist es, was die kontemplativen Heiligen uns mitzuteilen haben. Welche Bedeutung und welchen Wert hat dagegen die dekadente Literatur von heute? Sie läßt sich nicht vergleichen.

Eine letzte Gruppe von Heiligen soll noch erwähnt werden: die Heiligen unserer Zeit. Auch sie sind gegenwärtig, obschon sie ganz der Verborgenheit angehören und in ihrer Unscheinbarkeit kaum bemerkt werden. Heilige sind keine Angelegenheit der Vergangenheit. Sie leben heute unter uns, nicht weniger als früher unter den Menschen ihrer Zeit, und auch in Zukunft werden sie da sein. Zu ihnen zählt nicht nur der sich opfernde Pater Maximilian Kolbe, der bereitwillig für einen Familienvater in den Todesbunker ging, sondern viele Märtyrer des Dritten Reiches und des kommunistischen Rußland und außerdem die vielen nicht kanonisierten Heiligen, die uns sehr bedeutsam sind. Doch darüber zu reden hieße das unsichtbare Geschehen in unserer Zeit andeuten, wozu es eines besonderen Sensoriums bedarf. Tiefen und Hintergründe würden sich auftun, von denen die Massenmedien in ihrer törichten Sensationslust nichts ahnen.

Überblicken wir nochmals die erwähnten Gruppen der Heiligen, so vermögen wir den ganz negativ ausgerichteten Bildersturm, der gegenwärtig durch die Kirche rast, nicht mehr zu begreifen. Mit wachsender Sorge fragen wir uns: Wo soll das hinführen? Wie die früheren Bilderstürme wird er nur einen Scherbenhaufen zurücklassen. Denn, so müssen wir uns überlegen: Was werden die Bilderstürmer an die Stelle der Heiligen setzen? – Nichts, ein Vakuum wird entstehen, oder falsche Idole werden auftauchen. Der Mensch kann aber auf die Dauer ohne echte Vorbilder nicht leben. Seine religiöse Sehnsucht verlangt nach ihnen.

Hier wurden nur einige wenige Hinweise skizziert, die aber klarzumachen versuchen, daß wir zu den Heiligen gehen sollten, denn Clemens' Worte lauten: «Die mit ihnen gehen.» Dabei dürfen wir uns nicht mit der Ausflucht begnügen: «Ja, wie können wir zu ihnen gehen, da sie längst gestorben sind?» Es handelt sich um ein geistiges Gehen, denn alle schweren Nöte und Fragen sind letztlich geistig bedingt und können auch nur geistig bezwungen werden. Heilige sind niemals tote Menschen, denn sie gehören, wie alle, die im Herrn sterben, zu Christus und sind ein Teil seines fortlebenden Leibes. Sie wirken auf eine überrationale Weise weiter und sind oft lebendiger als die vielen Menschen, die heute durch unsere Wirtschaft hetzen und in ihrem Körper eine tote Seele haben. Freilich spüren wir diese Lebendigkeit nur, wenn wir uns nicht damit begnügen, den Heiligen lediglich Beifall zu klatschen. Das wäre ein allzu bequemes Verhalten, das gar nichts kostet und übersieht, daß sie uns ein Beispiel gegeben haben, dem wir nachfolgen müssen.

Der Weg zu den Heiligen ist freilich nur dann sinnvoll, wenn wir uns mit ihnen in ein Gespräch einlassen. Die Heiligen sind ansprechbar, man kann mit ihnen reden, nicht laut und öffentlich, aber still und verborgen. Sie sind mit der Stimme erreichbar, und fast jedesmal, wenn man ruft, antworten sie. Die Antwort ist verschieden: manchmal flüstern sie leise, und manchmal reden sie mit einer Lautstärke, daß man darob in Schrecken gerät. Wir müssen ihnen unsere persönlichen Probleme und Nöte vorlegen, müssen sie fragen, was sie dazu sagen. Oft besteht ihre Antwort in einem hinterlassenen Wort, das plötzlich vor unserem Geiste aufleuchtet und gerade das enthält, was wir in unserer Lage, mit der wir uns schon wochenlang vergeblich herumquälten, notwendig brauchen. Die Weisheit der Heiligen ist unermeßlich; sie ist aus dem tiefsten Wesensgrund Christi gespeist. Wer sich in einer lebendigen Rede mit den Heiligen befindet, der erlangt eine Wegleitung, die nur mit der täglichen Lesung in der Bibel gleichgesetzt werden kann. Keineswegs ist dieses innere Gespräch eine Beeinträchtigung des Gebetes zu Gott. Wir beten die Heiligen nicht an, da wir genau wissen, daß die Anbetung Gott allein gebührt; aber wir sprechen mit ihnen, weil sie unsere unsichtbaren Weggefährten sind, von denen wir uns geheimnisvoll umgeben fühlen. Ohne ein inneres Gespräch bleibt der Umgang mit den Heiligen abstrakt. An schemenhaftem Tun leidet die moderne Zeit ohnehin genug. Nur das Reden mit den Heiligen wird als personhaft und als Wert von überzeitlicher Dauer erfahren.

Das Ansprechen der Heiligen geschieht nicht umsonst, es zeitigt seine unerwarteten Ergebnisse: «Ich habe wunderbare Hilfe erlangt», lesen wir auf manchen alten Votivtafeln, die in den Wallfahrtskirchen hangen. Rührend sind all diese an die naive Malerei erinnernden Votivtafeln. Doch muß man durch den unbeholfenen volkstümlichen Vordergrund zum Hintergrund der nicht alltäglichen Glaubenserfahrung hindurchdringen. Die Dankesworte für die wunderbare Hilfe würden nicht dastehen, wenn diese Menschen keine reale Hilfe erlebt hätten. Ein analoges Erleben entsteht aus dem inneren Verhältnis zu den Heiligen: Sie lassen den Menschen eine übernatürliche Wirklichkeit erfahren, an die er früher nicht, oder jedenfalls zu wenig gedacht hat. Wir erleben durch die Heiligen eine Hilfe, die nicht notwendig den Charakter eines Wunders aufweist. Ein Wunder kann, aber muß nicht geschehen. Die Hilfe besteht vielmehr darin, daß wir uns nicht mehr allein und verlassen fühlen. Die Heiligen schenken uns das Gefühl, nein, den Glauben, ja, die Gewißheit: Wir sind in der Verbindung mit der oberen Schar, wir sind gehalten und getragen in all unserer Zweifelsucht. Heilige sind ratende und helfende Gestalten, Heilige vermitteln uns eine Orientierung und reale Kräfte. Man klopft nicht vergeblich bei ihnen an. Aber Anklopfen ist etwas anderes als Nachgrübeln und Sinnieren. Es gehört zu den großen Mängeln unserer Zeit, daß immer weniger Menschen um dieses heimliche Anklopfen Bescheid wissen. Anklopfen ist gar nicht so leicht; wir versuchen es leider nur in außerordentlicher Not. Christus aber sagt: «Wer anklopft, dem wird aufgetan», ein Wort des Herrn, das auch für das Anklopfen bei den Heiligen gilt. Doch ist dies ein tiefes Geheimnis, lächerlich für den rationalistischen Menschen und eine einzigartige Erfahrung für den inmitten aller Anfechtung im Glauben ausharrenden Christen.

Heilige sind unmodern geworden, Heilige sind Gestalten, für die in unseren Betonkirchen kein Platz mehr ist. Heiligenverehrung hat auch der heutige Katholik über Bord geworfen. So und ähnlich pfeifen gegenwärtig die Spatzen von den Dächern, aber dies gehört doch zu dem törichten Geschwätz, das jetzt an die Stelle einer ernsthaften Lebensanweisung getreten ist. Fragen wir uns doch zum Abschluß, wovon die Menschen leben. Sicher nicht von Pop und Sex, die uns nachgerade mehr als nur anwidern. Die geheime Sehnsucht des Menschen, auch des modernen Menschen, geht im letzten Grunde in eine andere Richtung: Er hat ein noch unbewußtes Verlangen nach den Heiligen. Natürlich nicht nach jener Heiligenbeziehung, die in Petrus den Regenmacher und in Antonius den Helfer der Schlampigen sieht. Das wahre Heiligenverständnis wird die Heiligen nicht isoliert betrachten. Das ergäbe notwendig ein falsches Bild. Sie gehören in einen größeren Zusammenhang. Die Heiligen wollen uns zu Christus hinführen, sie sind Transparente Christi, ihr Schicksal macht die leidende Liebe Christi offenbar. Sie sind Illustrationen zum Evangelium und der beste und einzig gültige Kommentar dazu. Nicht was die Exegeten über die Bibel sagen, ist wichtig, aber wie die Heiligen das Evangelium verkörperten, ist für uns bedeutsam. Durch ihre Worte und Taten, durch ihr Leben und Leiden wird das Evangelium lebendiger und anschaulicher. Mit ihrem Heroismus und ihrem Einsatz sind die Heiligen die Schöpfer des großen christlichen Lebensstils geworden. Ihre Namen sind unübertragbar. Sie sind Menschen des äußersten Kreises, Menschen, denen man im Grunde nicht widersprechen kann, weil sie die einzigen sind, die wirklich zu leben imstande waren. Wahrhaftig, die Heiligen schließen ein ungeheures Potential in sich, das freilich im Bewußtsein unserer Zeitgenossen verschüttet ist. Wer sich aber aufmacht, diesen Schatz zu heben, erlebt eine unbeschreibliche Entdeckerfreude.

Gehet doch hin zu den Heiligen als den Vertretern des verborgenen Lichtes; denn so schrieb Clemens in seinem Brief weiter, «die mit ihnen gehen, werden geheiligt werden». Jetzt gelangen wir zum Kern unseres Themas, der unsere Person betrifft. Wenn wir davon überzeugt sind, daß es eine heillose Zeit ist, in der wir leben, und es unsere Pflicht ist, die Zeit auszukaufen, dann ist es geboten, personhaft zu denken. Nur der strenge Blick auf unser eigenes Selbst entspricht dem christlichen Ernst. Niemals dürfen wir einfach mit dem Strom der Zeit schwimmen, sonst wälzen wir uns mit der Masse in jener Wohlstandsgesellschaft, wo jeder Mensch alles haben will und sich damit auf dem breiten Weg bewegt, der ins Verderben führt. Mitten in dieses sinnlose Jagen nach dem bequemen Leben tönt die ewige Stimme hinein: «Ihr sollt heilig sein, denn ich bin heilig, der Herr, euer Gott» (3. Mos 19,21). Die Selbstheiligung ist eine unabdingbare Forderung, die nie und nimmer durch das Chaos einer unheiligen Zeit überholt ist. Sie besitzt ihre zeitlose Gültigkeit, gestern, heute und morgen. Nicht ein Wort von ihr kann abgefeilscht werden. Sie versteht sich jedoch nie von selbst, sondern verlangt vom Menschen den größten Einsatz, eine beständige Arbeit an sich selbst, die jegliches Sichgehenlassen verabscheut. Wir haben nur Aussicht, an das Ziel zu gelangen, wenn wir in beständiger Verbindung mit den Heiligen bleiben. Das allein ist der tiefere Sinn des Apostolischen Glaubensbekenntnisses «Gemeinschaft der Heiligen». Die Heiligkeit der Heiligen teilt sich uns mit, sie geht in geheimnisvoller Weise auf uns über, sie dringt in unser Inneres ein, und sie ist wie ein Blitz, der das Dunkel unserer Seele taghell erleuchtet. Selbst geheiligt zu werden ist das letzte Ziel unseres Lebens, und dies läßt sich mit unseren Worten nur notdürftig andeuten. Es ist höchstens möglich, mit Paulus zu sagen: «Ziehet an den neuen Menschen» (Eph 4,24). Der neue Mensch ist mit dem Thema der Heiligen in einer unheiligen Zeit angeleuchtet. Er pocht immer wieder an die Türe unserer Zeit, unserer Kirche und an unsere Person. Die Frage ist einzig und allein: Werden wir ihm auftun, oder geht er wieder vorüber? Die Sehnsucht nach dem neuen Menschen wird nicht erfüllt durch eine «Umstrukturierung der Gesellschaft» oder andere moderne Utopien, sondern nur durch die große Umwandlung unseres Selbst, in der wir die innere Erneuerung erleben und in eine uns bis dahin völlig unbekannte Wirklichkeit eintreten. So verändert die Realität der Heiligen alles von Grund aus. Sie kommt als unerwartete Kraft von oben über uns und verleiht uns jene seelische Stärke, mit der wir unsere unheilige Zeit im Aufstieg zu Gott überwinden. Doch ist dies alles nur ein hilfloses Gestammel; im Grunde gibt es nur den Aufschrei Pascals, den er zur mitternächtlichen Stunde, vom Feuer Gottes ergriffen, in die überströmenden Worte faßte und niederschrieb: «Gewißheit, Friede, Freude, Tränen vor Freude.»

Aus der mittelalterlichen Zeit

Der liebe Herr St. Ulrich

I

«Ich habe nie Heilige gesehen, aber wohl Bilder von Heiligen»,
läßt Reinhold Schneider eine Gestalt in seinen Erzählungen sagen.[1] Diese Worte kann ein jeder von uns wiederholen. Daß wir
noch nie Heiligen begegnet sind, bildet die Not unseres Daseins,
denn deshalb ist uns das Tiefste im Leben entgangen. Die Heiligen sind heute von Schweigen und Vergessen umschlossen; nur
wer in den Abgrund der Geschichte hinabsteigt, bekommt sie zu
sehen. Mit dem Geständnis, daß wir noch nie Heilige gesehen
haben, ist jedoch nicht die Leugnung ihrer Existenz in unserer
Gegenwart verbunden. Wir haben die Heiligen nur nicht wahrgenommen, weil unsere Augen gehalten sind – mit Matthias
Claudius ausgedrückt: «So sind wohl manche Sachen, die wir
getrost belachen, weil unsere Augen sie nicht sehn.» Wahrscheinlich ziehen sich die Heiligen aus unserer ruchlosen Zeit
immer mehr zurück. Von Jahr zu Jahr wird man tiefer graben
müssen, um ihre Spuren zu entdecken. Unsere Seelen aber dürsten ihrer Wesensbeschaffenheit gemäß nach den Heiligen, weshalb der Mensch ohne ein inneres Heiligtum auf die Dauer nicht
leben kann.

Obschon wir noch nie Heilige gesehen haben, sind uns die «Bilder von Heiligen» nicht entgangen. Das Heiligenbild hat eine
stellvertretende Funktion. Es repräsentiert wenigstens den Heiligen, da es ihn auch nicht lebendig zu vergegenwärtigen vermag.
Wilhelm Hausenstein gesteht einmal: «Der Goldgrund eines
gotischen Bildes hat für mich mehr Realität als ein Flugzeug.»[2]
Ohne die wesentlichen Bilder sinkt die Geschichtsbetrachtung

zur bloßen Faktensammlung ab, – vermengt mit Pragmatismus und ein wenig Psychologie. In dieser Stunde geht es um die Eruierung eines ursprünglichen Heiligenbildes, denn Geschichte ist Bildersprache, die das Geschehen als Tradition der Symbole erfaßt und im Dienst der Zeichen steht. Eine Heiligendarstellung weist Symbole, und zwar schaubare Symbole an der geschichtlichen Existenz nach. Aus diesem Grunde sind Bilder von Heiligen entstanden, in denen sich ewige Zeichen deutlich aussprechen. Das Erfassen solcher Bilder dient der Erhellung der Gegenwart. Das Heiligenbild will in die Seele des Beschauers eingehen und in seinem Inneren zu wirken beginnen. Mit dem Wort «Heiligenbild» hängt unablösbar die Vorstellung von Vorbild, Leitbild, Richtbild, ja Urbild zusammen. Das alles sind bedeutungsschwere Orientierungspunkte, die uns helfen, in finsterer Zeit den Weg zu finden, damit wir nicht in die Irre gehen. Ein Heiligenbild genau und nicht nur flüchtig anzuschauen, ist eine ernste Sache, die mit ästhetischem Genießertum nichts zu tun hat. Das Mittelalter pflegte seine Heiligen auf Goldgrund zu malen. Den heutigen Menschen befremdet es im ersten Augenblick, weil er die Entfernung noch deutlicher spürt. Er vermißt ebenso Perspektive und Dramatik. Die Heiligenfiguren kommen ihm in ihrem Zustand der himmlischen Verklärtheit wie entrückt vor. Auch wenn das Heiligenbild als Vita niedergeschrieben vorliegt, finden wir die Gestalt nie in ihrem Werdeprozeß geschildert. Der Heilige verkörpert ein vollendetes Sein und läßt viele Fragen offen, die man aus dem modernen Lebensgefühl an ihn richten möchte. Nie wird beispielsweise eine Psychologie der Heiligen versucht. Der Goldgrund deutet die andere Wirklichkeit an, jene, in der die Heiligen lebten. In der Ewigkeitsbezogenheit und nicht in der natürlichen Landschaft sind die Bürger einer höheren Welt beheimatet. Das mittelalterliche Bild will uns den Heiligen nicht durch eine interessante Darstellung nahebringen, vielmehr müssen wir aus unserer bürgerlichen

Zerstreutheit heraustreten und zu ihm gehen. In ihrer oft hieratischen Haltung sind die Heiligen Zeugen der Großtaten Gottes. Wenn die Heiligenbilder auch fremd in unserer Zeit stehen, richten sie doch Fragen an uns. Wie aber antworten wir? Überhören wir sie absichtlich, oder fühlen wir uns aufgerufen? Allerdings haben die mittelalterlichen Heiligenbilder im Laufe der Zeit gelitten, sie weisen leichte Risse auf oder sind in den Farben verblaßt. Dies gilt in betontem Maße von jenem Heiligenbild, das das deutsche Passional in vertraulichem Stil «den lieben Herrn Sankt Ulrich» nennt. Die nachfolgenden Ausführungen dienen nicht bloß einer jubiläumsbedingten Restauration, sondern bemühen sich, das Bild in seiner ursprünglichen Schönheit zum Leuchten zu bringen. Wir versuchen, es aus unserer gegenwärtigen Bedrängnis heraus geheimnisvoll zu beschwören, was unser innerstes Dabeisein voraussetzt. Dabei darf man nicht übersehen, daß uns tausend Jahre von Ulrich trennen. Ein langer, beachtlicher Zeitraum, in dem sich das Hoch- und Spätmittelalter, Reformation und Gegenreformation, Aufklärung und moderne Zeit ereignet haben. Alle diese Geschehnisse sind am Seelengewebe des Menschen nicht spurlos vorübergegangen. Aber die wesentlichen Probleme des Menschen bleiben trotzdem in allen Jahrhunderten gleich: Wir erleben Jugend, Liebe, Berufsausübung, Alter und Tod heute nicht anders als damals. Der heilige Ulrich steht plötzlich, ungeachtet aller Ferne, ganz nahe bei uns. Wir entdecken bei der Betrachtung seines Heiligenbildes in gleichnishafter Bedeutung die alte Wahrheit: Dich geht es an, du bist gemeint!

Eine Gestalt wird nur verständlich, wenn sie aus ihrer Zeit begriffen wird. Ulrich lebte im zehnten Jahrhundert. Das war kein großes, aufwärtsstrebendes Jahrhundert, im Gegenteil, es war eine vom Verfall bedrohte Zeit, nicht anders wie unsere Gegenwart. «Düstere Tage» – mit diesen Worten läßt sich das zehnte Jahrhundert umschreiben, in dem das Faustrecht an die Stelle von Sitte und Ordnung getreten war. Selbst die Kirche war vom reißenden Strom des Niederganges ergriffen. Bedrückende Geschehnisse ereigneten sich damals, vor allem lag das Papsttum darnieder, bis es aus der Mitte des Mönchtums zu einer Erneuerung gelangte. Es ist unnötig, dies jetzt näher zu schildern, man kann es in jeder Papstgeschichte nachlesen. Das eine aber ist mit Nachdruck zu sagen: Ulrich hatte an den katastrophalen Niedergangserscheinungen seiner Zeit nicht den geringsten Anteil. Er ließ sich von den trüben Vorgängen nicht mitreißen, sondern schloß sich der Gegenströmung an. Es gibt keinen Verfall, der nicht die Keime einer Erneuerung in sich trägt. Der Mensch kann sich nie mit seiner leeren Zeit entschuldigen. Er ist nicht nur das willfährige Produkt der unglückseligen Umgebung, sondern er gestaltet auch immer seine Epoche. Mag ein Zeitalter noch so vom Sog des Verderbens ergriffen sein, der Mensch kann sich stets außerhalb der sich ausbreitenden Dekadenz halten. Doch bedurfte es zu allen Zeiten der äußersten Anstrengung, den Weg zu Gott zu finden. Nie versteht sich dies von selbst. Immer ist dazu ein Kampf mit sich und der Welt nötig. Das Dasein Ulrichs veranschaulicht diese Wahrheit, weswegen wir uns nicht mit toten Dingen beschäftigen, wenn wir uns in ihn versenken.

Es geht uns nicht darum, Ulrichs Lebenslauf in allen Einzelheiten vorzuführen, sondern einige Begebenheiten seines Daseins herauszugreifen, die uns das Wesen des Heiligen nahebringen. Dazu eignen sich die alten Buchillustrationen zur Ulrich-Vita vorzüglich, weil sie in aller Einfachheit den Akzent auf die wichtigsten Stationen legen.

II

Das erste Bild zeigt Ulrich, wie er von seinen Eltern dem Lehrer in St. Gallen übergeben wird. Damit wird die Beziehung Ulrichs zur Schweiz sichtbar. Acht Jahre weilte er im Kloster des heiligen Gallus, wie es in der Vita heißt, «weil sich zu jener Zeit eine große Anzahl edler Diener Gottes dort befand und großer Eifer im Lernen wie im Lehren daselbst herrschte» [3]. In St. Gallen nahm er das Wissen seiner Zeit in sich auf und behielt die Schule stets in bester Erinnerung. Während seiner Ausbildung wirkte in St. Gallen Notker der Stammler, ein Mönch, von dessen dichterischer und musikalischer Begabung eine starke Ausstrahlung ausging [4]. Die Benediktiner waren in einer Tradition verbunden, sie nahmen das Christentum ernst und führten ein beispielhaftes Leben. Maßvoll in der Askese, erstrebten sie die innere Wandlung und übten auch das Schweigen. Über den Klosterknaben lag bereits der Schimmer des Heroismus, denn sie trugen die vom Abt gesegnete Kutte und waren kleine Mönchlein. Ulrich erhielt zur Vorbereitung auf den Klerikerstand eine klösterliche Erziehung; die Regel Benedikts formte ihn. Die Benediktiner waren die geistigen Väter des Abendlandes, sie haben die frühmittelalterliche Kultur geprägt. Von ihnen lernte Ulrich die Maxime: «Bete und arbeite», und zwar in der richtigen Reihenfolge. An erster Stelle stand das Gebet, bildete doch das «opus Dei» den Mittelpunkt im benediktinischen Kloster. Die Benediktiner pflegten von jeher die Liturgie, aber sie huldigten keinem Liturgismus, und wie ich hinzufügen möchte, sie experimentierten nicht mit der Liturgie. Deshalb wurde der Gottesdienst nicht nach Lust und Laune bald so und bald anders gefeiert. Es ist ein abwegiger Subjektivismus, der gegen den objektiven Geist der Liturgie verstößt, der sich zu Gott erhebt, ohne darauf zu achten, in welcher Gemütsstimmung man sich augenblicklich befindet. Das Gotteslob ist eine viel zu ernste Angelegenheit, als daß es zum Spielball der Meinungen gemacht werden dürfte. Neben dem Gebet steht im benediktinischen Kloster das Arbeitsethos, auf das kein Mensch verzichten kann. Nur keine endlosen Diskussionen! Bei der modischen Rederei schaut gar nichts heraus.

Arbeiten, sogar streng arbeiten, das allein gibt dem Leben Sinn und Gehalt. «Geh an die Arbeit und sei nicht traurig», sagte Benedikt zu einem seiner Mönche. Ulrich lernte in St. Gallen für sein ganzes Leben, was Zucht und Ordnung heißt. In den Jünglingsjahren sind ihm diese Normen sozusagen in Fleisch und Blut übergegangen.

Wenn wir Geschichte als Gleichnis verstehen, dann darf an dieser Stelle eine Zwischenbemerkung eingeschaltet werden. Es ist wichtig, daß der junge Mensch in seinen Entwicklungsjahren eine Erziehung erhält, die ihn prägt, und daß ihm kein bloßer Pauker, sondern ein verehrungswürdiger Lehrer begegnet. An der heutigen Not der Jugend ist zu einem großen Teil die versagende Pädagogik schuld. Sie jagt stets neuen Ideen nach und vernachlässigt dabei die elementarsten Grundsätze. Ein Jüngling braucht wenige, aber klare Richtlinien, die ihm Halt und Orientierung vermitteln; werden sie ihm vorenthalten, strandet er fast unausweichlich. Auch der junge Mensch von heute muß wieder lernen, unablässig an sich zu arbeiten. Die Mittel dazu waren zu allen Zeiten dieselben: Strenge gegen sich selbst, Verzicht auf das bequeme Leben, das Urbild vor Augen und Verwurzelung im Ewigen. Das Wort: «Mein Sohn, verwirf nicht die Züchtigung des Herrn»[5], klingt reichlich unmodern und ist doch wahr, nicht nur weil es in der Schrift steht, sondern weil es seine Evidenz in sich selbst hat. Wer der Jugend schmeichlerisch allzu weit entgegenkommt und ihr die Wege stets leichter macht, ist ein Demagoge, der sie ins Verderben lockt. Damit der junge Mensch uns Erwachsenen die Wahrheit vom Adel des Geistes wieder glaubt, müssen wir sie zuerst an uns selbst erfüllen und dürfen sie ihm nicht von außen aufzwingen. Darum versenkt man sich nicht umsonst in die Betrachtung eines Heiligenbildes.

Nach Beendigung von Ulrichs Ausbildung in St. Gallen hätten ihn die Mönche gerne bei sich behalten. Bevor er sich aber zum Bleiben entschied, suchte er die Klausnerin Wiborada, nahe bei

St. Gallen, auf. Die mit der Sehergabe ausgestattete Reklusin sagte ihm unmißverständlich, er sei zu einer anderen Aufgabe berufen[6]. Es war demnach eine Frau, die Ulrich an einer entscheidenden Wegkreuzung seines Lebens den richtigen Ratschlag gab. Überhaupt spielten in seinem Leben die Frauen eine bedeutsame Rolle, nicht im erotischen, wohl aber im geistigen Sinne. Ulrich kehrte in seine Heimat zurück, blieb jahrelang bei seiner Mutter und verwaltete ihre Güter. Die frauliche Umgebung förderte das verstehende und gütige Element in seiner Natur. Später erschien ihm zweimal in einem Traumgesicht die altchristliche Märtyrerin Afra «in schöner Gestalt mit aufgeschürztem Rock» – was wohl heißen soll, «mit herrlichem Kleid» – und legte nach dem Tafelgemälde vertraulich ihre Hand in die seinige. Sie zeigte ihm ihre wirkliche Grabstätte[7]. Das Vorkommnis verdient erwähnt zu werden, weil es die natürliche und keineswegs verkrampfte Einstellung des lieben Herrn Sankt Ulrich zu den Frauen in schönster Anschaulichkeit zeigt.

Das zweite Bild in den alten Buchillustrationen ist Ulrichs Weihung zum Bischof gewidmet. «Der König aber, der sein stattliches Äußeres betrachtete und von seiner großen Gelehrsamkeit hörte, gewährte ihre Bitte, verpflichtete ihn nach Königsart und beehrte ihn durch Übertragung des bischöflichen Amtes», lesen wir in der ältesten Vita[8]. Mit der feierlichen Überreichung von Mitra und Stab übernahm Ulrich das Amt, das für immer mit seinem Namen verbunden bleibt. Ulrich übte als Bischof von Augsburg eine Tätigkeit aus, die die Mitte seines Lebens bildete. Er war alles andere als ein bloßer Nutznießer seiner Pfründe; das Bischofsamt war seine zentrale Aufgabe, der er sich mit einem verzehrenden Eifer hingab.

Der damalige Niedergang zeigte sich unter anderem auch in der Vernachlässigung der kirchlichen Gebäulichkeiten. Ulrich widmete sich mit innerer Anteilnahme an der Wiederherstellung der zerfallenen Kirchen «bezüglich ihres Schmuckes, der Ausstattung der Altäre, des Ornates der Geistlichen»[9]. Dies war ihm ein ernstes Anliegen, auf das er viel Zeit verwendete. Mit großer Andacht hielt er in den Kirchen Gottesdienste und duldete deshalb keine verfallenden Gotteshäuser. Aufgrund der benediktinischen Erziehung war ihm die Liturgie eine Herzenssache. Er unternahm auch weite Pilgerfahrten nach St. Gallen, Einsiedeln, St. Maurice, Rom usw., um Reliquien für seine Kirchen zu erwerben, die er in feierlichen Prozessionen in die Stadt Augsburg hineintrug.

Neben dem Interesse am kultischen Dienst war Ulrich auch sozial tätig. Die Vita betont besonders seine Liebe zu den Armen, den Krüppeln und den Lahmen. «Menschen auf Tragbahren, auf Schemeln kriechend oder in Rollbetten liegend, befanden sich in seiner Umgebung, und er sorgte für ihren täglichen Unterhalt von den besten Speisen und Getränken.»[10] So zeigen die alten Illustrationen Ulrich als Helfer der Kranken. Ohne diese Erwähnung der Linderung des Elendes würde man das Heiligenbild nur ästhetisch betrachten. Von jeher sah das Christentum die Not der Welt. Die Nächstenliebe gehört zu seinem Wesen, und Ulrich kam dem Gebot des Herrn nach. Die heutige Zeit erschöpft sich in unpersönlichen Organisationen von Hilfsaktionen, während die früheren Christen den spontanen Einsatz für den armen Lazarus noch kannten. Das Volk liebte Ulrich wegen seiner tatkräftigen Armen- und Krankenliebe. Er übte konkrete und unmittelbare Caritas, weil er Gott im Nächsten sah und ihn in Gott.

Der Bischof von Augsburg führte ein tief religiöses Leben im Gebet und im Lobgesang der Psalmen. Sein erstes Anliegen war, daß auch seine Geistlichen geistlich lebten, weshalb er sie immer wieder besuchte. Unermüdlich reiste er ihnen nach, nicht hoch zu Roß, wie die Kirchenfürsten zu jener Zeit es taten, sondern in einem gewöhnlichen Fuhrwerk mit zwei Rädern, das von Ochsen gezogen wurde. Karrensitzer nannte man sie damals. Er wollte bei seiner Herde als deren Hirte Nachschau halten. Ulrich begehrte zu wissen, wie es um den Gottesdienst und die Seelsorge bestellt war, ob das Leben seiner Kleriker keinen Anstoß errege und ob sie sich auch um ihre Fortbildung bemühten. Vernahm er begründete Klagen, so war seine Zurechtweisung streng. Hörte er Rühmliches, so hielt er mit seinem Lob nicht zurück. Fand er Mißstände vor, fällte er sein Urteil ohne Ansehen der Person. Ulrich hat eine bahnbrechende Reform des Klerus in Deutschland durchgeführt, hatte er doch erkannt, daß Verfall und Erneuerung in erster Linie von der Geistlichkeit ausgehen. Deshalb setzte er bei ihr den Hebel an. Auch heute liegt der Grund der Verwirrung in der Kirche nicht beim einfachen Volk – obschon es durch die Wohlfahrtsgesellschaft starken Versuchungen ausgesetzt ist –, sondern bei jenen Theologen, die sich selbst verloren haben. Ulrich pflegte auch das Evangelium selbst zu verkündigen. Er predigte über die Nächstenliebe und über das menschliche Herz, das ein verzagtes, trotziges Ding ist und das niemand ergründen kann. Ulrichs Predigten blieben nicht wirkungslos, denn er verstand es, die Menschen so anzusprechen, daß sie beim Zuhören vor Ergriffenheit oft weinten. Nach dem «lieben Herrn Sankt Ulrich» muß die innere Front in Ordnung sein, denn wenn sie zerbröckelt, geht alles in die Brüche. Auf den inneren Geist der Christenheit kommt es an. Das war seine Überzeugung, und demgemäß trat er auch für die innere Ordnung der Dinge ein. Im Inneren muß die Erneuerung beginnen, an der Wurzel hat die Christenheit zu genesen, und es wäre verfehlt, auf bloße Strukturänderungen die Hoffnung zu setzen.

Trotz aller Tätigkeit war Ulrich eine visionäre Natur. Ihm erschien nicht nur die heilige Afra – bei seinem Erwachen dachte er darüber nach, «ob er diese Erscheinung im Leibe oder außer dem Leibe gehabt habe»[11] –, sondern er erlebte auch, daß während des Hochamtes «eine rechte Hand erschien, welche mit der Rechten des Bischofs das Sakrament segnete»[12]. Das Vorkommnis wurde später oft auf den Ulrichbildern wiedergegeben, obschon er zum Priester, der die Vision ausgeplaudert hatte, sagte: «Es wäre besser für dich gewesen, wenn du das verschwiegen hättest.» Auch Krankenheilungen vollbrachte er; der Verfasser der Vita hatte sie mit eigenen Augen gesehen. Einmal ritt er durch eine Furt, in der die Begleiter bis zum Gürtel durchnäßt wurden, während Ulrich völlig trocken blieb. Wiederum bemerkte der Bischof zu dem Gefährten: «Hüte dich, solange ich lebe, das, was du gesehen hast, jemandem zu erzählen» [13], eine Äußerung, aus der hervorgeht, daß Ulrich um den Gott wußte, der ins Verborgene sieht. Doch wäre es wenig mutig, Visionen und Wunder zu verschweigen, nur weil der heutige Mensch nichts damit anzufangen weiß und sie als Aberglaube belächelt. So leicht darf man die Dinge nicht negieren; wer sich so verhält, beweist nur, daß er den Goldgrund eines Heiligenbildes, der das Ewige transparent macht, nicht anzuschauen versteht. Die übernatürlichen Geschehnisse zeugen von Ulrichs Verbundenheit mit der oberen Welt; sein Leben erschöpfte sich nicht in einem moralischen Lebenswandel, sondern es öffneten sich ihm ganz andere Hintergründe, die uns leider aus den Augen entschwunden sind.

Das dritte Bild stellt Ulrich als Reichsfürsten dar. Zu jener Zeit war das Bischofsamt mit dem Reichsfürstentitel unabdingbar verbunden, da die Ernennung der Bischöfe Sache des Königs war. Ulrich hat die gegebene Verbindung bejaht und viele Hoftage des Königs besucht, weil ihm das Reich noch ein heiliges Vermächtnis und keine romantische Idee bedeutete. Er war dem König treu zugetan, was in jener Zeit alles andere als selbstverständlich war, denkt man an die mannigfachen Empörungen der Herzöge. Ulrich stand zu seinem Wort, und der König konnte sich auf ihn verlassen. Der Bischof sah im Reich eine vereinende Macht, und das weltliche Reich schien ihm ein erstes Zeichen des Gottesreiches zu sein. Während in der Geschichte nur zu oft Kirche und Reich als zwei feindliche Mächte miteinander kämpfen, begegneten sie sich bei Ulrich noch in einer friedlichen Wechselwirkung. Entsprechend dem Herrenwort, dem Kaiser zu geben, was des Kaisers ist, und Gott, was Gottes ist, vermochte er die beiden Aufgaben zu vereinigen, ohne sich einer Doppelzüngigkeit schuldig zu machen. Niemand wird gegen Ulrich den Vorwurf erheben, er habe auf beiden Seiten gehinkt. Als Bischof hat er der Kirche gedient und als Fürst seine Verpflichtungen gegenüber dem Reich nicht minder erfüllt. Einer solch einwandfreien Haltung begegnet man nicht oft; denn die Politik hat ein Element in sich, das den Menschen zu diplomatischem Verhalten verführt, in dem die Schlauheit triumphiert. Bei Ulrich ist davon nichts wahrzunehmen; er blieb integer, stellte bereitwillig die irdische Gewalt unter die höhere Macht und vertrat damit die richtige Rangordnung.

Der König war einmal mit seinem Sohne derart heftig verfeindet, daß der Streit in einen schweren Bürgerkrieg auszuarten drohte. Das Nähere zu erzählen, würde zu weit führen, nur dies ist zu bemerken, daß es schon damals den verhängnisvollen Generationenkonflikt gab. Ulrich stand ihm nicht hilflos gegenüber; unter Zuzug des Bischofs von Chur sprach er so lange auf Vater und Sohn ein, bis es ihm gelang, die aufgebrachten Gemüten zu beruhigen und die beiden über ihren Starrsinn hinwegzubringen. Er stimmte den Vater milder gegenüber dem rebellischen Sohn und war auf einen Vergleich bedacht. Der Bischof gab damit den Menschen einen Hinweis, welchen Weg wir im Generationenkonflikt zu beschreiten haben. Nur ein ganz überlegener, sich jenseits aller Parteien befindlicher Mann war zu einer solchen Versöhnungstat fähig. Er besänftigte zuerst den Zorn des aufgebrachten Vaters, damit der Sohn wieder ansprechbar würde. Ulrich hat die Brücke hergestellt, während uns die Verständigung zwischen der Welt der Väter und der Welt der Söhne noch bevorsteht.

Am stärksten hat sich der Nachwelt Ulrichs Verhalten bei der

Gefahr vor den Ungarn eingeprägt. Zu jener Zeit wurde die Christenheit von den damals noch dem Heidentum zugetanen Ungarn hart bedrängt. Erst zwei Generationen später empfing der junge Ungarfürst von Papst Silvester II. die berühmte Stephanskrone, die zum Symbol seines Landes wurde. In Ulrichs Tagen stürmten die wilden ungarischen Reiterscharen vom Osten herein und brandschatzten und plünderten, was ihnen in die Hände fiel. Die «Sendboten der Hölle» wurden sie vom Volk genannt, das mit ihnen unheimliche End-Vorstellungen verband. Der Kampf von Gog und Magog schien in unmittelbare Nähe gerückt zu sein. Tatsächlich waren die Ungarn eine schwere Bedrohung des Abendlandes. Auch die Afrakirche fiel den apokalyptischen Reitern zum Opfer; mehr als ein Kloster wurde in eine Trümmerstätte verwandelt, und viele Bauern kamen um ihr Hab und Gut. Die Christen wehrten sich so gut es ihnen möglich war, aber zu einem Gegenschlag auszuholen gelang ihnen nicht. In der Mitte des zehnten Jahrhunderts ballten sich die Ungarn erneut zu einem mächtigen Heere zusammen – nach der Vita zu einer solchen «Menge, wie es kein Lebender früher je gesehen hatte»[14] –, um durch einen großangelegten Angriff die Herrschaft über den Westen zu erringen. Sie rühmten sich, nichts zu fürchten auf der Welt, als daß der Himmel einstürze oder die Erde sich auftue, um sie zu verschlingen.

Die Nachricht vom Herannahen der wilden Reiterscharen drang nach Augsburg, worauf Bischof Ulrich sofort Abwehrtruppen organisierte. Er war die Seele des Widerstandes. Er rief die königlichen Truppen zu Hilfe, ließ die Mauern ausbessern, so daß die Ungarn sie nicht zu überrennen imstande waren und die Stadt die Belagerung auszuhalten vermochte. Im Jahre 955 kam es auf dem Lechfeld zu der großen Schlacht, die sich zunächst zugunsten der Ungarn zu neigen schien, schließlich aber doch mit deren entscheidender Niederlage endigte. Das Problem von Christentum und Krieg kannte Ulrich noch nicht in unserer Sicht.

Heute begreifen wir den Krieg nicht mehr als selbstverständliche Erscheinung. Es ging damals um einen eindeutigen Verteidigungskrieg. Ulrich als Bischof schlug selbst nicht mit dem Schwerte zu. Nach der Überlieferung saß er auf seinem Pferd, angetan mit der Stola, ohne Schild und ohne Helm, mitten im Schlachtengetümmel. Die Pfeile schwirrten an ihm vorbei. Ein Engel übergab ihm das siegzwingende Ulrichskreuz, mit dem er seine Ritter zu Mut und Kampfeskraft anfeuerte. Die Historiker haben den Bericht als ungeschichtlich abgetan. Der Sinn der Legende ist großartig und wahrer als alle Historizität. Ulrich hat die Truppen entflammt, er erkannte, was auf dem Spiele stand, und er stellte seinen Mann. Die Schlacht auf dem Lechfeld ist von entscheidender Bedeutung; sie läßt sich nur mit der Schlacht gegen die Hunnen im fünften Jahrhundert oder gegen die Sarazenen im achten Jahrhundert vergleichen. Hier wie dort wurde das christliche Abendland gegen einen, seine Substanz bedrohenden Ansturm verteidigt. Es ist schwer, sich vorzustellen, was geschehen wäre, wenn die Christen die Schlacht auf dem Lechfeld verloren hätten. Bischof Ulrich zählt unbedingt zu den rettenden Gestalten, denn nach dem siegreich beendeten Kampf vollbrachte er eine weitere schwere Arbeit, indem er an den Wiederaufbau des zerstörten Landes ging.

Das ganze Geschehen kann unter einem sinnbildlichen Aspekt betrachtet werden. Auch in der Gegenwart bedrängen neue Ungarn das Abendland, genauer ausgedrückt, viele Feinde befinden sich in getarnter oder offener Kleidung schon mitten unter uns. Sie untergraben die christliche Kultur, sie unterwühlen die Kirche, sie führen den Menschen dem Nihilismus entgegen. Schauen wir der unheilschwangeren Bedrohung untätig zu? Lassen wir passiv die neue Sintflut auf uns zukommen? Ist das Ende des christlichen Abendlandes da? Wer organisiert den geistigen Widerstand? Wer beteiligt sich an der religiösen Abwehr? Wie heißt der heutige Retter, der die Auflösung durch einen neuen

Aufbruch überwindet? Das Geschehen vor mehr als tausend Jahren will uns die Augen öffnen für etwas, das heute in anderer Form geschehen sollte, aber von nicht geringerer Tragweite wäre. Wahrhaftig, eine Ulrich-Besinnung geht weit über eine lokalpatriotische Feier hinaus. Er ruft uns auf, er schreckt uns aus unserer Schläfrigkeit auf, er flößt uns Mut ein, nicht furchtsam zu verzagen, sondern den letzten Einsatz zu wagen.

Es gilt noch ein viertes Bild zu betrachten: Der alte, kranke Bischof wird in die Kirche getragen. Ulrich spürte die Beschwerden und Gebrechen des Alters, zumal er für jene Zeit ein hohes Alter erreichte.

Der Bischof fühlte seine Kräfte schwinden und erbat sich vom König seinen Neffen zum Nachfolger. Dies erregte die Eifersucht einiger Geistlicher, die selbst auf die Bischofswürde hofften. Der Wunsch des alten Mannes entsprang jedoch nicht bloßen Verwandtschaftsgefühlen, sondern er kannte Adalbero als würdigen Mann. In solchen Fällen ist Protektion nicht unbedingt zu verwerfen. Das Domkapitel, dem der gebrechliche Bischof seinen Wunsch nicht mehr selber vortragen konnte, verweigerte jedoch dem Vorschlag die Zustimmung, weil der Argwohn des Nepotismus entstehen könne. Solche Begünstigung hatte sich schon oft in die Kirche eingeschlichen und ihr sehr geschadet. Der greise Bischof beugte sich schweren Herzens dem Entscheid. Das Vorkommnis wirft einen leichten Schatten auf Ulrich. Daß Heiligkeit lange Zeit mit Fehlerlosigkeit gleichgesetzt wurde, hat die Hagiographie belastet. Gewiß war Bischof Ulrich eine vorbildliche Gestalt von starker Ausstrahlung. Was den Neffen betrifft, äußerte der Bischof einen menschlich begreiflichen, sachlich freilich unrichtigen Wunsch. Das fühlte er nachher auch selbst. Wir erzählen das nicht, um das Strahlende zu schwärzen, sondern uns zum Trost; denn wir sehen, daß auch die Heiligen menschlich reagierten. In seinen letzten Monaten fühlte sich Ulrich wegen des Heimganges seiner Freunde immer mehr vereinsamt. Eine spürbare Traurigkeit senkte sich auf ihn. Die Kräfte verließen ihn, und oft vermochte er nicht einmal mehr zu stehen. Gesichte suchten ihn heim. Er machte sich Gedanken über sein Begräbnis und verteilte seine Habe. Am 4. Juli 973 ließ er sich vor Sonnenaufgang über kreuzförmig gestreuter Asche auf die Erde legen, und unter dem Gesang der umstehenden Kleriker schloß er für immer seine Augen. Er stand im 83. Altersjahr und im fünfzigsten seines Bischofsamtes. Auf diese eindrucksvolle Weise ging seine gefaßte Seele in die Ewigkeit ein.

Sofort nach Ulrichs Tod setzte die Verehrung ein, dies um so mehr, als man sich bald Wunder von ihm erzählte. Propst Gerhard, der Ulrich vom täglichen Umgang her gut kannte, schrieb die Vita; sie ist die beste Quelle. Man breitete einen Teppich über seinem Grabe aus, und ein ewiges Licht wurde angezündet. Das Volk pilgerte zu seiner Gruft und betrachtete ihn als einen Heiligen, zu dem es betete. Zwanzig Jahre nach Ulrichts Tod entschloß sich sein dritter Nachfolger, nach Rom zu reisen, um dort die Heiligsprechung Ulrichs zu erwirken. Der Papst prüfte die vorgelegten Dokumente und entsprach dem Wunsche, indem er Ulrich zu der Ehre der Altäre erhob. Ulrich ist der erste Heilige, der durch den Papst in Rom heiliggesprochen wurde und nicht durch einen Bischof, wie es der damaligen Sitte entsprach. Freilich darf man die römische Heiligsprechung Ulrichs nicht mit der allzu juristisch befrachteten Kanonisation von heute vergleichen, denn damals ist es noch viel einfacher zugegangen. Seitdem sind viele Kirchen und Kapellen in Deutschland und in der Schweiz zu Ehren des heiligen Ulrich geweiht worden.

III

Wir halten inne und fragen uns: Was hat Ulrich uns heute noch zu sagen? Zu dieser Frage fühlen wir uns um so mehr gedrängt, als es hier nicht um eine historisierende Darstellung geht, wie sie Joseph Bernhart vor etlichen Jahren in feinsinniger Weise ausgeführt hat, sondern um Glaubensgestaltung und gelebtes Leben. Es interessiert uns das ewige Bild und gar nicht die vielen Schlagworte, in denen wir nur «eine Theologie der Hölle» sehen, wie sich Shakespeare im «Othello» ausdrückte.

Bei dieser Besinnung denken wir an jene Begebenheit, die allerdings geschichtlich auch schon angezweifelt wurde, obwohl sie doch gar nichts Unmögliches enthält. Sie ist von poetischer Schönheit. Ulrich befand sich einst mit seinem Freund, dem Bischof Konrad von Konstanz, am tosenden Rheinfall. Da sahen sie zwei Vögel um die aus dem Strom ragenden Felsen fliegen. Bald schienen sie aus Müdigkeit im Strudel versinken zu wollen, im nächsten Augenblick aber erhoben sie sich mit großer Mühe wieder in die Lüfte. Die beiden Männer erblickten in diesem spannenden Schauspiel einen verborgenen Sinn. «Hier gilt es», sagten sie zueinander, «zwei noch im Fegfeuer schmachtende Seelen zu befreien.» Wir dagegen sehen darin ein Spiegelbild der Christenheit, die von wilden Wasserwogen überflutet zu werden droht und dann doch wieder das Haupt erhebt, um nicht verschlungen zu werden. Das kämpferische Bild macht uns klar, wie wir Ulrich zu sehen haben.

Zur gegenwärtigen Stunde wird die Kirche von einer schweren Krise heimgesucht, in die auch die Bischöfe hineingerissen wurden. Leicht hatten sie es nie, denn schon früher wurde ihnen auf den Firmungsreisen gewöhnlich eine hochpolierte Gemeinde vor Augen geführt. Heute ist die Lage noch schwieriger geworden. Sie befinden sich beinahe in einer Maschinerie und müssen auf die andern Bischöfe Rücksicht nehmen. Wenn sie auf einer ihrer Konferenzen einen Beschluß fassen, werden sie sogleich von den Massenmedien unter Beschuß genommen. Sie sind inner- und außerhalb der Kirche einer oft bösartigen Kritik ausgesetzt. Begreiflicherweise beginnen sie unsicher und wankend zu werden, anstatt fest zu bleiben. Unwillkürlich wird man an das Wort von Jacqueline Pascal erinnert, daß «es nicht Sache von Mädchen ist, die Wahrheit zu verteidigen, obwohl man mit einem traurigen Einwand sagen könnte, da die Bischöfe den Mut von Mädchen zeigen, die Mädchen den Mut von Bischöfen haben müssen» [15].

In dieser Bedrängnis rückt der heilige Ulrich uns das wahre Bild des Bischofs vor Augen. «Bilder von Heiligen habe ich wohl gesehen», hörten wir zu Beginn unserer Ausführungen. Nun sehen wir das echte Bild des Bischofs, das sich in uns zu einer Sehnsucht auswächst, bis es in Erfüllung geht. Deutlich wird dieses Bild dann vor allem, wenn wir über der Person das Amt nicht übersehen, das Ulrich vertrat.

Von jeher wurde das Bischofsamt mit dem Wort aus dem Johannesevangelium in Verbindung gebracht, das Christus zu Petrus sprach: «Weide meine Schafe» (21,16). Die primäre Aufgabe des Bischofs ist, seine Lämmer zu weiden. Der Bischof ist nicht bloßer Repräsentant der Kirche, der bei möglichst vielen Veranstaltungen anwesend ist und Brücken, Turnhallen usw. einsegnet. Das können andere Leute tun. Auch darf er nicht nur Chef einer Verwaltung sein, sonst rutscht er in die bürokratische Tätigkeit ab. Der Bischof ist doch in erster Linie der Vater seiner Diözese, ein Hirte, der seine Geistlichen kennt und sie um sich schart, ein charismatischer Mann des Glaubens, von dem ein spiritueller Einfluß ausgeht. Er lebt mitten unter seinem Volk und steht für die Unschuldigen und Unterdrückten ein, denn, wer soll das tun, wenn nicht der Bischof? Von ihm müßte eine geistliche Ausstrahlung ausgehen, die hilft, die anvertrauten Seelen von Stufe zu Stufe empor zu führen. Eine solche Haltung rechtfertigt die kostbare Bezeichnung: «Der liebe Herr Sankt Ulrich», eine Formulierung, in der viel verschwiegene Liebe und holde Zärtlichkeit mitschwingt.

Wenn der Bischof eine seelsorgerliche Tätigkeit ausübt, die bei aller Demut eine geistige Überlegenheit bekundet, dann verkörpert er auch wieder die echte Autorität. Wir erleben gegenwärtig eine schwere Autoritätseinbuße, die sich verhängnisvoll auswirkt. Antiautoritäre Bestrebungen und angebliche Demokratisierungsmaßnahmen in der Kirche sind Zeichen des Verfalles, sie verwirren die Situation noch mehr. Autorität muß sein, aber sie darf sich nicht nur auf bloße Verordnungen abstützen, die ohnehin nur Widerspruch erwecken. Wenn eine legitime Autorität auf geistigen Fähigkeiten beruht, dann wird sie auch von den Menschen anerkannt, weil sie unbewußt spüren, daß unsere Zeit ratlos ist und deshalb unsern Widerspruch erheischt. Die Christen müssen um solche kraftvolle Bischofsgestalten beten, dann werden ihnen inmitten aller Erstarrung wieder Bischöfe geschenkt, die, nach Möhler, verdienen, «Engel der Kirche» genannt zu werden.

Der heilige Ulrich ist für uns auch nach tausend Jahren noch eine lebendige Gestalt. Darum lehrt er uns noch eine letzte Haltung. Wir Christen kranken gewöhnlich an einem unheilvollen Zwiespalt: wir sind der Erde verhaftet, wissen aber, daß unsere wahre Heimat der Himmel ist. Die beiden Pole bringen wir nicht in eine richtige Verbindung zueinander. Der Christ schwankt zwischen Weltergötzung und Weltekel, wodurch eine innere Zerrissenheit entsteht. Natürlich kannte auch Ulrich diese Gegensätze; die äußere Unruhe seiner Zeit war groß und die Sehnsucht nach Heilsgewißheit nicht weniger. Aber er war der Mann, der «das Schönheitsbedürfnis einer festlichen Natur» in sich spürte, sich zuletzt jedoch von allen Dingen mit den Worten abkehrte: «Was soll mir jetzt dies alles?»[16] Beide Seiten waren in ihm, aber sie klafften nicht auseinander, sondern er vermochte das Irdische mit dem Himmlischen zu vereinigen. Er stand mit beiden Füßen auf Erden. Er war mit dem Hiesigen durch hundert Fäden verbunden und ging trotzdem nicht in der in sich selbst ruhenden Endlichkeit unter. Sein Haupt ragte darüber hinaus, sein Blick war auf das Ewige gerichtet und gab ihm die Kraft, tiefgreifende Gegensätze zu versöhnen. Es ist ein echtes Bedürfnis des Menschen, zwischen Diesseits und Jenseits eine Harmonie herzustellen, das Irdische gottnäher und das Göttliche erdennäher zu rükken. Diese Anforderung erfüllte Ulrich, weil er ein Sohn der Romanik war, die noch die Welt in Gott zu lieben vermochte.

Wir begannen mit dem Wort von Reinhold Schneider: «Ich habe nie Heilige gesehen, aber wohl Bilder von Heiligen.» Lassen Sie mich mit einem anderen Wort vom gleichen Dichter schließen: «Im mittelalterlichen Rußland wurde einem kranken Fürsten ein heiliges Bild gebracht, daß er durch die Betrachtung des Bildes genese.» Welch ungewöhnliche Perspektive: Durch Bilder der Genesung entgegenzugehen! Tatsächlich könnten Menschen auch heute an Bildern echter Ordnung gesund werden, vorausgesetzt, daß sie die Fähigkeit bewahrt haben, solche Bilder mit ganzer Seele anzuschauen[17]. Diese Worte sind ein Appell: Wir können die zeitlosen Heiligenbilder nicht genug anschauen, wir müssen sie so lange ansehen, bis das Urbild in unser Abbild eingeht und hier die ersehnte Verwandlung bewirkt. Denn Bilder bergen in sich das Geheimnis, Unsichtbares durch Sichtbares mitzuteilen.

Merkt auf,
denn der Seuse will sausen

Die alten Bilder zeigen Heinrich Seuse fast durchwegs in Verbindung mit einem blühenden Rosenstrauch. Auf den kolorierten Holzschnitten aus dem 15. Jahrhundert – ein authentisches Porträt aus seiner Zeit gibt es nicht – trägt Seuse einen Kranz von Rosen auf dem Haupt, oder er steht vor einem Rosenbäumchen, aus dem ihm das Jesuskind eine Rose zuwirft. Stets sind es Rosen, mit denen er in Beziehung gesetzt wird.

Offensichtlich sind diese Blumen im Leben des Mystikers ein bedeutsames und für seine Person wichtiges Symbol. Das Rätsel darf nicht mit Angelus Silesius' schönem Wort gelöst werden:

«Die Ros ist ohn' warum; sie blühet, weil sie blühet,
sie acht nicht ihrer selbst, fragt nicht, ob man sie siehet.»[1]

Von der Rosenchiffre sind alle gefühligen Sentimentalitäten und romantischen Schwärmereien fernzuhalten, denn sie würden zu einer falschen, süßlichen und unangebrachten Deutung führen. Sie erheischt eine ganz andere Interpretation; nur dann vollzieht sich das wunderbare Geschehen, daß sich Seuse «auftut wie eine Rose».

Einem Menschen eine rote Rose verehren, zeugt von einer Zuneigung. Mit dem berückenden Duft und dem flammenden Rot ist die Rose die Blume der feurigen Liebe. Im Spätmittelalter hatte sie jedoch eine andere Bedeutung: sie war ein Symbol für das Leiden. Seuse schrieb einmal: «Leiden kleidet die Seele mit rosigem Kleide, mit Purpurfarbe; es trägt den Kranz von roten

Rosen.»² Mit dieser Bemerkung schlüsselt er selbst das Symbol auf: Die Rose ist in mystischer Sicht ein Sinnbild der leidenden Liebe. Die Rose als Chiffre des liebenden Leidens verstanden, gibt die Melodie an, nach der das Leben dieses Mannes komponiert war. Der auf den Bildern rosengeschmückte Seuse ist der Heilige des Leidens und der Mystiker der religiösen Tragik, der durch die eigenen, unsagbaren Schmerzen befähigt wurde, die Christen die seltene Kunst zu lehren, Leiden auf sich zu nehmen und Leiden würdig zu ertragen. Durch seine Leidensfrömmigkeit wird der Konstanzer Selige unerwartet zu einem überraschend gegenwartsnahen Wahrheitszeugen, der dem heutigen Menschen – dem einzelnen und nicht der breiten Masse – ein lebenswichtiges Wort ins Ohr flüstert, leise, eindringlich und helfend, denn mit inneren und äußeren Leiden ist auch die moderne Zeit bis an den Rand angefüllt. Um nicht im Leid zu ertrinken, stürzt sich der Mensch in den Taumel des Vergessens und bewältigt dadurch die Situation erst recht nicht. Wie der Mensch mit dem Leiden fertig wird, ist allezeit eine vordringliche Angelegenheit; jedenfalls vermag der mit der Purpurfarbe geschmückte Seuse eine Anleitung zu geben. Die Rose auf Seuses Bildern ist eine mystische Blume aus dem Hohenlied. Wer über Salomons Wort «eine Rose im Tal» im Hinblick auf Seuse zu meditieren beginnt, dem geht plötzlich das Geheimnis des Heiligen in ungeahnter Tiefe auf; seine Seele wird vom Mystiker wundersam gegrüßt, und er erfährt zuletzt eine unendliche Beglückung, deren Schilderung sich aller menschlichen Sprache entzieht.

I

Eine zarte Frauenhand ließ Seuses Leben nicht der Vergessenheit anheimfallen. Elsbeth Stagel ist es zu danken, daß uns das innere Antlitz Seuses noch heute anblickt. Da ihr Name für immer mit dem seinigen verbunden bleibt, gebührt es sich, zuerst von dieser reinen Seele zu reden.

Die Vaterstadt Elsbeth Stagels war Zürich. Ihr Vater, der Ratsherr Rudolf Stagel, wohnte mit seiner Frau Margarete am Rindermarkt und hatte mit seinen Söhnen die Metzgerbank inne. Als ein Mann ritterlichen Geschlechts führte er in seinem Wappen den Kopf eines Steinbocks. Obwohl Elsbeth der Ruhm gebührt, die erste Schriftstellerin der Limmatstadt zu sein, wissen heute die wenigsten Zürcher um ihren Namen. Keine Straße ist nach ihr benannt, keine Tafel bezeugt das Haus ihrer Geburt, und keine Monographie ist ihrem Dasein gewidmet. Ihre Geburtsstadt scheint von dieser lauteren Frauenseele keine Notiz zu nehmen, dieweil sich die «fortschrittlich gesinnten Züricher» mehr für neuzeitliche Dinge interessieren als für das stille Nönnchen, das vor sechshundert Jahren in seinen Mauern geboren wurde. Dabei gehört Elsbeth Stagel zu den erwähnenswerten Frauen Zürichs, die, einer Anna Schultheß, Johanna Spyri oder Susanne von Orelli ebenbürtig, seelischen Charme ausstrahlt.

Vom äußeren Leben Elsbeths sind nur Umrisse bekannt. Kurz nach 1300 wurde sie geboren. Wir wissen nicht, wie Elsbeth aussah, ob sie «klare Falkenaugen» besaß, von hoheitsvoller Gestalt oder von zierlicher Kleinheit war. Obwohl es kein Bildnis von ihr gibt, kennen wir das Innere dieser Frau, deren Seele traumhaft schön wirkte. Elsbeth war ein hochsinniges Mädchen, wie es nicht alle Tage in den engen Gäßlein der Altstadt umherhüpfte. Ihren Angehörigen zärtlich zugetan, begehrte sie trotzdem schon am Ende ihrer Kindheit, in ein Kloster einzutreten; das genaue Datum ist unbekannt. Die Entschlußkraft stammte aus der eigenen Seele des Mädchens – wenn auch vielleicht nicht unbeeinflußt von der väterlichen Rede im Haus, da Rudolf Stagel von Amts wegen mehrfach mit den Klöstern zu tun hatte. Niemals aber wurde sie entsprechend der mittelalterlichen Sitte lediglich in ein Kloster versorgt, wie dies mit vielen Adelstöchtern geschah. Der Flug ihrer Seele hatte sich schon im jugendlichen Alter von allen eitlen Dingen abgewandt; sie bewahrte sich ein schwebendes Gemüt und war von einem seltenen Läuterungswillen erfüllt.

Elsbeth wählte das Kloster Töß, das sich damals eine halbe Stunde außerhalb von Winterthur befand. Zunächst stand nur ein bescheidenes Schwesternhäuschen bei der Brücke in der Nähe einer Mühle, die ein Müller des Grafen von Kyburg als ewiges Lehen innehatte. Der Müller war ungehalten, daß er den Schwestern die Mühle zu einem Bauplatz überlassen sollte, und widersetzte sich diesem Ansinnen entschieden. Als ihn dann aber im Traum eine Stimme fragte: «Warum störst du mich an der Stätte, da ich selber ruhen will?», und die Leute ihm erzählten, daß zuweilen wonnigliche Lichter an jener Stelle leuchteten, zog er willig von dannen und räumte die Stelle den Schwestern zum Bau ihres Klosters ein. Sie lebten zunächst nach der Regel Augustins; einige Jahre hernach unterstellten sie sich dem «leuchtenden Liebesfeuer» des Dominikus. Das Kloster erhielt viele Schenkungen, namentlich als Königin Agnes ihre Stieftochter Elisabeth in Töß einkleiden ließ. Einst sah ein Wächter zu Winterthur in einer besonderen Nacht «über dem Kloster ein Licht aufgehen; das war so überaus schön und so wonniglich, daß ihn dünkte, daß sein Glanz über alles Erdreich leuchtete und einen schönen Tag machte, und das schwebte lange über dem Kloster, aber ganz hoch in der Luft, und ließ sich dann wieder nieder auf das Kloster, und er sah es nun nicht mehr.»[3] Das Kloster beherbergte in seiner Blütezeit gegen hundert Schwestern. Heute ist es vom Erdboden verschwunden; an seiner Stelle steht ein Fabrikgebäude, und Maschinenlärm erfüllt die Luft, wo einst stille Gebete zu Gott aufstiegen[4].

Gemäß der körperlichen Konstitution war Elsbeth ein leidender Mensch; der seelischen Veranlagung nach jedoch besaß sie ein heroisches Gemüt, das sich nie mit dem Vorletzten zufriedengab. Ihre begeisterungsfähige Seele strebte dem Höchsten entgegen. Entsprechend ihrer religiösen Anlage dachte sie nur eines: «O hätte ich Flügel wie die Taube! Wie wollte ich fliegen, bis ich Ruhe fände!» Sie war ein echter Homo religiosus, und zwar ihrem Wesen nach, und nicht nur weil sie den Schleier genommen hatte. Ebenso war sie auch eine hochgebildete Nonne, der lateinischen Sprache mächtig und voller geistiger Interessen. Ob man sie eine Dichterin nennen darf, ist dagegen fraglich[5]. Das mystische Leben war ihrer Seele Sehnsucht. Nach Bruder Johannes' Schilderung «übertraf sie an heiliger Vornehmheit die anderen Schwestern und leuchtete voll Klarheit unter ihnen als ein Spiegel aller Tugenden»[6].

Die klösterliche Lebensgestaltung bildete das erste große Erlebnis Elsbeths. Sie fühlte sich gedrängt, es in einem Werk innerlich zu verarbeiten. Aus diesem Bedürfnis ist ihr Buch «Das Leben der Schwestern zu Töß» entstanden. Damit ist sie die erste Schriftstellerin Zürichs geworden. Die kluge Nonne besaß die Fähigkeit zu beobachten und zu schildern. Das Werk, das mit sichtlicher Wärme geschrieben ist, vermittelt dem Leser Einblick in ein mittelalterliches Frauenkloster als eine Pflanzstätte des mystischen Lebens. Ein agnostischer Standpunkt kann dem Buch Elsbeths nicht gerecht werden. Die skeptische Einstellung begreift nichts vom mystischen Abenteuer der Seele, das sich in unbekannten Regionen abspielt. Eine gewisse tiefenpsychologische Richtung glaubte einst, in diesen Schwestern lediglich eine Schar unerfüllter Hysterikerinnen erkennen zu müssen. Wer so denkt, hat von der Himmelssehnsucht hochgestimmter Frauenseelen in gotischer Zeit nichts begriffen. Auch der bloß literarhistorische Aspekt genügt nicht. Das verständnislose Urteil, Elsbeth habe jedes Kapitel mit einer «papierenen Wendung» eingeleitet und habe «nur die Gabe des absichtsvollen Hervorhebens und Verschweigens, der frommen Übertreibung und gläubigen Verklärung» besessen, ist ein Nonsens[7]. In Wirklichkeit zeichnet sich das anmutige Tößerbuch durch eine ungewöhnliche Geistigkeit aus, die die Verfasserin befähigte, innere Seelenzustände mit einer subtilen Feinheit zu charakterisieren. Freilich bedarf es eines Sinnes für das übernatürliche Leben, um die geistige Tiefe des feinsinnigen Werks zu erkennen[8]. Elsbeths Schilderung des Schwesternlebens ist eines der schönsten Klosterbücher. Bis heute hat sich keine Patina auf diese Chronik gelegt. Gründung und Wachstum des Klosters übergeht Elsbeth rasch; die äußeren Dinge finden nicht ihr Interesse; um so liebevoller verweilt sie bei dem inneren Leben der Schwestern, von denen sie einige selbst gekannt hat, was ihren Ausführungen den Wert eines Augenzeugenberichts verleiht. Sie fabuliert nichts zusammen, sondern will, daß die verschiedenen Lebensschicksale nicht im Strom der Lethe untergehen. Aus den fragmentarischen Berichten entsteht ein richtiges Legendarium. In der Vorrede bemerkt sie, «auch haben wir manches hier aufgeschrieben, was klein scheint, aber es ist zuweilen vor Gott größer, was klein erscheint, denn was sehr groß erscheint»[9]. Die Verschiedenheit der Maßstäbe Gottes von unserer menschlichen Bewertung ist damit angedeutet. Auch Elsbeths kleines Schwesternbuch ist eine große Angelegenheit in Gottes Augen.

Elsbeth übergeht das weltliche Leben, das die Nonnen vor dem Klostereintritt geführt haben. Sie erzählt nichts Näheres von den Verzärtelungen des früheren Daseins. Was sie im Kloster erlebt haben, das steht im Mittelpunkt: Das büßende und beschauliche Dasein der Schwesternschaft setzt ihre Feder in Bewegung. Vom monastischen Leben versteht Elsbeth ein einnehmendes, ja farbiges Bild zu zeichnen; neben den wunderbaren Begebenheiten hebt sie auch das sittliche Streben hervor. Mystische Schönheit ist über ihre Blätter hingehaucht.

Die Nonnen übten sich in der Askese. Sie ließen sich nicht gehen, überwanden ihre fraulichen Launen und legten sich eine strenge Zucht auf. So gaben sie ihrem Leben Sinn und Halt. Der moderne Leser steht den asketischen Übungen hilflos gegenüber und glaubt, in Nietzsches Frage sei der Weisheit letzter Schluß enthalten: «Was bedeuten asketische Ideale?» Damit bleibt er jedoch in einer psychologischen Fragestellung stecken, die den tieferen Sinn der sich sammelnden Haltung verfehlt. Die richtig verstandene Askese hat nichts mit Verdrängung zu tun. Sie ist nicht bloße «morbidezza auf schönes Fleisch», ist weder «eine heilige Form der Ausschweifung» noch ein «Vorwand zum Winterschlaf». Solch geistreiche Mißverständnisse gehen am Entscheidenden vorbei. Das asketische Leben ist eine Zusammenfassung der inneren Kräfte. Die Schwestern bemühten sich, ungeachtet ihrer oft vornehmen Abkunft, «verschmähte Menschen» zu sein, was sich aber keineswegs verdüsternd auf ihre Seelen ausgewirkt hat. Im Gegenteil: Das Kloster zu Töß war von einer höheren Freude erfüllt, dachte doch eine der Schwestern, wenn sie einen sich fröhlich gebärdenden Menschen sah: «Segne dich Gott! Es ist billig, daß du fröhlich seiest; denn Gott hat dich dazu geschaffen und bestimmt, daß du die ewige Freude und Gottes Angesicht genießen sollst.» [10]

Durch die asketische Einstellung blühte in den Nonnen ein reiches Innenleben auf. Sie erlebten Visionen und Wunder, Levitationen und Verzückungen. «Da bedenke ein jeder Mensch, wie fern sie aus allen leiblichen Sinnen gezogen und in die grundlose Gottheit gesenkt sein mußten. Da sie solche Wunder schauten, die man mit keinen Worten aussprechen kann.» [11] In der Weise kommentierte Elsbeth das Übernatürliche. Die Schwesternschaft führte ein der Betrachtung ergebenes Dasein, ganz dem Gottesleben verhaftet. Es war ein Leben in geheiligten Sphären, ein unendlich freudiges Gott-Haben und ein wirkliches Erleben der Gott-Nähe, das sich in all ihrem Schweigen und Beten, in ihrem Loben und Danken auswirkte. Elsbeth, die mystische Erlebnisse aus eigener Erfahrung gekannt hat, berichtete über transrationale Erfahrungen, legte aber dennoch nicht den Hauptwert auf die übernatürlichen Vorkommnisse. Die Erkenntnis der Gottesfreude durchflutete sie, wenn sie schrieb, «wie Gott in allen Dingen ist und in allen Kreaturen und daß kein Ding vollbracht werden kann, es sei denn Gottes Gegenwärtigkeit mit seiner Kraft dabei, auch in leiblichen Dingen.» Sie erkannte auch, «wie Gott in einem jeglichen Gräslein und einem jeglichen Blümlein und Blättlein und wie er allenthalben um uns und in uns ist» [12]. Das visionäre Erleben schloß auch das schlichte Gottvertrauen nicht aus, da die göttliche Stimme den Schwestern ins Ohr flüsterte: «Du sollst all dein Leben richten nach dem Glauben und sollst wissen, das ist das allersicherste und allerbeste. Und da erkannte sie voll Klarheit, daß der Glaube größer ist denn die Sicherheit und die Schauung, die sie gehabt hatte, und nun richtete sie ihr ganzes Leben nach dem Glauben.» [13] Mezzi Sidwibrin, voll heiliger Einfalt, redete mit Gott, «als wäre niemand da als er und sie» [14]. Sie sang mit ihrer hellen Sopranstimme die Meßgesänge so hingebungsvoll, daß ihr selbst die Tränen reichlich flossen, doch stimmte sie auch heitere und süße Liedlein an:

Weises Herz, die Minne meid,
die mit Schmerzen wird zergehn,
mach fürs Beste dich bereit,
das mit Freuden wird bestehn.
Falsche Minne, die verlier,
wirf sie weg: Gott helfe dir.

In ihrer überströmenden Liebe versicherte Schwester Mezzi Sidwibrin Gott: «Herr, wärest du Mezzi Sidwibrin und wäre ich Gott, so wollte ich dich doch Gott sein lassen und ich wollt Mezzi Sidwibrin sein.» [15] Da die mystische Glut alle Standesgrenzen überbrückte, berichtete Elsbeth auch von Laienschwestern, zumal da ihr Gott deutlich gezeigt hatte: «Der gute Gott hat auch ausdrücklich bezeugt, daß er nicht allein bei denen ruhen will, die er dazu bestimmt, daß sie, wie wir, uns nur inneren, geistlichen Dingen ergeben sollen; er hat sich auch den Schwestern gar lieblich erwiesen, die er dazu bestimmt, daß sie dem Konvent getreulich dienten.»[16] Derart hat Elsbeth ihr Klosterleben verarbeitet; das Buch der Schwestern ist ein Spiegelbild ihrer Seele.

Das andere Erlebnis, das tief in Elsbeths Leben eingriff und dem ersten die Waage hielt, war die Freundschaft mit Heinrich Seuse. Durch ihre geistige Aufgeschlossenheit gewann Elsbeth Kunde «vom heiligen, hohen Meister Eckhart». Die kühnen Ausführungen des Lesemeisters von Köln erweckten ihre innere Aufmerksamkeit, doch sie verstand nicht ganz, was der Mystiker meinte, wenn er von der reinen Gottheit, der Ergebung seiner selbst ins Nichtsein und der Bildlosigkeit aller Bilder sprach. Elsbeth wandte sich an Seuse mit der Bitte um Erklärung, und mit diesem Wunsch begann eine freundschaftliche Verbundenheit, ein zunehmendes gegenseitiges Sich-Verstehen, eine Beziehung, in der Seuse der leitende Verstand und Elsbeth der treibende Wille war. Der Konstanzer Dominikaner verhielt sich Elsbeths Ansinnen gegenüber nicht ablehnend, denn er spürte die geistig verwandte Seele, und ihr darlegend, daß Eckharts Spekulationen nicht für sie bestimmt seien, versuchte er, sie auf eine ihrem Geiste gemäße Bahn zu lenken: «Rechte Seligkeit liegt nicht an schönen Worten, sie liegt an guten Werken; fragst du aber nach solch hohen Sachen um einer lebendigen Erfüllung willen, so rate ich dir dennoch, daß du davon lassest; und nimm solches für dich, was dir gemäß ist; denn du scheinst noch eine ungeübte Schwester. Halte dir das Bild der Freunde Gottes vor, wie sie sich zuerst übten, mit Christus zu leben und zu leiden; denn also wird ein anfangender Mensch angetrieben und vorwärts gewiesen in das Nächstkommende. Wiewohl es geschieht, daß Gott, der Herr, solches einem Menschen in einem Augenblick zu geben vermag, so pflegt er das doch nicht gewöhnlich zu tun. Sondern es muß gemeiniglich erlitten und erstritten und erarbeitet werden.»[17] Weit entfernt davon, sich über die sanfte Zurechtweisung Seuses: «du scheinst eine noch ungeübte Schwester zu sein», beleidigt zu fühlen, bewertete Elsbeth seine Antwort als die langersehnte Wegweisung. Sie wünschte sich schon längst einen Seelenführer und erwiderte deshalb, frei von aller mimosenhaften Empfindlichkeit: «Lieber Vater, wisset, daß meine Begierde nicht steht nach klugen Worten; sie steht nach heiligem Leben; und das recht und redlich zu erreichen, hab' ich Mut, wie weh das auch tun mag; es sei Leiden, Meiden oder Sterben oder was es ist, was mich weiter zum Nächsten bringen kann, das muß ausgehalten werden. Und schrecket nicht ob meiner kranken, zarten, fraulichen Natur; denn was Ihr auszuhalten befohlen, das der Natur weh tut, das getraue ich mich zu erfüllen mit Gottes Hilfe. Und fangt zuerst beim Niedersten an und weiset mich hindurch, wie man ein junges Schülerlein zuerst lehret, was der Kindheit zugehört, und es nach und nach weiter weiset, bis es selber ein Meister der Kunst wird.»[18] Seuse verlangte von Elsbeth eine Generalbeichte, die sie ihm auf einer wächsernen Tafel sandte, hinzufügend: «Nun falle ich sündiger Mensch vor Eure Füße und bitte auch, daß Ihr mich wiederbringt in das göttliche Herz, und daß ich Euer geistliches Kind heiße in Zeit und in Ewigkeit.»[19] Selten ist eine edlere Seele vor einem Manne zu Füßen gelegen, nicht irdische Minne heischend, sondern geistliche Führung erbittend. Elsbeth blieb nicht dort liegen; sie erhob sich wieder, und es wurde daraus eine Verbindung, die den Namen heilige Freundschaft verdient. Man fragt sich, ob eine solch reine und innige Gemeinsamkeit der Seelen, in der überirdischer Eros zum Höchsten aufsteigt, heute noch möglich ist.

Unmittelbar bevor Seuse den Bericht Elsbeths mit ihrer Beichte erhielt, sah er in einer Vision die Schwester vor sich stehen, mit einem «Antlitz so fröhlich und von so gnadenreichem Ansehen», daß ihm die besondere Gnade Gottes ihr gegenüber offenbar wurde.[20] Seuse führte Elsbeth Schritt für Schritt tiefer in die

Mystik hinein zu den hohen Fragen einer «wohlgeübten Frau Tochter». Mit überlegener Seelsorgerweisheit lenkte er auch Elsbeth von dem Vorhaben ab, die harte Askese der Wüstenväter auf sich zu nehmen, indem er ihr schrieb: «Wir sind ungleich von Natur. Was dem einen Menschen gut und angemessen ist, das fügt sich dem anderen nicht; schaue aber ein jeglicher Mensch mit Fleiß zu sich selbst und merke gar eben, was Gott von ihm wolle, und tue sich darin genug und lasse andere Dinge bleiben. Denn, allgemein zu sprechen, so ist es viel besser, mäßige Strenge zu üben als übermäßige. Sintemal es beschwerlich ist, das Mittelmaß zu finden und recht zu fassen, so ist besser, ein Kleines darunter zu bleiben, denn zuviel darüber zu wagen.» [21] Die beiden Menschen führten ein Zwiegespräch, das aufstieg wie eine Lerche, höher und immer höher, bis Elsbeths Herz laut aufjubelte: «Davon saget, lieber Vater, davon saget mehr!» Tatsächlich ist in dieser Äußerung Elsbeths ein geistiger Schwung enthalten, der Freude auslöst, und man müßte schon eine schläfrige Seele sein, wollte man darüber nicht noch mehr hören. Überaus beglückend war es, was Seuse an mystischen Einsichten der geistlichen Tochter mitteilte, was diese so entzückte, daß sie ausrief: «Ach, wie ist meinem Herzen! Ich schwebe in der Gottheit, wie ein Adler in der Luft.» [22] Seuse ist mehrfach den Weg von Konstanz nach Töß gegangen, und Elsbeth ist in Seuses schwerer Verleumdungszeit unbeirrbar zu ihm gestanden; ihre geistige Verbindung wagte niemand zu verdächtigen, sie war auch allein von der gemeinsamen Freude am Leben in Gott getragen. Nichts erinnerte an die dunklen Schatten, die über der Seelsorgerbeziehung zwischen Elisabeth von Thüringen und Konrad von Marburg lagen, vielmehr war die Freundschaft zwischen Elsbeth und Seuse eine Parallele zu der geistlichen Zusammengehörigkeit von Franz von Sales und Johanna von Chantal. Das vereinte Mystikerpaar schimmert in seiner Gottzugewandtheit wie ein heller Stern am herbstlichen Abendhimmel des Mittelalters.

Auch das ihr Leben prägende Freundschaftserlebnis erfuhr bei Elsbeth einen schriftstellerischen Niederschlag. Es brachte eine Frucht von unschätzbarem Wert. Elsbeth verstand es, mit weiblichem Charme Seuse bei seinen Besuchen im Kloster Töß zu veranlassen, allerlei aus seinem Leben zu erzählen. Seuse berichtete ihr in göttlicher Vertraulichkeit von seinen mannigfachen Leiden, und Elsbeth lauschte seinen Darlegungen mit fraulicher Aufmerksamkeit; «rührend war's, unendlich rührend war's», möchte man mit Shakespeare diese Erzählungen kommentieren. Allein, Elsbeth begnügte sich nicht, bloß teilnehmend, fragend und ermunternd seinen Erzählungen zu folgen. Gleichsam ein heimliches Spiel mit ihm treibend, setzte sich Elsbeth hin und schrieb das Vernommene genau auf, kaum hatte sich Seuse verabschiedet. Umsonst besaß sie nicht eine literarische Ader, sie mußte das Gehörte schriftlich verarbeiten. Die angehäuften Blätter rundeten sich schließlich zu einer Vita Seuses, die noch höher als das Schwesternbuch zu bewerten ist, weil viel wunderbare Poesie, Einfalt und Anschaulichkeit darin enthalten ist. Während eines Besuchs entdeckte Seuse den «geistigen Diebstahl». Im ersten Moment wurde er unwillig, forderte von Elsbeth die Blätter und vernichtete sie in seiner Verdrossenheit. Glücklicherweise hatte ihm Elsbeth nicht alle ausgehändigt. Nachdem Seuse sich vom ersten Ärger erholt hatte, hinderte ihn eine himmlische Botschaft daran, die anderen Blätter auch zu verbrennen. Von da an ließ er seine Freundin gewähren. Sie verfaßte ein aus der Begeisterung für Seuse herausgewachsenes Buch; es war die schönste Rose, die ihm im Leben von einer Frauenhand gereicht wurde. Elsbeth stand ihm von allen geistlichen Töchtern weitaus am nächsten, sie hat seine Gedanken im Flug aufgefangen und mit einem mitempfindenden Herzen verstanden. Nach ihrem Tode überarbeitete Seuse die Schrift, indem er ihr noch eine bessere, mit Bildern versehene Form gab und zugleich darin auch Elsbeth ein würdiges Denkmal setzte. Was

Elsbeth und was Seuse geschrieben haben, läßt sich nicht mehr auseinanderhalten, es geht ineinander über, entsprechend ihrer innigen Seelenfreundschaft. Der Grundstock stammt sicher von Elsbeths Hand. Insofern ist die Vita nicht, wie sie vielfach genannt wird, eine Autobiographie, aber noch viel weniger eine Legende.[23]

Das das geistliche Leben fördernde und in bildhafter Sprache abgefaßte Buch ist «das erste Beispiel einer Biographie, das die deutsche Literatur aufzuweisen hat»[24]. Einleitung und Schlußwort – Elsbeth wird darin auch die selige und die heilige Tochter genannt – fügte Seuse hinzu. Die vor etlichen Jahrzehnten modische Hyperkritik, die alle Werke ihren Urhebern abzusprechen pflegte, zweifelte auch an der Echtheit der Vita. Doch was heißt dies schon in diesem Zusammenhang? Der Zweifel wirbelte lediglich einige Staubwölklein auf, die sich schon längst wieder gelegt haben[25]. Der Inhalt der Vita ist nicht ersonnen, er ist wahr, so wahr wie nur etwas wahr sein kann, denn Elsbeth hat aufgezeichnet, was sie aus Seuses Mund vernahm. Ohne ihre Niederschrift würde Seuses Dasein genauso wie Meister Eckharts Leben im Nebel der Geschichte entschwinden. Ihr allein verdankt die Nachwelt das innere Bildnis des Konstanzer Mystikers. Noch heute wendet sich das leiderprobte Antlitz ernst, nachdenklich und doch freundlich dem Betrachter zu.

Die Vita ist keine Lebensbeschreibung im modernen Sinne. Viele Ereignisse werden gar nicht erwähnt. Es fehlt die chronologische Reihenfolge. Dafür aber ist die göttliche Ordnung darin enthalten. Die Aufmerksamkeit ist ausschließlich auf das Innenleben gerichtet; durch die Konzentration auf das Seelische wurde die Vita zu einem der innigsten Werke der deutschen Mystik. Elsbeth arbeitete den ganzen Reiz der liebenswürdigen Persönlichkeit Seuses heraus, gestaltete ein Seelenporträt, den altflämischen Bildnissen vergleichbar, in denen sich ebenfalls die ganze Seelengeschichte widerspiegelt. Die Nonne von Töß machte sich keiner Stilisierung schuldig. Sie erwähnt freimütig, daß Seuse bei der Begegnung mit dem Mörder vor Angst erbleichte. Auch schildert sie unerquickliche Erlebnisse aus dem Dasein ihres Freundes, unter anderem die traurige Erfahrung mit der leiblichen Schwester, welche aus dem Kloster ausbrach und sich in Schande stürzte, womit sie großes Leid über Seuse brachte. Aber sie verleiht den Niederungen des Lebens nicht durch besondere Ausmalung ein Eigengewicht, das ihnen nicht zukommt, sondern mischt die dunklen Farben nur in das Bildnis, damit sich die lichtvollen Partien der Gestalt um so stärker abheben. Für Elsbeth ist Seuse ein geistlicher Knappe, der mit seinem erblichen und seelischen Adel eine auf das höchste Ziel gerichtete, christliche Ritterschaft verkörperte. Alle Erlebnisse werden der religiösen Idee unterstellt – der Geschichte von dem anfangenden, zunehmenden und vollendeten Menschen. Dadurch erhält die Lebensbeschreibung eine Geschlossenheit, die sie zum Rang eines Kunstwerkes erhebt, sozusagen das geistliche Gegenstück zu Dantes weltlicher Vita nuova. Eine Ergänzung der Vita bildet das therapeutische «Briefbüchlein», das Seuses Briefe enthält, die Elsbeth ebenfalls eifrig gesammelt hat.

Am Ende ihres Lebens schreitet Elsbeth mit unhörbarem Schritt aus der Zeitlichkeit in die Ewigkeit hinüber. Sie war stets kränklich. Seuse geriet gegenüber Gott in ein «freundliches Zürnen» hinein, weil er Elsbeth nicht von ihrem langwierigen Leiden heilte und ihn damit seiner besten Helferin beraubte. In den Abschiedszeilen an seine Freundin ermunterte er sie: «Wohlan, Tochter, gib der Kreatur Abschied und laß dein Fragen fürder sein; lausche selbst, was Gott in dir spricht! Du magst dich wohl freuen, daß dir geworden ist, was manchem Menschen verborgen bleibt. Wie sauer es dir auch geworden ist, das ist nun alles dahin mit der Zeit; du hast nun fürbaß nichts mehr zu tun, als göttlichen Frieden in stiller Ruhe zu haben und fröhlich der Stunde deines zeitlichen Vergehens in die vollkommen ewige Seligkeit zu harren.»[26] Eine lichtvollere Tröstung kann man einem auf dem Sterbebett liegenden Menschen nicht zuflüstern; in ihr ist Bestätigung, Stärkung und Zuspruch in eines verschmolzen. Vermutlich ist Elsbeth zwischen 1350 und 1360 gestorben; an ihrem Grabe ereigneten sich Wunderzeichen. Sie erschien ihrem Seelenführer in einer Vision «in Gestalt einer Abgeschiedenen, leuchtend in schneeweißem Gewand, wohl geziert mit lichtvoller Klarheit, voll himmlischer Freuden»[27]. Wahrhaftig, sie war eine hoheitsvolle Schwester, eine ganz nach innen gerichtete Frau, weit überlegen jenen weiblichen Wesen, die sich nach außen verausgaben und sich damit selbst verlieren.

Bruder Johannes setzte auf den heute unbekannten Grabstein Elsbeths das würdige Wort aus dem Tobiasbüchlein, das einst die Jungfrau Sara in ihrem heimlichen Betkämmerlein leise, bescheiden und doch voll Seligkeit sprach: «Rein habe ich erhalten meine Seele von aller ungeziemlichen Begehrlichkeit. Und habe mich nie gemischt unter die da leichtfertigen Kurzweil treiben, noch unter die da in sündlicher Gesellschaft bleiben.»[28]

II

Aus Seuses Mund stammt ein gar seltsames Wort: «Im Untergang werden alle Dinge vollbracht.»[29] Es ist eine ungewöhnliche Aussage, rätselhaft und gerade in ihrer nicht leichten Verständlichkeit um so anziehender. Die eigenartige Melodie erklingt immer wieder in den Ohren der Menschen. Seuses Wort sagt jene Wahrheit aus, die auf das vom Christen zu erbringende Opfer hindeutet. Die Wahrheit wird ihm nur geschenkt, sofern er sich selbst opfert; jede andere Einstellung bleibt auf der Ebene des intellektuellen Geredes. Seuses geheimnisschweres Wort ist eine andere Fassung des johanneischen Christuswortes: «Wenn das Weizenkorn nicht in die Erde fällt und erstirbt, bleibt es allein; wenn es aber erstirbt, trägt es viel Frucht.» Das Seusesche Weizenkorn ist gestorben; «im Untergang werden alle Dinge vollbracht» ist das Motto, das über seinem Leben aufleuchtet und nach eigenen Kategorien verlangt, die allein der Passion des Heiligen gerecht werden.

Es ist nicht die Aufgabe dieser Ausführungen, Seuses Leben zu erzählen. Dies könnte nicht geschehen, ohne ihm Abbruch zu tun. Einige Begebenheiten jedoch sind erwähnenswert, die in der Lebensbeschreibung der Freundin allzu kurz gestreift wurden. Das Bildnis des anfangenden, des zunehmenden und des vollendeten Menschen soll profiliert werden, eine Formulierung, die die innere Lebenskurve Seuses beschreibt. Nicht allen Menschen ist die Gnade beschieden, die drei Stadien zu durchschreiten. Es gibt Menschen, die im Leben überhaupt nie anfangen. Sie können sich nicht dazu entschließen, sie verschieben es immer auf die nächste Woche und bleiben zeitlebens vor dem Anfang stehen. Bei ihnen kommt es nie zur Entfaltung ihres tieferen Selbst, weil sie nicht fähig sind, einen Entschluß zu fassen und den ersten, oft entscheidenden Schritt zu tun. Andere wiederum fangen an, aber sie nehmen nicht zu, weil sie in den ersten Anfängen steckenbleiben und es nicht weiter bringen. Sie kommen innerlich nicht vorwärts; so bleibt alles ein kümmerliches Fragment. Nur wenige sind imstande, ihr inneres Leben auch zu vollenden und es zu einem Ganzen zu gestalten. Zu den wenigen Menschen gehörte Seuse, er hat Anfang, Mitte und Vollendung durchschritten, und darum zählt er zu den Seligen. Heilige sind nicht Tugendbolde – ach, das ist das nicht auszurottende Mißverständnis –, wohl aber sind es Menschen, die durch alles hindurch zu der inneren Vollendung gelangt sind.

Obwohl eine Gestalt immer auf dem Hintergrund ihrer Zeit gesehen werden muß, trägt die geschichtliche Situation wenig zum Verständnis von Seuse bei. Das Jahrhundert des Heiligen war von auflösenden Tendenzen gekennzeichnet. Der mit häßlichen

Mitteln geführte Kampf zwischen weltlicher und päpstlicher Macht zerklüftete die Christenheit, und auch Seuse hatte darunter zu leiden, als sein Konvent für zehn Jahre aus Konstanz ausgewiesen wurde. Nach Seuse war die Welt, in die hinein er geboren wurde, vergreist und von chaotischem Wirrwarr bedroht. Seuse hat das unheilschwangere Treiben des herbstlichen Mittelalters mit den Worten gedeutet: «Die Welt beginnt zu altern, und die Minne beginnt zu erkalten, die schönen Rosen heiliger Andacht beginnen abzufallen. Man findet nun viel mehr scharfen Schlehdorn denn weiße Lilien.»[30] Allezeit wird der Heilige in eine unheilige Zeit hineingeboren, jede Epoche hat gegen eine bedrückende Verfinsterung zu kämpfen, und stets bedurfte es für den einzelnen Christen des äußersten Einsatzes, um aus der Verlorenheit den Weg zur Geborgenheit zu finden.

Das Datum von Seuses Geburt ist unbestimmt – es wird im letzten Jahrzehnt des 13. Jahrhunderts liegen –, unbekannt ist ebenso der genaue Ort. Konstanz oder Überlingen werden angenommen. Sein Vater war der Ritter von Berg. Da sein Besitztum bei Weinfelden im Kanton Thurgau lag, ist er schweizerischer Herkunft. Aber schon Seuses Großvater verließ den angestammten Wohnsitz, übersiedelte nach Konstanz und widmete sich dem Tuchhandel. In seiner Person vollzog sich der Übergang vom absterbenden Rittertum zum aufstrebenden Bürgertum. Der Vater Seuses war vollständig vom merkantilen Erwerbssinn erfaßt, woraus sich vielleicht die Härte und Öde seines Gemütes erklärt. Das weltliche Leben machte ihn blind für alle übernatürlichen Werte. Begreiflicherweise stand der Sohn in keiner inneren Beziehung zu ihm; außer der einstigen ritterlichen Gesinnung hatte sich nichts von der väterlichen Linie auf ihn vererbt. Die Mutter war eine Edle aus dem Geschlecht der Seuse von Überlingen – heute noch wird das Geburtshaus mit lichtvollen Innenräumen in der Susogasse gezeigt –, eine dem Religiösen zugewandte, warmherzige Frau, die sich in der Liebe zum Erlöser beinahe verzehrte. Seuse war ein ausgesprochener Muttersohn, jedenfalls ist seine außerordentliche Gefühlskraft mütterliches Erbteil. Er ließ später in einem nicht näher zu bestimmenden Zeitpunkt seinen väterlichen Namen fallen, nannte sich bewußt Seuse nach dem Geschlecht der Mutter und fühlte sich deswegen auch als Schwabe. Die Ehe seiner Eltern war, der ungleichen Interessen wegen, nicht von harmonischem Gleichklang getragen. Der junge Seuse hat darunter sehr gelitten. Die unerquicklichen Verhältnisse haben dazu beigetragen, daß er schon früh aus der häuslichen Umgebung ausschied. Wenn die Kindheit für das Leben eines Menschen entscheidend ist, bedeutet es eine Einbuße, daß nichts Näheres aus Seuses Jugend überliefert ist. Nur das Bild seiner «heiligen Mutter» hat sich unauslöschlich in seine Seele gesenkt. Ihr Tod ging dem Studenten überaus nahe; sie erschien ihm tröstend in einer Vision.

Mit dreizehn Jahren trat Seuse in das dominikanische Inselkloster in Konstanz ein, das sich in der zweiten Hälfte des 19. Jahrhunderts in ein elegantes Hotel verwandelte. Von Seuses Zelle ist nichts mehr zu sehen, nur die Fassade des ehemaligen Klosters und der Kreuzgang blieben erhalten. Vom monastischen Geist ist keine Spur zurückgeblieben. Der Bodensee plätscherte unmittelbar an die Ufer des Klosters; Seuse sah in der Ferne die Alpen und den Säntis, und sein poetisches Gemüt nahm die entzückende Lage mit Freuden in sich auf. Da Seuse bei seinem Eintritt noch nicht das vorgeschriebene Alter besaß, übergaben die Eltern dem Kloster ein größeres Geschenk. Später hat dieses Vorgehen sein zartes Gewissen belastet, zweifelte er doch, ob seine Klosteraufnahme nicht durch Simonie erkauft worden sei. Die ersten fünf Jahre im Kloster waren für Seuse unfruchtbar; sie sind durch eine ausgesprochene Gleichgültigkeit charakterisiert, denn kein geistlicher Aufschwung erfaßte seine Seele. Der laue Mönch ist zu allen Zeiten eine widerwärtige Erscheinung; ein Sohn des Dominikus darf nicht ein ungesammelter Mensch sein.

Allein, Seuses knabenhaftes Alter darf als Entschuldigung für sein wenig geistliches Leben gelten.

Mit dem Ende der Pubertät begann er zu fühlen, daß das Wichtigste ihm fehle. Leer und unglücklich kam er sich in seiner verborgenen Sehnsucht vor. Er begann nun zu suchen, wurde ein hungernder Mensch, und schließlich gaben ihm Gottesdurst und Ewigkeitshunger einen unerwarteten, ungeheuren Auftrieb. Das Suchen nach Gott ist weder mittelalterlich noch modern, es ist einfach christlich und zu allen Zeiten gleich notwendig. Geistig gesehen, kann man die Menschen in Suchende und Nichtsuchende einteilen, ohne damit einer Schematisierung zu verfallen. Zwischen ihnen besteht ein unendlich größerer Unterschied als zwischen reich und arm, Mann und Frau. Das Suchen verleiht dem Menschen den religiösen Charakter. Es gibt kaum ein christliches Leben, das nicht vom Suchen bewegt ist; wer nicht suchet, der findet auch nicht. Seuse war ein Sucher, er war es in eminent starkem Maße; darum begeistern seine Ausführungen auch heute noch den Leser. Er hat darüber eine Aussage niedergeschrieben, ein großartiges Dokument, würdig, Augustins Bekenntnissen an die Seite gestellt zu werden: «Es hatte sich ein wildes Gemüt in seiner anfänglichen Veräußerlichung verlaufen in die Wege der Gottentfremdung. Da begegnete ihm in geistigem unsäglichem Bilde die Ewige Weisheit und zog ihn durch süß und sauer, bis daß sie ihn auf den rechten Pfad der göttlichen Wahrheit brachte. Und da er die wunderlichen Führungen recht überdachte, sprach er zu Gott: Liebreicher, zarter Herr, mein Gemüt hat von meinen Kindertagen an eines gesucht mit elendem Durst, Herr, und was das sei, das hab' ich noch nicht vollkommen begriffen. Herr, ich hab' dem manches Jahr heiß nachgejagt, und noch nie konnte es mir recht zuteil werden, denn ich weiß nicht recht, was es ist, und es ist doch etwas, was mein Herz und meine Seele zu sich zieht und ohne das ich nimmer in rechte Ruhe versetzt werden kann. Herr, ich wollte es in den ersten Tagen meiner Kindheit in deinen Kreaturen suchen – wie ich es vor mir tun sah –, und je mehr ich suchte, desto weniger fand ich es, und je näher ich ging, desto mehr entfernte ich mich davon. Denn bei einem jeglichen einströmenden Bild hatte ich, bevor ich es ganz versuchte oder mich mit Ruhe dem hingab, eine Eingebung derart: Das ist nicht das, was du suchst. Und dieses Davontreiben ist mir je und je in allen Dingen vorher zuteil gewesen. Herr, nun wütet mein Herz danach, denn es hätte es gern, und es hat wohl öfter als einmal empfunden, was es nicht ist, Herr, aber was ist, darüber ist es noch ohne Weisung.»[31] Das unermüdliche Suchen und Fragen nach dem Ewigen brachte Seuse an den Rand der Schwermut, begreiflich, denn was ist trauriger, als immer einem Ziel nachzujagen und es doch nicht zu erreichen? Die Ergebnislosigkeit drückte melancholisch auf Seuses Gemüt, zumal er im Kloster keine Seele fand, mit der er darüber hätte sprechen können. Auch die schützenden Klostermauern vermochten nicht, ihn vor der oft schwer zu ertragenden Einsamkeit zu retten.

Doch Seuse war nicht das Los der Vergeblichkeit beschieden. Die unbefriedigte Phase endigte unerwartet mit der «geswinden ker»[32]. Seuse selbst betonte die Plötzlichkeit der Umkehr, die seinem Suchen und Tasten, Hungern und Dürsten mit einem Schlag ein Ende bereitete. Wie ein unerwartetes Gewitter brach es über ihn herein und bewirkte eine gründliche Veränderung seiner Haltung. Der Durchbruch, der sich in seinem achtzehnten Jahr ereignete, war von solch entscheidender Tiefe, daß er fortan sein Leben in zwei Teile einteilte. Nie mehr hat er zurückgeschaut, nachdem er einmal die Hand an den Pflug gelegt hatte, und kein zweideutiges Schwanken beeinträchtigte je wieder seine gründliche Wandlung. Allezeit ist die radikale Umkehr das große Wunder im menschlichen Dasein, und auch bei Seuse ist die «geswinde ker» das erste Geheimnis in seinem Leben. Sie bestand nicht nur im festen Willensentschluß, mit der lauen Lebensführung resolut zu brechen. Dann wäre sie ein bloß psychologisches Ereignis. Seuse wurde von der oberen Welt berührt, das Überirdische brach wie ein Sturm in seine Seele ein, und damit war die Wendung von der Außenwelt zur Innenwelt gegeben: Das Wunder des anfangenden Menschen hatte sich ereignet!

Seuses Umkehr war durch ein visionäres Erlebnis verursacht. An einem Feiertag hörte er bei der Tischlesung während der Mahlzeit Verse aus der Weisheit Salomons. Die Worte trafen ihn mitten ins Herz. Kurz darauf wurde ihm die in der Vita beschriebene erste Vision zuteil: «In seinem Anfang geschah es einmal, daß er am Tage St. Agnesen in den Chor ging, wo der Konvent zu Mittag gespeist hatte. Er war da ganz allein und stand in dem niederen Gestühl des rechten Chores. Zur selben Zeit hatte er eine sonderliche Bedrängnis von schwerem Leiden, das auf ihm lag. Und wie er so allein dastand, trostlos, und niemand bei ihm noch um ihn war, ward seine Seele im Leibe – oder war es außer dem Leibe? – verzückt. Da sah er und hörte, was allen Zungen unaussprechlich ist: Es war formlos und artlos und hatte doch aller Formen und Arten freudenreiche Lust in sich. Sein Herz war gierig und doch gesättigt, sein Sinn war lustig und wohlgestimmt, sein Wünschen hatte sich gelegt und sein Begehren war vergangen. Er starrte nur in den glanzreichen Widerglast, in dem er seiner selbst und aller Dinge Vergessen trank. War es Tag oder Nacht – er wußte es nicht. Es war vom ewigen Leben eine ausströmende Süßigkeit in gegenwärtiger, stillstehender, ruhiger Empfindung. Er sprach danach: ‹Ist dies nicht das Himmelreich, so weiß ich nicht, was Himmelreich ist; denn all das Leiden, das man in Worte fassen kann, vermag billig die Freude nicht zu verdienen, wie man sie ewiglich besitzen soll.› Diese überschwengliche Entrückung währte wohl eine Stunde oder eine halbe; ob die Seele im Leibe blieb oder vom Leibe geschieden war, er wußte es nicht. Als er wieder zu sich selbst kam, da war ihm ganz und gar wie einem Menschen, der von einer andern Welt gekommen ist.»[33]

Seuse gehört zu den großen Visionären der Christenheit; er hat in seinen Entrückungszuständen außerordentliche Dinge geschaut. Vom Tanz mit den Jünglingen sagte er selbst: «Dies Tanzen geschah nicht in der Weise, wie man in dieser Welt tanzt. Es war etwas wie ein himmlisches Herauswallen und Wiederhineinwallen in den unbegreiflichen Abgrund der göttlichen Verborgenheit.»[34] Die visionären Gesichte enthüllen die andere Seite seiner Sucherperiode, die nicht nur Schmerz und Peinigung, sondern auch Jubel und Seligkeit bedeutet. Wer den himmlischen Tanz erblicken darf, der verschmachtet nicht in einer geistigen Wüste, sondern kostet eine himmlische, unbeschreibliche Süßigkeit. Was Seuse schaute, war formlos und hatte doch alle Formen, womit er das Unaussprechliche für menschliche Zungen andeutete, das ihn selbst jedoch in eine überglückselige Seelenverfassung versetzte. Daraus allein läßt sich die eigentümliche Beschwingtheit Seuses erklären.

Die eindrücklichste Vision war ein Sophiaerlebnis; die himmlische Weisheit wurde seine mystische Braut. Die Ewige Weisheit erschien ihm nicht in einem phantastischen Bild, sondern als Inbegriff von all dem, was war, ist und sein wird. Sie gab ihm auch einen neuen Namen und nannte Seuse Frater Amandus, das heißt Bruder Liebtraut. Er wiederum nannte sie Herzenstraut und überhäufte sie mit den innigsten Namen, ohne je die gebotene Grenze zu überschreiten, indem er sich immer nur als Diener der Ewigen Weisheit fühlte. Doch begann in Seuse «ein Kosen mit der Ewigen Weisheit; und das geschah nicht mit einem leiblichen Kosen noch mit bildreicher Antwort, es geschah allein mit Betrachtung in dem Lichte der Heiligen Schrift.»[35] Er wird nicht müde, fortan von der Ewigen Weisheit zu reden, läßt sich auf einer Pergamentrolle ein Bild der himmlischen Sophia malen und hängt es in seine Zelle, damit er jederzeit «die Kaiserin seines Herzens» anschauen könne.

Was verstand Seuse unter der Ewigen Weisheit? Die göttliche

Sophia ist bei ihm eine entscheidende Chiffre. Es gilt zunächst, einige Mißverständnisse abzuwehren. Nie hat er sie als eine neue göttliche Hypostase bewertet, was für ihn als Dominikaner nicht annehmbar gewesen wäre. Auch in seiner Sophienmystik blieb Seuse ein trinitarischer Denker, der nichts mit Pseudospekulationen über die Quaternität zu tun hatte. Ebensowenig bedeutete für ihn die Ewige Weisheit eine erotische Wunschfigur, die aus einer asketischen Verdrängung zu erklären wäre. Es ist uneinsichtig, sich an der Zärtlichkeit von Seuses Sprache über die himmlische Sophia zu stoßen, sie hat im Hohenlied Salomons ihre Legitimation und läßt sich durch die ganze Geschichte der Mystik verfolgen. Selbst J. S. Bach hat in seinen Kantaten die Sprache der Liebe verwendet.

Im salomonischen Schrifttum ist erstmals von der Ewigen Sophia die Rede. Ferner finden sich im Neuen Testament mehrfache Ausführungen darüber, von denen die bedeutsamste Äußerung von Paulus stammt, der die himmlische Sophia Christus gleichsetzt. Dieser Auffassung war auch Seuse zugetan, die Ewige Weisheit ist für ihn der gottmenschliche Christus: «Ich, die Ewige Weisheit, ward vor Herodes in weißen Kleidern wie ein Tor verspottet.» [36] Ob Seuse Ewige Weisheit oder Christus sagt, es ist stets der menschgewordene Logos gemeint. Christus war in sein Leben getreten und hat sein Dasein geprägt. Seuse kreist um die Gestalt Christi und versteht es, die abgegriffenen Worte der Frömmigkeitsliteratur zu vermeiden. Er ist ein von Christus getragener Mensch, der in die Nachfolge des Herrn getreten war. Dank der sophianischen Mystik verdämmerte sein religiöses Suchen nicht im Leeren; die Ewige Weisheit ließ ihn zu einem zunehmenden Menschen werden.

Seuses Sophienerlebnis ist eine außergewöhnliche Erfahrung, aber es ist nicht eine singuläre Vision in der christlichen Geistesgeschichte. Etlichen Christen widerfuhren visionäre Begegnungen mit der himmlischen Sophia, und in der Ostkirche weiß sowohl die Ikonenmalerei als auch die Religionsphilosophie um den geheimnisvollen Zusammenhang. Seuse steht hier in einem Strom christlicher Tradition, der freilich unterirdisch dahinfließt.

Gewöhnlich wird im Anschluß an Seuses «geswinde ker» von seiner langjährigen Kasteiung gesprochen. Dem modernen Leser läuft ein Schauder über den Rücken, wenn er in der Vita über Seuses radikale Askese liest. Das Urteil wäre zu bequem, wollte man Seuse seiner ingrimmigen Askese wegen herabsetzen. Der Kampf gegen die Sinnlichkeit war ein notwendiges Durchgangsstadium, denn es schien dem jungen Seuse, der Körper – den er zwar nicht mit dem Bösen identifizierte – berge eine Gefahr. Vor allem galt es, die gaukelnde Phantasie zu zügeln, mochte er auch hierin des Guten zuviel getan haben. Die strengen, asketischen Übungen sind ein Zeichen dafür, daß er in seiner Nachfolge Christi wirklich vom Geist des Absoluten ergriffen und für immer von der bürgerlichen Christentumsauffassung geschieden war. Seuse besaß eine heroische Seele, die den «verwöhnten, widerspännigen Leib» in die Gewalt bekommen wollte. Oft bedrängt, rief er mehr als einmal, entsprechend der mittelalterlichen Rittergewohnheit, nach Waffen, die ihm im Kampf gegen die Welt und sich selbst helfen sollten. Er hat nicht nachgelassen, hat bis zum äußersten gerungen und eine erstaunliche Selbstdisziplin erreicht. Die Befreiung von seiner «Überlast» bedeutete nichts anderes als «ein Zerbrechen seines ungebrochenen Menschen»[37]. Bis zum vierzigsten Lebensjahr verfolgte Seuse in übermäßiger Strenge die asketische Fährte. Er war nahe an der Selbstzerstörung seiner Persönlichkeit angelangt, so ernst nahm er es mit seinem Anfang. Einmal seufzte er: «Ich sterbe und kann doch nicht sterben.» Dann aber überwand er den asketischen Rigorismus mit einem Mal, er hatte seinen Dienst an ihm getan.

Ein seelischer Kulminationspunkt im Ringen mit sich selbst war die mit einem scharfen Griffel unmittelbar über dem Herzen vollzogene Einritzung der Buchstaben JHS, die gewöhnlich als die Anfangsbuchstaben der drei Worte «Jesus, Heiland, Seligmacher» aufgefaßt werden. Schon viel wurde über dieses naive, beinahe überschwengliche Tun gelächelt, wie man denn überhaupt Seuses Jesusverehrung der Schwärmerei gleichsetzte. Töricht wäre es, Seuse gegenüber diesem Einwand zu verteidigen. Die blutige Griffeltat, die übrigens Zurbarán zu einem Gemälde veranlaßt hat, bekundet ein eminent starkes Aufflammen der brennenden Jesusliebe. Seuse begnügte sich nicht mit einem langweiligen Gewohnheitsverhältnis, in dem so viele Christen versanden, stand er doch in einer personalen, liebenden Beziehung zum Herrn. Er war in seinem Werben um Jesus liebestrunken; die Einritzung der Buchstaben bedeutet ein glühendes Zeichen seiner emotionalen Zugehörigkeit zu Jesus, ein erstes Symbol für die von Christus empfangene Rose.

Über dem asketischen Tun darf eine Wirkung des sophianischen Erlebnisses nicht vergessen werden: die Entbindung des Dichters, die die Vita zwar kaum erwähnt. Seuse war ein Künstler. Seine dichterische Begabung bekundet sich in außerordentlicher Sprachgewalt, in sanftem und doch lebendigem Rhythmus. Im Lateinischen erweist sie sich, und im deutschen Schrifttum erreicht sie ihre Höhe. Sie mit einer süßlichen Sentimentalität zu verwechseln, deckt den Mangel an Verständnis für das Dichterische auf. Seuse ist ein wirklicher Poet, dessen Rede oft wie Musik klingt. Sein Leben ist ein wundersamer Hymnus. Den Minnedienst des edlen Rittertums hat er in das religiöse Leben übertragen, was allein schon eine dichterische Leistung bedeutet. Durch seine Botschaft wurde er zum Herold der himmlischen Sophia; sein Sang war eine spirituelle Volksmelodie, die ebenfalls von Lieb und Leid, vom Scheiden und Meiden spricht. Der Künstler in ihm regte sich in allen Dingen, die er anfaßte. So hat er auch «Das Exemplar», das seine Hauptschriften zusammenfaßt, mit eigener Hand illustriert. Der göttliche Minnesänger blickte mit den Augen der Seele in die Natur, die ihn in helles Entzücken versetzte. Nach Wilms «läßt er die Geschöpfe nicht zurück, er reißt sich nicht von ihnen los, sondern reißt sie mit sich empor»[38]. Mit seinem liebenden Gemüt umfing er die ganze Schöpfung; er las aus dem Buch der Natur die Gotteszeichen heraus, zart und empfindsam, wie es sonst nur eine lichte Frauenseele vermochte. Seuse war wie alle Poeten ein Gefühlsmensch, trotz seiner seelischen Weichheit aber zerrann sein Gefühl nicht im Unbestimmten. Er bändigte und ballte es zu einer dichterischen Aussage. In seinen Ausführungen zeigte sich das erzählerische Talent; er hat die Bedeutung des Dialogs erkannt und diesen auch meisterlich gehandhabt. Seuses Subjektivität gab seiner Sprache den bewegten Tonfall. Der alte Görres nannte Seuses ganzes Leben «ein großes Epos der Gottesliebe». Den anderen dominikanischen Mystikern fehlte das Dichterische; weder Eckhart noch Tauler besaßen es. Seuses Worte aber haben einen unverkennbaren dichterischen Schwung: «Herr, ich habe dich bisher in meinem Dichten gelobt mit alledem, was voll Lust oder voll Liebe in allen Kreaturen sein mag. Eya, nun aber muß ich von neuem fröhlich ausbrechen in einen neuen Reigen und in ein seltenes Lob, das ich nimmer kannte.»[39] Seuse jubiliert in seinen Ausführungen, er zeigt dem Leser seiner Schriften leuchtende Augen, ein lachendes Antlitz und ein aufspringendes Herz.

Noch eine Beziehung wird in der Vita zwar angedeutet, aber nicht näher ausgeführt: Seuses Verhältnis zu Meister Eckhart. Der Dominikanerorden pflegte die begabteren jungen Mönche in Deutschland zur weiteren Ausbildung in der Theologie nach Köln zu schicken. Auch Seuse saß drei Jahre dort zu Füßen Meister Eckharts, zu dem er in nähere Beziehung kam und dem er eine entscheidende Wegleitung verdankte. Meister Eckhart, «eine wunderbare, halb in Nebel gehüllte, beinahe christlich mythische Gestalt»[40], ist heute noch eine zum Widerspruch herausfordernde Persönlichkeit, voll Glanz, Adel und unzugänglicher Hoheit; Kunisch charakterisiert sie mit den Worten: «Mystisches Leben ist ein Dasein in Gefährdung und Preisgegebenheit; ein Leben, das oft keine andere Sicherheit mehr hat als den Ruf Gottes, auf den hin es das Ganze zu wagen gilt. Das gibt dem Bild aller großen Mystiker den Charakter des Hochgemuten und der Schwermut. Ein solches Antlitz, im Feuer des eigenen Adels leuchtend, in Einsamkeit und Schwermut tief verschattet, ist das Meister Eckharts.»[41] Vom düstern Ausgang von Eckharts Leben wurde auch Seuse betroffen. Der Meister hat ihm viel gegeben, er nahm ihm den Zweifel wegen seines vorzeitigen Klostereintritts und vermittelte ihm vor allem «die süße Lehre» der Mystik, mit der sich Seuse so begierig vollsog wie ein trockener Schwamm. Die mystischen Ausführungen Seuses gehören zu der wertvollsten und bleibenden Frucht, die er hervorgebracht hat. Wohl konnte auch er, wie sein Meister, von der Vereinigung der Vernunft mit der heiligen Dreifaltigkeit reden. Die spekulativen Gedankenflüge sind jedoch nicht sein eigentliches Anliegen: «Der soll nicht nach dem Höchsten in der Lehre fragen, der noch beim Untersten im Leben steht.»[42] Seuses Mystik war eine den Lebensinhalt bildende, in das Dasein eingehende Mystik, zumal da er der Meinung war, durch Nichterkennen werde die Wahrheit erkannt. Unmöglich ist es, Seuses Mystik in einem System darzustellen. Für ihn war Mystik ein Leben mit Gott; der Ausdruck «der gelassene Mensch» ist hiefür die notwendige Chiffre. Er stellt die Frage: «Was ist rechte Gelassenheit?»[43], und findet eine Antwort im Wortsinn «sich lassen». Damit meint er, daß innere Gelassenheit den Menschen zu der höchsten Wahrheit bringt. «Eine Gelassenheit ist: Gelassen sein in Verlassenheit.»[44] Der gelassene Mensch ist nach Seuse auf das Entbehren ausgerichtet und nicht auf das Zusammenraffen. Der Ausdruck «der gelassene Mensch» kehrt bei ihm immer wieder, manchmal wird er durch die Formulierung «der wesentliche Mensch» ersetzt, was jedoch das gleiche bedeutet. Mit dem wesentlichen und gelassenen Menschen stellte Seuse ein Leitbild auf, das diesen Namen verdient. Das Leitbild unterscheidet sich vom Idol dadurch, daß dieses eine leuchtende und wegweisende Kraft enthält, während jenes die Menschen ins Verderben führt. Dies alles ist doch Geist von Eckharts Geist: «Seiner selbst entsinken in tiefer Gelassenheit... alle Dinge von Gott, nichts von der Kreatur annehmen... und sich in eine stille Geduldigkeit versetzen gegen alle wölfischen Menschen.»[45]

Trotz dieser offensichtlichen Verbundenheit Seuses mit Meister Eckhart wurde schon behauptet, «wenn es wahr ist, daß Seuse Eckharts begeisterter Schüler war und zu seinen Getreuesten zählte, dann wirft es auf das Schicksal seines Lehrers ein wahrhaft erschütterndes Licht. Denn seine Gestalt, wie wir sie kennen, ist ein einziger Verrat an allen entscheidenden Aussagen des Meisters, den er so überschwenglich liebt und rühmt.»[46]

Die «kulturgeschichtliche Betrachtungsweise» des Literaturhistorikers zeugt jedoch von einer erschreckenden Verantwortungslosigkeit. Das Urteil ist falsch, wenn es heißt, Seuse sei von Eckharts Spekulationen nie richtig ergriffen worden. Das Gegenteil davon ist wahr. Selbstverständlich war Seuse kein Nachschwätzer, nie hat er bloß wiederholt, was Eckhart ihm vorsagte; zudem gehörte der Meister von Köln auch nicht zu jenen Hochschullehrern, die von ihren Schülern nur jene Arbeiten gelten lassen, die lediglich auf eine Anwendung ihrer Theorien hinauslaufen. Seuse war Seuse, er hatte ein eigenes Wort zu sagen und war nicht dazu geschaffen, ein bloßes Echo Eckharts zu sein. Er hat Eckhart wirklich die Treue gehalten, und das will in jener unheilschwangeren Situation mehr heißen, als wenn man heute von einer «ungeheuren Verfälschung» redet, bei der man nicht einmal den Versuch unternimmt, sie auch nachzuweisen. Während Seuses Kölner Aufenthalts ereignete sich die häßliche Denunzierung Meister Eckharts, die ihm eine Verurteilung vom

Kölner Erzbischof eintrug. Dann kam es zu einem Freispruch durch den päpstlichen Legaten, schließlich aber zu der Verurteilung durch Rom, die den Lebensabend des Meisters verdüsterte. Es war keine Leichtigkeit, sich zu jener Zeit zu Eckhart zu bekennen, aber Seuse gehörte nicht zu den opportunistischen Menschen, die sich in der Stunde der Gefahr wegschleichen. Er ist getreulich zu seinem Lehrer gestanden, und sein erstes Werk «Büchlein der Wahrheit» ist eine einzige Rechtfertigung Eckharts. Auch nach Eckharts Tod sprach Seuse mehrfach und in bekennendem Ton über den verurteilten Meister. Elsbeth Stagel berichtet in der Vita von einer Vision, in der Meister Eckhart sogar Seuse erschienen sei und ihn belehrt habe, «daß er sich in überschwenglicher Herrlichkeit befinde, in der seine Seele rein in Gott vergottet sei» [47]. Das war eine mutige Antwort in jenen Jahren des Hasses gegen Eckhart, als sich der Orden noch nicht um eine Rehabilitierung des Meisters bemühte.

Da Seuse vom «heiligen Meister Eckhart» redete, machte er sich auch in den Augen von dessen Gegnern suspekt, ja, man verdächtigte ihn der Häresie, was in jener Zeit fast immer einer religiös-moralischen Vernichtung gleichkam. Auf die Anklage zweier Ordensbrüder in höherer Stellung hin begab sich Seuse zitternden Herzens nach den Niederlanden, um sich vor einem Generalkapitel wegen seines Glaubens zu verantworten. Sein Gehorsam wurde dabei auf eine harte Probe gestellt, die er zwar bestand. Seuse blieb ungetadelt, obschon er von einem weiteren Studium in Paris ausgeschlossen wurde. Statt seine gelehrte Laufbahn in Paris fortzusetzen, kehrte er von Köln nach Konstanz zurück, ohne Abschluß seiner wissenschaftlichen Ausbildung. Ob Seuse sich des weiteren Studiums nicht für würdig hielt oder ob ihn der wissenschaftliche Ehrgeiz abstieß, weil ihm Gott offenbarte, daß er nun gelehrt genug sei, wie fromme Überlieferung ausführt, bleibe dahingestellt. Viel wahrscheinlicher ist, daß die laxe Richtung innerhalb des Ordens Seuses Aufstieg verhinderte und seine Kaltstellung betrieb. Sein Abgang von Köln hängt doch wohl mit seiner Treue zu Eckhart zusammen. Bald wurde er auch in Konstanz, wo er den Patres wissenschaftliche Vorlesungen hielt, von seinem Amt abgesetzt. Seuse stieg gedemütigt vom Katheder herunter. Es war ein wahrhaft tragischer Ausgang; denn damit war seine wissenschaftliche Laufbahn für immer zu Ende. Er war ein Opfer des Strudels geworden, in den Eckhart geraten war, und so erfuhr er nun zum erstenmal die Wahrheit des Wortes «im Untergang werden alle Dinge vollbracht». Am eigenen Leib hatte Seuse erfahren, was es heißt, menschlich als Weizenkorn zu sterben; in seinem nicht verbitterten Verhalten zeigt sich seine zunehmende Leistung vom anfangenden zum vollendeten Menschen.

Seuse widmete sich von seinem vierzigsten Lebensjahr an ausschließlich der Seelsorge und entfaltete ein wunderbares Charisma. Er war nicht der spekulative Denker wie Meister Eckhart, und er war auch nicht der hinreißende Prediger wie Tauler, aber er war ein begnadeter Seelsorger, der auf diesem Gebiet beide übertraf. Die Volksseelsorge übte er allerdings nicht im üblichen Stil aus. Er konnte zu wenig massiv, derb, volkstümlich reden, weshalb er bei den breiten Massen kaum Eindruck zu erwecken vermochte. Nach Ida Friederike Görres, «ist er wohl vor den Menschen das gewesen, was man eine lächerliche Figur nennt – ungeschickt, unansehnlich, ein Mensch, der sich selbst auf die Füße tritt, der nicht zu imponieren weiß – ein Tor, der tumbe Knabe»[48]. Nur aus seinen manchmal linkischen Gebärden lassen sich seine Mißerfolge erklären; sein Versagen hat ihm trübe Erfahrungen und böse Verleumdungen eingetragen, von denen die Vita einige Beispiele erwähnt. Sie dürfen nicht verschwiegen werden, bilden sie doch den Schatten zu seinem lichtvollen Bild; außerdem zeigen sie den wirklichen Charakter. Auf die harte Sprache der Wahrheit kann die neue Hagiographie ohnehin nicht mehr verzichten. Ganz anders verhielt er sich in der Einzelseelsorge: für die innerlich aufgeschlossenen, religiös empfindenden Nonnen war Seuse der gegebene Spiritual, der die Schwestern mit zarter Überlegenheit wunderbar zu leiten verstand und den Saiten ihrer Seelen nie vernommene Töne zu entlocken fähig war. Seine Freundin Elsbeth Stagel ist dafür das anschaulichste Beispiel.

Das «Briefbuch» vermittelt eine Vorstellung von Seuses Seelsorge. So schrieb er einmal einer Briefempfängerin: «Es muß noch manchmal wandelbares Wetter über dich ergehen, ehe daß die himmlische Heiterkeit in dir stetig werde.»[49] Nie legte Seuse seinen geistlichen Töchtern das Christentum als eine leichte Angelegenheit dar, die man sich mit einer eleganten Bewegung zu eigen macht. Jede andere Deutung käme einer Verfälschung gleich. Sooft auch der einfachere Weg im christlichen Raum versucht wurde, er hat noch nie zum Ziel geführt. Seuses wegweisende Ratschläge lauteten: «Ein wahrhafter Untergang des Menschen ist eine Wurzel aller Tugenden und Seligkeit; daraus dringt dann eine sanftmütige Stille in rechter Gelassenheit seiner selbst gegen den Mindesten wie gegen den Höchsten.»[50] Offen erklärte er: «Der Berg ist hoch und der Weg schlüpfrig; er kann mit einem Anlauf nicht erreicht werden, es heißt: aber- und abermals, bis es erfochten wird.»[51] Immer kam es ihm darauf an, daß der Mensch in die Stille einkehre, weil er nur dort ein wahres Selbst findet: «Ihr sollt auch Euer selbst nicht vergessen, oft im Tage in Euch selbst einkehren und sonderlich zweimal, das ist spät und früh, Euch selber suchen und eine Weile der Dinge vergessen und Euch auf zu Gott erheben und all Euer Leid und Leiden in ihm empfangen.»[52] Dabei ermahnte er die Nonnen, sich nicht zu schwere Lasten aufzuerlegen, denen ihre schwache Konstitution doch nicht gewachsen sei. Er ermutigte sie auch, nach einem Rückfall nicht zu verzweifeln, und rief ihnen das Wort in Erinnerung: «Das ist das einzige Pünktlein, das da scheidet die Auserwählten von den Nichtauserwählten, daß die Verurteilten liegen bleiben, während die Auserwählten immer wieder aufstehen.»[53]

Seuse bewährte sich in der Seelsorge als ausgezeichneter Beichtvater. Nie hörte er eine Beichte ungeduldig und flüchtig an, nie war seine Antwort routiniert oder schablonenhaft; im Gegenteil, er trug die sich ihm anvertrauenden Seelen betend mit sich. In den einfachen Leuten entstand deswegen der Glaube, keiner, der bei dem seligen Heinrich gebeichtet habe, werde verlorengehen[54]. Eine solche Fama entsteht nie ohne Grund, sie gehört zum schönsten Nachruhm, und man ist versucht zu sagen: Volkesstimme ist Gottesstimme. Seuses Geheimnis seiner Seelsorge lag in seiner Milde; hierin war er durchaus ein Vorgänger von Franz von Sales. Nach der Vita gesteht Seuse: «Mir tat nie ein Mensch so großes Herzeleid, wenn er mich nur gütig darnach anlachte, so war es alles dahin in Gottes Namen, als ob es nie geschehen wäre. Herr, ich will von der Menschheit schweigen, aber mehr noch: aller Tierlein und Vöglein und Gottes Kreaturlein Mangel und Traurigkeit, so ich des sah oder hörte, so ging es mir ans Herz.»[55] Seuses gütiges Herz brachte es nicht über sich, einen Menschen in Betrübnis zu sehen, ohne ein herzliches Mitleid mit ihm zu haben. Er weinte mit den Weinenden und trauerte mit den Trauernden, bis er sie mütterlich erlöst hatte. Die seelsorgerliche Tätigkeit Seuses ist durch ein großes Erbarmen mit allem, was menschliches Antlitz trägt, charakterisiert; es war die echte Sanftmut, und in ihr spiegelt sich das Leuchten der Seligpreisung: Selig sind die Barmherzigen, denn sie werden Barmherzigkeit erlangen.

Schließlich wurde er zum Prior des Klosters gewählt, obwohl er der irdischen Dinge unkundig war. Die Wahl bedeutete für ihn eine späte Rehabilitierung nach der Verdächtigung der Häresie, die er einst über sich ergehen lassen mußte. Doch gereichte ihm gerade diese Ehrung zu einer neuen Quelle der Demütigung. Schon bei der ersten Ansprache, die er an die Mitglieder des Konvents richtete, erlebte er, daß zwei Mitbrüder sich anstießen, spöttisch lachten und sich geringschätzende Bemerkungen zuraunten. So menschlich – allzu menschlich geht es manchmal auch in einem Kloster zu. Aus der Hinterlassenschaft eines Chorherren, mit der er sich zu befassen hatte, erwuchs ihm viel Ärger. Doch das Unangenehmste bereitete ihm ein lasterhaftes Mädchen, das er zuerst in dessen Notlage unterstützte, um es von seinen bedenklichen Wegen abzubringen. Als alle seine Ermahnungen vergeblich waren, brach er seine Hilfeleistungen ab. Das sittenlose Geschöpf schwor ihm Rache und behauptete frech, der Vater ihres unehelichen Kindes sei niemand anderer als Seuse! Die Bezichtigung, die sie überall ausstreute, wurde zum öffentlichen Skandal und vernichtete den guten Ruf Seuses vollständig. Die Menschen wandten sich von ihm ab, sogar Heinrich Nördlingen zog sich von ihm zurück, einzig Elsbeth Stagel hatte zu tief in sein Herz geblickt und wurde keine Stunde an ihm irre[56]. An der Verleumdung war kein wahres Wort, aber das Geschwätz in der Stadt nötigte Seuse, seine Predigttätigkeit einzustellen, sein Prioramt niederzulegen und Konstanz zu verlassen. Diese Demütigung war die letzte Heiligkeitsprobe, die der Selige zu bestehen hatte. Die spätere Untersuchung durch den General des Ordens ergab die völlige Unschuld Seuses. Aber die Flut von Verleumdungen hatte sich bereits über ihn ergossen, und er hatte zum zweitenmal die Erfahrung zu machen, daß alle Dinge im Untergang vollbracht werden.

Der Ausgestoßene ging nach Ulm, wo er die letzten Jahre seines Lebens zubrachte. Eine alte Handschrift nennt ihn kurz und bündig den Landprediger von Ulm. Über das Abscheiden Seuses berichtet die Vita nichts, weil Elsbeth vor ihm starb. Er wird aber die Worte, die er dem Leser zugerufen hat, selbst befolgt haben: «Rüste dich auf eine rechte Hinfahrt, denn wahrlich, du sitzest wie ein Vöglein auf dem Zweige, und wie ein Mensch, der am Rande des Wassers steht und nach dem bald abfahrenden Schiff schaut, darin er sitzen und hinfahren soll in das fremde Land, davon er nimmermehr zurückkommt. Darum richte recht all dein Leben darnach, damit, wenn der Tod kommt, du bereit seist und fröhlich von hinnen fährst.»[57] Er war der vollendete Mensch geworden, der am 25. Januar 1366 in Ulm seine Seele dem Schöpfer zurückgab.

Seuses Grabstätte wurde lange verehrt; noch im 17. Jahrhundert kannte man sie, wenn auch die Angaben darüber nicht übereinstimmen. Dann fiel sie der Vergessenheit anheim. Selbst die eifrigen Grabungen nach dem zweiten Weltkrieg in der bombardierten Kirche in Ulm blieben ohne Erfolg. Im ersten Moment möchte man bedauern, daß man das Grab des Heiligen nicht kennt. Aber darin ist ein tiefer Sinn verborgen. Der Christ soll nicht an einer äußeren Örtlichkeit hängenbleiben, sondern die Worte vom anfangenden, zunehmenden und vollendeten Menschen in sein Gemüt aufnehmen und hier Seuse einen inneren Altar errichten. Tersteegen fand in seinen «Auserwählten Lebensbeschreibungen heiliger Seelen» das richtige Wort: «Zu Ulm ist der liebenswerte Seuse begraben, wie nun im vorigen Kriege die Franzosen daselbst Meister waren, haben sie Fleiß angewandt, seinen Reliquien nachzugraben, allein, solche Mühe war vergeblich. Doch hier sind sie gefunden, tritt nur näher herzu, andächtiger Leser, betrachte, bewahre, und ehre ohne Scheu diese wahren heiligen Reliquien des Susos, die ich dir nicht aus dem toten Moder des Grabes, sondern aus seinen edlen Schriften, die voll Kraft und Leben sind, hergeholet habe. Wer dieselbe an den Hals hänget, und aufs Herze leget, dem geben sie langes Leben, gute Tage, Frieden, Treue und Klugheit, die Gott und guten Menschen gefallet. Sie haben sodann die Kraft, alles falsche Leben in dir zu töten und dir das Leben in deinem ewigen Ursprung wieder anzuweisen, wodurch du von allem Jammer zeitlich und ewig befreit wirst. Das gebe uns allen dieses ewig liebende Gut zu erfahren.»[58]

III

«Merkt auf, denn der Seuse will sausen» – mit diesen Worten pflegte der Heilige seine Reden einzuleiten. Das Wort hat einen Seuseschen Klang und ist weit entfernt von einem einschmeichelnden Säuseln, das dem Menschen angenehm in die Ohren eingeht. Seuses Wortspiel mit dem eigenen Namen will den Leser zur Aufmerksamkeit nötigen, er ist entschlossen, die Menschen aufzustacheln; in seiner Terminologie ausgedrückt, «die kalten Seelen zu erwärmen, die Lauen aufrütteln und die Unfrommen zur Frömmigkeit aufrufen». Seine Botschaft hat ihren eigenen, unverwechselbaren Ton, den es in seiner ausgesprochenen Eigenart in sich aufzunehmen gilt, will man die tiefste Beglückung erfahren. Sie erinnert an das geheimnisvoll verschwebende Flüstern eines leisen Wehens, das der Prophet Elias bei der Gotterscheinung auf dem Horeb vernahm, und ebenso an jenen Wind, von dem Jesus zu Nikodemus sprach, daß dessen Sausen die Menschen wohl hören, aber nicht wissen, woher er komme und wohin er fahre. Ähnlich unerklärlich war es, wenn Seuse vor seinen Zuhörern zu sausen begann, es war ein Gesang, durch den Gott in seiner Ewigkeit gelobt wurde – dies bestimmt durchaus den Rang von Seuses Botschaft.

Seuse verkündete den Menschen Mystik und nicht Theologie. Die beiden Größen standen für ihn nicht im Gegensatz, aber er unterschied zwischen ihnen. Zur Theologie hatte Seuse die Beziehung, die jeder Dominikaner besaß, der die Scholastik seiner Zeit in sich aufgenommen hatte. Er schätzte die Scholastik keineswegs gering, aber sie war bei ihm noch mystisch unterbaut, und ein Gebetsstrom durchpulste das gedankliche Gebäude. Steril wirkte sich erst die von der Mystik losgelöste Scholastik aus. Bei Seuse waren Scholastik und Mystik noch vereint. Bei ihm flammte jene herrliche Morgenerkenntnis auf, die die Kreaturen in Gott erkennt, im Unterschied zu der Abenderkenntnis, die die

Kreaturen in sich selber erkennt, wie Seuse im «Büchlein der Wahrheit» ausführt[59]. Der taufrischen Morgenerkenntnis Seuses haftet ein jugendlicher Schwung an, seine Mystik ist von leuchtender Strahlungskraft, ist sie doch mit dem Herzen und nicht bloß mit dem Kopf verbunden.

Bei der Entfaltung seiner Mystik grenzte sich Seuse bewußt gegenüber der fragwürdigen Bewegung der Brüder und Schwestern des freien Geistes ab, weil diese das mystische Anliegen disqualifizierten. Sie machten mit ihren überbordenden Antinomien von sich reden, verwirrten, wie die Literatur der heutigen Zeit, mit ihrem geistreichen Getue nur die Menschen und brachten die ganze Mystik in Mißkredit. Seuse mußte ihnen entgegentreten: In seinen Schriften findet sich eine deutliche Zurückweisung der pantheistischen Mystik der Brüder und Schwestern des freien Geistes, deren unvorsichtige Sprache und aufgeblasene Vernunft der Sache nur Abbruch tat. Eindringlich warnte er vor ihrem falschen Freiheitsbegriff: «Du bist nicht auf dem rechten Wege der Wahrheit, denn solche Freiheit verweist den Menschen von aller Seligkeit und entfreiet ihn seiner wahren Freiheit; denn wem an Unterscheidung gebricht, dem gebricht an Ordnung, und was ohne rechte Ordnung ist, das ist böse und Sünde.»[60] Die christliche Freiheit ist ein gar hohes Gut, und die Christen haben darauf zu achten, daß sie nicht durch die Freiheit dem Fleisch Raum geben.

Die Morgenerkenntnis Seuses veranlaßt den Christen, eine dreifache Bewegung durchzumachen, er «muß entbildet werden von der Kreatur, gebildet werden mit Christus und überbildet in die Gottheit»[61]. Was Seuses Mystik will, kann nicht gestraffter und trefflicher ausgedrückt werden, als es in diesem Satz geschehen ist. In der dreifachen Aussage ist in nuce zusammengefügt, was er in seinem Sausen eingehender entfaltet hat.

Der mystische Mensch muß entbildet werden von der Kreatur. Seuse sah durchaus die Schönheit der Kreaturen. Er wäre kein

Dichter gewesen, hätte er sie nicht wahrgenommen. Prachtvoll besang er den Anbruch der sommerlichen Zeit: «Wie der Anger schön grünt, wie Laub und Gras aufgehen, die schönen Blumen lachen, Wald und Heide und Auen von der Nachtigall und der kleinen Vögel süßem Gesang widerhallen, alle Tiere, die der arge Winter in Schlaf gesenkt, sich hervormachen und sich freuen und sich paaren, wie in der Menschheit jung und alt von wonnegebärender Freude fröhlich sich gebärden!»[62] Seuse wußte, wie lieblich sich Gott in seiner Schöpfung manifestiert und durch aller Kreaturen Mund hindurch den Menschen ruft. Er beklagt jene bedauernswerten Menschen, die dies gar nicht achten und an der Kreaturen Wonnigkeit vorbeistürmen: «O weh über meine große Blindheit, in der ich bisher gestanden habe! Ich brach die roten Rosen und roch sie nicht; ich war wie ein dürrer Zweig im süßen Maitau.»[63] Nach seiner Sicht ist kein Kreatürlein so klein, daß es nicht eine Staffel zu Gott werden könnte. Es dient alles der Überfahrt zum Ewigen. Ist das nicht eine poesievolle Erfassung der Schöpfung?

Aber die Kreaturen schließen auch eine Gefahr in sich. Ein geradezu berauschendes Element liegt in ihnen, und ihre bestrickende Schönheit nimmt den Menschen gefangen. Die Kreaturen haben die Eigentümlichkeit, den Christen einzuziehen; sie verwickeln ihn so stark, daß er zuletzt nichts mehr anderes sieht. Die Geschichte, die moderne Zeit und das eigene Leben liefern dafür überaus betrübliche Erfahrungen. Der Mensch ertrinkt allzu leicht in der kreatürlichen Endlichkeit, er verliert im Umgang mit ihr alles Höhere aus den Augen, sieht nur noch ihre irdische Gegenständlichkeit und vergißt, daß «ein jegliches Ding ein Zurückschauen nach seinem ersten Ursprung in unterwürfiger Weise hat»[64].

Darum ist dem Christen die Aufgabe gestellt, sich von der Kreatur zu entbilden, sich von ihr innerlich loszuschälen. Dies ist kein mittelalterliches Mißverständnis des Christentums, sondern dies fordert schon das Neue Testament mit seiner Mahnung: «Halte nicht lieb die Welt, noch was in der Welt ist.» Deswegen sagt Seuse: «Die Läuterung besteht in einer Austreibung alles dessen, was Kreatur oder kreatürlich ist mit ihrem irreführenden Anhaften, sei es mit Verlangen, sei es mit Traurigkeit, kurz alles dessen, was den Menschen in irgendeiner Weise hindern kann; und wäre es auch der höchste Geist der Seraphim oder des hl. St. Johannes oder wer es auch sei, was Kreatur ist: aus dem muß er heraus.» [65] Der Christ ist von einem tiefen Mißtrauen gegen das Endliche erfüllt, weil «es keine Kreatur gibt, die nicht hindert, sie heiße oder scheine, wie du willst; sie müssen zugrunde gehen ganz und gar, sollen sie das inwendige Gut empfangen, das Gott ist» [66]. Entbilden heißt nichts anderes als übersteigen, es ist vom Christen gefordert, sich von den Dingen zu verabschieden und nicht länger an ihnen zu hängen.

Das Entbilden ist nur auf dem Wege der Askese möglich, anders sind die ungeordneten Neigungen des Menschen nicht zu überwinden. Die innere Zucht will den Menschen aus den Fesseln befreien. Die Loslösung von den Kreaturen versteht sich nicht von selbst. Die asketische Übung ist kein Federballspiel. Es bedarf der Anstrengung, der Übung und des Einsatzes aller Kräfte. Alles steht unter dem Gesichtspunkt der Nachfolge Christi, mit der restlos Ernst gemacht werden muß, soll die Läuterung des Herzens gelingen. Seuse selbst ist konsequent den asketischen Weg gegangen, ohne Zögern und ohne Abschwächung. Die Vita ist ein eindrückliches Zeugnis dafür: Erst als ihm die Selbstzüchtigung zur Losschälung von sich selbst geholfen hatte, «warf er alles in ein fließendes Wasser».

Die Entbildung ist ein negatives Ziel, das nicht genügt. Die Morgenerkenntnis überbietet die asketische Phase durch die zweite Aussage: und gebildet werden mit Christus. Diese Zielsetzung stößt zur Mitte von Seuses Mystik vor, man hört sein Herz schlagen und fühlt die ausströmende Wärme.

Das Wort «gebildet» hat nichts mit dem modernen Sprachgebrauch zu tun. Der Begriff «Bildung» ist in der Neuzeit entleert worden. Alle Menschen wollen gebildet sein, und niemand ist es mehr. Bei Seuse hat das Wort noch den ursprünglichen Sinn von formen. Der Mystiker wird geformt, sein Leben wird sozusagen neu, und seine Persönlichkeit wächst in höhere Regionen hinauf.

Für dieses Gebildetwerden ist Christus entscheidend; Seuses sophianische Mystik bedeutet christozentrische Mystik, so sehr die Gestalt der Maria ihn auf seinem Weg zu Gott begleitete. Christus steht im Mittelpunkt seines Denkens und Lebens. Oft gebraucht er für ihn den Ausdruck die «Ewige Weisheit». Damit aber ist immer Christus gemeint. Alles dreht sich um den ewigen Menschensohn. Seuse, der über seinem Herzen den Namen Jesu eingeritzt hatte, war von einer glühenden Christusliebe erfüllt. Christus war für ihn niemals eine Gegebenheit, die keine weiteren Gedanken erforderte. Er hat nicht einfach gewohnheitsmäßig nachgeschwatzt, was ihm vorgesagt wurde. Jahrelang hatte er wegen Christus schwere Anfechtungen auszustehen. Das Herz schrie, und die Augen weinten, da er nicht verstand, wie Gott Mensch werden konnte. Diese Frage quälte ihn sehr, mit dem Verstand vermochte er sie nicht zu lösen, bis ihm endlich klar wurde: «Weißt du nicht, daß ich das Tor bin, durch das alle wahren Gottesfreunde eindringen müssen, die zu rechter Seligkeit kommen sollen? Du mußt den Durchbruch nehmen durch meine leidende Menschheit, sollst du in Wahrheit zu meiner bloßen Gottheit kommen.»[67] Der leidende Christus wurde Seuse bedeutsam, eine wahre Passionsmystik flammte in ihm auf, die den Heiligen in die letzten Tiefen hinabführte. «Die Betrachtung meiner Marter soll nicht mit einem eiligen Darüberhinfahren, wenn man gerade mal Zeit und Gelegenheit hat, geschehen, sondern mit herzlicher Liebe und mit einem klagenden Überdenken, sonst bleibt das Herz so von Andacht unberührt wie der Mund von ungekautem Süßholz.» [68] Die Menschheit Christi ging ihm nicht ohne ein großes Staunen in seinem Herzen auf: «Liebreicher Herr, ich suche immer deine Gottheit, so bietest du mir deine Menschheit; ich suche deine Süßigkeit, so hältst du mir deine Bitterkeit vor; ach Herr, was meinst du damit?» [69] Die Nachfolge ist die Tür, durch die allein man zu Christus gelangt. Seuse ist in Christi Passion eingegangen, und es hat bei diesem Mystiker eine ganz reale Christusbegegnung stattgefunden. Sein Christusverständnis ist eine einzige Erläuterung zu den Pietà-Darstellungen des Spätmittelalters.

Erst nachdem Seuse die leidende Menschheit Christi verstanden hatte, erlebte er das «Überbildetwerden in die Gottheit». Dies ist der Schlußstein seiner Mystik. Von ihr in menschlicher Sprache zu reden, ist beinahe nicht mehr möglich, die Worte sind unzulänglich, sagen nicht das aus, was sie doch ausdrücken sollten; jedenfalls empfand dies Seuse besonders stark: «Ich bin in mir selbst das unbegreifliche Gut, das immer war und immer ist, das nie ausgesprochen ward und nie ausgesprochen wird. Ich kann mich wohl dem Herzen innerlich zu empfinden geben, aber keine Zunge kann mich eigentlich in Worte fassen noch aussprechen.» [70]

Über Gott stammelt Seuse oft und oft. Er weiß, daß alle Worte unzureichend sind. Und doch versucht er es immer wieder und macht auch gewichtige Aussagen: Gott ist der Kreis, der überall ist, allen gleich nahe und allen gleich weit entfernt. Daß Gott den Menschen ungleich erscheint, hat mit seinem Wesen nichts zu tun und ist lediglich in der Ungleichheit der Menschen begründet. «Herr, niemand verlasse sich auf dein Schweigen, denn wahrlich dein Stillschweigen verwandelt sich schließlich zu einem grimmigen Donner.» [71] Mit Gott erlebte Seuse einen erregenden Roman. Anders hat sich noch nie ein Mensch wahrhaftig mit dem Ewigen eingelassen. Es war ein unaussprechlicher, nie endender Dialog, den Seuse mit dem Allmächtigen führte und in dessen Verlauf Gott ihm sagte: «Meine wahre Gegenwart erkennst du an nichts anderem so gut wie hieran: Wenn ich mich verberge und mich der Seele entziehe, so wirst du erst inne, wer ich bin und wer du. Ich bin das ewige Gut, ohne das niemand so gütig und liebreich entgieße, so überzieht sich mit Güte alles, wohin ich nur komme – daran kann man meine Gegenwart erkennen, wie die Sonne, die man nach ihrer Substanz doch nicht sehen kann, an ihrem Glanz.»[72] Seuse führte die alten Meister an, die noch wußten, daß die Gottesfrage nicht beantwortet werden kann, weil der Allmächtige über alle Vernunft hinausgreift. Auch das emsigste Suchen vermittelt nur eine geringe Kenntnis von Gott.

Um der Unsagbarkeit Gottes willen ist der Ewige der Weiselose. Er ist nicht in Bildern einzufangen; vielmehr ist er das Bildlose. Auch darüber enthalten Seuses Schriften bedeutsame Erkenntnisse. Mit allen Namen bleibt er allzumal ungenannt. Dionysios' Aussage, Gott sei ein Nicht, ist nach Seuse also «zu verstehen nach all dem Wesen und Sein, das wir ihm nach kreatürlicher Weise zulegen mögen; denn was man ihm davon in solcher Weise zulegt, das ist alles in irgendeiner Weise falsch, und seine Leugnung ist wahr»[73]. Dem Tiefsten ist auch mit Gleichnissen nicht beizukommen. Der Mensch kann es nicht einfangen, wohl aber wird er von ihm gefangengenommen. Gott ist der Unfaßbare, und darum grenzt sich Seuse auch deutlich gegen jede Art von Pantheismus ab: «Und das ist nicht Gottes Wesen, denn der Stein ist nicht Gott, und Gott ist nicht der Stein, obgleich er und alle Kreaturen von ihm sind, was sie sind.»[74]

Die Überbildung in Gott deutet jene Region an, die noch über alle Bildung und Form hinausgeht. Auf alles Grübeln und Bohren erhält Seuse von der Ewigen Weisheit die Antwort: «Geziemt diese Frage einem Liebenden? Was habe ich Besseres als mich selbst? Wer sein Lieb selbst hat, wem hat der weiter nachzufragen? Wer sich selbst gibt, was hat der versagt? Ich gebe mich dir und nehme dich dir und vereinige dich mit mir; du verlierst dich und wirst verwandelt in mich.»[75] Einzig in der Gottesliebe erlebt der Mensch Gott, widerfährt ihm die Unio mystica. Man kann sie nicht rational erklären. Visionen und Ekstasen sind Kanäle dazu. Ihr tiefstes Wesen ist das Bewußtsein von der immerwährenden unsichtbaren Gegenwart: «Es genügt nicht, daß man mir eine Zeit des Tages gibt, es muß ein ständiges Innebleiben haben, wer Gott innerlich empfinden und seine heimlichen Worte und seine verborgenen Absichten merken will.»[76]

Der der Kreatur entbildete, mit Christo gebildete und in die Gottheit überbildete Mensch ist keineswegs ein Christ, der den Erdenschwierigkeiten enthoben ist. Seuse hat sich ihnen stets gestellt. Namentlich hat er immer wieder mit dem Problem des Leidens gerungen, das in abgewandelter Form bald in dieser, bald in jener Art den Menschen quält und das auch Seuse zeit seines Lebens bedrängt hat. Nicht umsonst war die Rose das Symbol seines Lebens, und nicht umsonst hat sich ihm auch die Passionsmystik erschlossen.

Von zwei Seiten war Seuse auf das Leidensproblem gestoßen: Zunächst wuchs es aus seinem persönlichen Dasein heraus. Er war befähigt, über dieses Thema zu sprechen, weil er selbst viel gelitten hat und sich dabei oft wie «ein erschrockenes Häslein» gebärdete. Schon früh wurde ihm kundgetan: «Du mußt leiden und viel mehr leiden als viele andere Menschen.»[77] Das Leiden nahm bei ihm zuweilen Formen an, die ihn an den Rand der Schwermut brachten; wurde er doch mehrfach verleumdet, und man scheute sich nicht, sogar seine priesterliche Ehre in den Kot zu ziehen. Die ungeordnete Traurigkeit drückte schwer auf sein Gemüt; er konnte manchmal nur mit allerletzter Kraft den «Leidensjammergesang» anstimmen. Jahrelang hat er die inneren Leiden mit schreiendem Herzen und weinenden Augen ertragen. So mannigfach die Anfechtungen waren, sie richteten ihn nicht zugrunde. Seuse hielt stand. Zuletzt kam er zur Einsicht: «Ach, zarter Herr, daß Leiden dem Menschen so recht weh tut und doch geistlich so schön ziert, das ist ein wunderlich Gefüge von Gott!»[78] Das Leiden ist ein Spiel Gottes mit der Kreatur, das aber der Mensch nicht versteht; er muß es lernen und braucht dazu seine ganze Lebenszeit, bis er nur ein wenig davon begriffen hat. Seuse wirft die Frage auf: «Ein Mensch, der nicht gelitten hat, was weiß der?»[79] Nichts, oder nur Bücherweisheit, die er nachschwatzt. Das tiefere Verstehen des Lebens wächst nur aus dem Leiden. Seuse ist vom unermeßlichen Adel des Leidens überzeugt, aber er redet in gedämpftem Ton davon: «Schau, es ist leicht, vom Leiden zu sprechen und zu hören, sehr weh aber tut ein gegenwärtiges Empfinden.»[80] Das Leiden kommt von Gott, aus der liebreichen Zärtlichkeit und nicht aus der Härte Gottes. Wenn es dem Menschen nicht Weh bereitete, so wäre es kein Leiden. Es gibt nichts Peinvolleres als leiden zu müssen, und es gibt nichts Fröhlicheres als gelitten zu haben.

Über die innere Leidverarbeitung Seuses gibt es eine Anekdote von wunderbarer Anschaulichkeit. Im Winter saß Seuse einmal frierend und traurig in seiner Zelle, als ihn eine innere Stimme ermahnte, zum Fenster hinauszuschauen: «Da sah er einen Hund, der lief mitten im Kreuzgang und trug ein verschlissen Fußtuch im Munde umher und trieb wunderliche Gebärde mit dem Fußtuch; er warf es empor und warf es nieder und zerrte Löcher hinein. Da sah er auf und seufzte inniglich, und es ward in ihm gesprochen: ‹Grade also wirst du in deiner Brüder Munde.› Er gedachte bei sich selbst: ‹Kann es anders nicht sein, gib dich darein und sieh, grade wie sich das Fußtuch schweigend mißhandeln läßt, so tu auch du!› Er ging hinab und behielt das Fußtuch viele Jahre als sein liebes Kleinod, und wenn er in Ungeduld auffahren wollte, so nahm er es hervor, damit er sich selbst darin erkannte und gegen jedermann stille schwieg.»[81] Seuse liebte das zerschlissene Tuch, das ihm eine so tiefsinnige Anleitung vermittelt hatte. Als Elsbeth Stagel ihn einmal bat, es ihr doch zu schenken, konnte er sich nicht von ihm trennen. Es war ihm zum Sinnbild seines Lebens geworden. Auf den erwähnten Bildern, die Seuse mit dem Rosenstock zeigen, ist oft auch das Hündlein mit dem Tuch im Maul abgebildet; und tatsächlich gehört es auch zu ihm.

Seuses Beschäftigung mit dem Leidensproblem hatte noch einen weiteren Grund, und der lag in seinen seelsorgerlichen Gesprächen. Der Mensch muß leiden; oft kommt er mit seinem Leiden nicht zurecht, und deswegen sucht er den Seelsorger auf. Über die Frage vom Sinn des Leidens finden sich bei Seuse unvergängliche Betrachtungen; war er doch darauf bedacht, in seiner Seelsorgertätigkeit «Wildes und Zahmes wieder zu Gott zu bringen». Wie ein roter Faden ziehen sich die Ausführungen über das Leiden durch sein gesamtes Schrifttum.

Als ein Mensch, der selbst Unsägliches gelitten hatte, war Seuse befähigt, den Leuten einen dreifachen Rat zu erteilen: Erstens pflegte er ihnen zu sagen: «Empfange Leiden williglich.»[82] Der Mensch darf sich nicht gegen das Leiden sträuben. Alles Wehren oder gar Sich-Auflehnen hilft ihm nichts. Es reißt nur noch neue Wunden in ihm auf. Er muß um die seelische Bereitschaft ringen, das Leiden auf sich zu nehmen. Das allein entspricht der christlichen Haltung. Widerwillig getragenes Leid hat keinen Segen in sich. Der Christ muß es bereitwillig in seine Arme schließen und von Herzen willkommen heißen.

Als zweite Losung empfahl er: «Trage Leiden geduldig.» Das Empfangen hat es nur mit dem Anfang zu tun. Im Fortgang handelt es sich um ein Tragen. Das Leiden abschütteln oder ihm entfliehen wollen ist ebenso unrichtig wie das beständige Klagen und Stöhnen, als geschehe einem das größte Unrecht. Es geht um die Geduld im Leiden. Sie ist eine gar bedeutsame Tugend, wenn auch ganz unmodern in der heutigen Zeit, wo alles schnell gehen muß. Aber kein Mensch kann auf die Geduld verzichten. Und die dritte Parole lautete: «Lerne leiden christförmiglich».

Dies kann der Mensch nicht von sich aus. Er muß es lernen, und zwar immer wieder lernen. Doch bedarf er dazu der höheren Hilfe, weil die menschliche Natur dazu zu schwach ist. Zur inneren Bewältigung des Leidens muß der Mensch den religiösen Weg einschlagen; Seuse hat ihn mit aller Klarheit aufgezeigt, indem er Christus sprechen läßt: «Was sitzest du hier? Steh auf und versenke dich in mein Leiden, so überwindest du dein Leiden.»[83] Dies ist der einzige Weg wirklicher Leidensüberwindung. Nur wenn der Mensch sich in das Leiden des Erlösers vertieft, gewinnt er die Kraft, das eigene Leiden würdig auf sich zu nehmen. In diesem Augenblick nimmt es eine andere Form an, wird christförmig und hat die höchste Stufe erreicht.

Modern ausgedrückt, ist es das Theodizeeproblem, das Seuse beschäftigt hat und auch den einfachsten Menschen plagt. Natürlich konnte er es so wenig lösen als irgendein Mensch vor und nach ihm. Aber er hat doch überaus erhellende Worte dafür gefunden: «Guter Geselle, du verstehst es noch nicht. Es kommt dieser Gesang von den Märtyrern vorher, und darnach irgendwann, so es Zeit wird, so kommt der fröhliche Gesang hintennach: Gaudeamus!»[84] Seuse weiß, daß der Mensch nicht zu leiden versteht, sondern sich Leiden oft selbst verursacht, die keine sind. Der Diener der Ewigen Weisheit leitet den Menschen an und zeigt ihm, wie er mit dem Leiden fertig wird, wenn er in der Verborgenheit so leidet, daß es möglichst niemand sieht. Er muß mit seinen Augen fröhlich in die Welt hinaus schauen, damit niemand auf den Gedanken kommt, er habe um des Leidens willen geweint. Im «Büchlein der Ewigen Weisheit» entwickelte er im dreizehnten Kapitel eine wahre Philosophie des Leidens; seine Gedanken klingen in die Melodie aus: «Wer liebt, muß leiden. Das ist die Regel. So zahllos die Muscheln am Meeresstrand, so zahllos die Leiden in der Liebe. Das sollst du wissen. Ist es da nicht billig, daß auch du, der das Höchste, das Schönste gewählt hat, etwas leidest?»[85]

Fürwahr, bei Seuse hat eine Morgenerkenntnis aufgeleuchtet, und es ist ohne weiteres verständlich, daß von seinem wundersamen Sausen eine große Wirkung ausgegangen ist. Das Volk hat den Mann der Sanftmut schon zu Lebzeiten als einen Heiligen verehrt, und nach seinem Tod erst recht. Man redet oft von der «holden Naivität» Seuses, aber diese Bezeichnung trifft nicht das Wesentliche. Seuse wurde vielmehr die evangelische Einfalt geschenkt, die Christus mit so hohen Worten pries. Durch sie hat der Konstanzer Mönch in der Nähe Gottes gelebt, welche das Kennzeichen der Heiligen ist. «Einer, der ihn zu Köln einst predigen hörte, glaubte in seinem Antlitz einen Glanz zu sehen, wie den der Sonne.»[86] Seuse ist der vom Glanz Gottes beschienene Mensch, trotz der vielen Verleumdungen, die er über sich ergehen lassen mußte. Gerade sie beweisen seine Heiligkeit. So ist er eine leibhaftige Verkörperung der Seligpreisung Jesu: «Selig seid ihr, wenn sie Übles über euch reden, sofern sie lügen.» Man darf die Heiligen nicht idealisieren; sie sind bestimmt nicht das, was man landläufig über sie denkt. Das Leben der Heiligen ist immer ein Drama, das die Welt nicht versteht, eine Anstrengung, für die der höchste Preis bezahlt werden muß. Seuse hat sie unter heftigen Schmerzen bestanden. Darum hat auch Papst Gregor XVI. ihn ohne Kanonisationsprozeß in das offizielle Verzeichnis der Seligen eintragen lassen. Er hat damit die jahrhundertealte Verehrung bestätigt. Seuses Ausstrahlung wurde nach seinem Tod noch stärker; er gehörte zu den gelesensten Schriftstellern des Spätmittelalters. Seine Werke wurden schließlich in viele europäische Sprachen übersetzt. Der niederländische Mystiker Jan van Ruysbrock und auch Thomas a Kempis waren von ihm beeinflußt. Canisius und Angelus Silesius liebten ihn gleich stark. Er hat sogar auf die bildende Kunst eingewirkt.[87] Noch im 17. Jahrhundert haben die Jesuiten ihn eifrig studiert. In Seuses Leben und Botschaft ist eine ungemein starke christliche Kraft enthalten. Oft wurde er auch mit andern Persönlichkeiten verglichen, namentlich mit Fra Angelico, der das Kloster zu San Marco in Florenz ausmalte; auch mit Franz von Assisi, ja, man nannte ihn sogar «den schwäbischen Franziskus». In Seuses Mystik ist eine Melodie enthalten, die man schwerlich wieder vergißt. Er selbst hat voll Verwunderung gefragt: «O weh, geliebter Herr vom Himmelreich, was ist es, oder wie ist es beschaffen, das so recht verborgen in mir spielt?» [88]

Und die Gegenwart, hat sie auch noch eine Beziehung zu Seuse? Auch in unserer Zeit haben viele Menschen den Namen Seuse gehört, aber für wenige verbindet sich damit eine nähere Vorstellung seiner Persönlichkeit. Seuse war ein Christ, und die wirklichen Christen lieben die Verborgenheit. Deshalb erfährt die Welt von den größten und reinsten gewöhnlich gar nichts. Obschon Seuse viele Gegenden der deutschen und der schweizerischen Lande durchwanderte und sich in ihm «auch der Bodensee wiegte», lebte er doch vorwiegend ein zurückgezogenes, sich im Schweigen übendes Leben, gemäß der Ewigen Weisheit, die zu ihm sagte: «Ich bin nicht ein nach außen leuchtendes Licht, ich bin nicht ein nach außen wirkendes Gut, ich bin ein nach innen wirkendes Gut, und das ist um so viel edler als es geistiger ist.» [89]

Kein ehrgeiziger Geltungsdrang veranlaßte ihn, sich in den Vordergrund zu drängen; der Selige setzte sich nie in Position und versuchte nicht, die Aufmerksamkeit auf sich zu lenken. In seiner Liebe zur stillen Klosterzelle – «kein Klang der aufgeregten Zeit drang noch in diese Einsamkeit» – war er ein nach innen gerichteter, nach innen horchender und nach innen lebender Mann. Das minnereiche Abenteuer mit Gott spielte sich in seiner Seele und nicht im äußeren Raum der Welt ab. Dem auf Sensationen erpichten, bloß dem Erfolg lebenden Menschen entzieht sich Seuse. Der Christ muß sich bewußt lösen von dem, was heute zeitgemäß heißt, was Mode ist und was «den letzten Schrei» darstellt, wenn er Seuse begegnen will. Wenn er hierzu nicht fähig ist, dann besteht zwischen Seuse und dem heutigen

Menschen eine unüberbrückbare Sprachverschiedenheit. Er selbst schrieb in der Vorrede zum «Büchlein der Ewigen Weisheit»: «Ein liebeleeres Herz kann eine liebreiche Sprache so wenig verstehen wie ein Deutscher einen Welschen.»[90] Damit hat der Mystiker selbst den entscheidenden Punkt genannt, worauf es bei einer wirklichen Begegnung zwischen Seuse und der Gegenwart ankommt. Man kann vieles über Seuse wissen und ihn doch nicht begreifen. Das Verstehen hängt nicht allein vom Intellekt ab, das ist ein Irrtum. Es kommt auf das Herz an und auf ein gottsuchendes, nach Liebe hungerndes Gemüt. Ihnen erschließt sich Seuse von der ersten bis zur letzten Zeile. Wer ihn aber nicht mit dem Herzen liest, dem bleibt er ein versiegeltes Buch. Nur der gottliebende Mensch gelangt in ein inneres Gespräch mit Seuse. Für den aber wird er zu einem unsichtbaren Gefährten seines Lebens, der allezeit mit unhörbaren Schritten neben ihm hergeht.

Auf der Schwelle der Neuzeit

Ein Heiliger aus schlechtem Holz:
Johannes von Gott

Ida Friederike Görres sagte in einem Gespräch kurz vor ihrem
Tode: «Wir sollten es einmal wagen, Heilige aus schlechtem
Stamm darzustellen.» Diese Worte gehören zum Vermächtnis
der bekannten Hagiographin. Die Aufgabe ist offenbar mit
sichtlichen Schwierigkeiten verbunden, denn sonst hätte sie
nicht gesagt, «wir sollten es einmal wagen». Es bedarf eines gewissen Mutes dazu.

Es ist einfach nicht wahr, daß sich im Leben der Heiligen alles auf
eine fromme Weise abgespielt hat. Heiligkeit heißt nicht Fehlerlosigkeit, und die Heiligen sind nicht von Tugendhaftigkeit
überflossen. Das ist ein beinahe nicht auszurottendes morali-
sches Mißverständnis. Gewiß gab es unter den Heiligen Menschen, die schon als Kinder sanften Gemütes waren. Wer wollte
dies bezweifeln, der um das heimliche Kinderland weiß, das eine
Erinnerung an das verlorene Paradies ist? Aber es gab auch viele
andere; denn nicht alle Heiligen stammten von gottesfürchtigen
Eltern ab, und lange nicht alle waren schon in den Entwicklungsjahren jeder Augen- und Fleischeslust abgestorben. Manche Heilige lebten zunächst höchst unheilig, bis sie unerwarteterweise
ins Feuer Gottes gerieten. Keineswegs hatten alle Heiligen nur
gute Anlagen. Viele von ihnen waren von zweifelhafter Herkunft. Auch in der Welt der Heiligen ging es oft kunterbunt zu,
und es war einzig der Allmächtige, der auch hier die richtige
Ordnung herstellte. Man darf das oft wirklich schlechte Holz
nicht mit einer schönen Farbe überstreichen, damit es ein anderes
Aussehen bekommt. Das würde von einem geringen Sinn für die

Wahrheit zeugen. Die düsteren Anfänge, aus denen schließlich nach schweren Erschütterungen hinreißende Heilige hervorgegangen sind, müssen wahrheitsgetreu dargestellt werden. Wenn nur das schlechte Holz sichtbar gemacht oder nur der vollendete Heilige gezeigt wird, verfällt man einer Einseitigkeit. Man neutralisiert die Spannung, die zur Lebendigkeit einer Gestalt beiträgt.

Ob das kühne Unternehmen, Heilige aus schlechtem Stamm darzustellen, gelingt? Wenn es schon bei einer gewöhnlichen Menschenseele kaum möglich ist, bis zu ihrem innersten Kern vorzudringen, wieviel schwieriger ist es, einen Heiligen mit seinen verborgenen Anfechtungen und in seinen unterirdischen Gängen zu erkennen! Bleiben wir bei den Heiligen aus gutem und denen aus schlechtem Holz eingedenk, daß Gertrud von le Fort gesungen hat: «Deine Heiligen sind wie Helden aus fremden Ländern, und ihre Gesichter sind wie eine unbekannte Schrift.» [1] Die Erfassung ihres Wesens kommt manchmal der Entzifferung einer Hieroglyphe gleich. Gelingt es nicht, ist dies einzig und allein dem Unvermögen des Verfassers anzulasten.

Eines der anschaulichsten Beispiele für das schlechte Holz, aus denen die Heiligen verfertigt sind, ist Johannes von Gott. Mit Recht fragte Lope de Vega: «Welches Buch, Johannes, ist deinem Leben vergleichbar?» [2] Damit warf der Dichter die entscheidende Frage auf. Tatsächlich ist es mit keinem der üblichen Bücher vergleichbar. Johannes von Gott's Leben ähnelt einem Palimpsest. Freilich bedarf es eines besonderen Verfahrens, um den anfänglichen Text wieder hervorzuholen. Die Hilfsmittel dazu sind äußerst gering, bestehen sie doch aus sieben nicht sehr ergiebigen Briefen. Dazu kommt, dreißig Jahre nach seinem Tode, die von Domherr Castro geschriebene Biographie mit ihren vielen Lücken. Das ist alles, und das ist wenig. Die Sekundärliteratur über Johannes ist von fragwürdigem Wert, weil sie die ursprüngliche Schrift ausradierte und etwas anderes darüber schrieb. Sie ist fast durchwegs rein erbaulich und übergeht still-schweigend die verschlungenen Abgründe, in die Johannes von Gott abzustürzen drohte. Die neueren Darstellungen nehmen eine vorwiegend apologetische Haltung ein. Sie bearbeiten das schlechte Holz so lange mit Hobel und Politur, bis es schließlich einen gekünstelten Glanz aufweist. Beide Überarbeitungen tra-gen wenig zum wirklichen Verständnis bei. Es ist viel ehrlicher, kurz zu sagen, daß Gott ein scheinbar verpfuschtes Leben zuletzt durch eine Drehung um 180° für seine Dienste gebrauchte.

Johannes von Gott war ein Portugiese. Es wäre naheliegend, mit einer Schilderung der portugiesischen Landschaft zu beginnen. Der portugiesische Tränenschleier, der sich auf jede Freude legt, hat einen besondern Ausdruck. Doch wäre eine solche Darstel-lung mehr eine Schwingung der Phantasie als eine wirkliche Er-fassung des Heiligen. Johannes von Gott war wohl Portugiese – vielleicht hängt damit seine leise Stimme und seine Weichheit zusammen, doch hat er wenig mit dem Schicksal seiner Heimat zu tun. Er verließ früh sein Vaterland, und sein Dasein spielte sich vorwiegend auf spanischem Boden ab. Deshalb kann man ihn nicht aus dem heimatlichen Gefüge heraus verstehen. Eines aber hat er mit seiner Herkunft gemeinsam: diese Menschen der Iberischen Halbinsel waren damals von einer heftigen Abenteu-erlust erfüllt. Das Verlangen nach Entdeckungen und nach Gold umnebelte ihre Blicke. Das ganze 16. Jahrhundert war in Portu-gal und in Spanien ein Jahrhundert des Abenteuers. Auch Johan-nes von Gott wurde von diesem Fieber ergriffen. Bevor er richtig zu seinem Selbstbewußtsein erwachte, packte es ihn und verließ ihn bis zu seinem Tode nicht mehr. Im Laufe seines Lebens nahm die Abenteuerlust nur verschiedene, sozusagen in zwei Teile aus-einanderfallende Formen an.

Das erste Stadium ist gekennzeichnet durch den sich im weltli-chen Abenteuer verlierenden Menschen. Das Leben des Johannes von Gott begann nicht nach dem Schema der Heiligenlegenden.

Weder fingen bei seiner Geburt die Glocken von selbst zu läuten an, noch brach schon das Wickelkind in einen Lobpreis Gottes aus. Das alles sind Übermalungen von Hagiographen, die in ihrer Frömmigkeit nichts von dem Problem «Heilige aus schlechtem Stamme» ahnten. In Wirklichkeit wissen wir von Johannes' Herkunft, von seinen Eltern und seiner Kindheit einfach nichts. Der Heilige wurde um 1495 im Landstädtchen Montemor geboren. Sein Name lautete Ciudad. Man weiß nichts über den Stand seiner Eltern; wahrscheinlich waren sie weder gebildet noch vermögend. Über die Kindheit von Johannes lagert ein nicht mehr aufzuhellendes Dunkel. Wir müssen dieses Nicht-Wissen ehrlich eingestehen und dürfen es nicht mit phantasievollen Hypothesen ausfüllen. Hypothesen sind zwar in der Geschichtsschreibung nicht immer zu vermeiden, aber je vorsichtiger man sie anwendet, desto richtiger wird die hagiographische Schilderung.

Die erste Tat von Johannes ist unrühmlich, der achtjährige Knabe lief von Hause weg! Selbstverständlich bereitete diese Tatsache den Biographen etliche Mühe, versuchten sie doch, die Sache in ein besseres Licht zu rücken: Ein Kleriker hatte Johannes entführt! Diese Umdeutung steht auf schwachen Füßen, denn Johannes kam nur wenig über die portugiesische Grenze hinaus. Wäre er entführt worden, hätte er leicht bei der ersten Gelegenheit den Heimweg antreten können. Er tat es nicht, was Beweis genug dafür ist, daß er nicht gewaltsam und gegen seinen Willen entführt worden ist. Seine Eltern waren ihm offenbar gleichgültig, eine befremdende Tatsache, die man zugeben muß. Das Gebot «ehre Vater und Mutter» scheint ihn nicht beeindruckt zu haben. Johannes war ausgerissen, wie es auch von Theresia von Avila berichtet wird. Die Sucht nach Abenteuer hatte ihn verlockt, weshalb er beim Morgengrauen heimlich das Haus verließ. Voll innerer Spannung und mit schlechtem Gewissen ging er die Straße, die zum Flusse führte. Er war ein ganz gewöhnlicher Ausreißer. Heute würde die Vermißtmeldung mit dem genauen Signalement durch den Rundfunk bekanntgegeben. Doch damals blieben die beunruhigten Eltern mit ihrem Gram sich selbst überlassen. Johannes' Verschwinden war kein harmloser Bubenstreich, da er fatale Folgen nach sich zog. Seine Mutter härmte sich über den davongelaufenen Knaben so sehr, daß sie aus Kummer wenige Wochen später starb. Johannes ist somit indirekt am Tode seiner Mutter schuldig. Der Vater wartete noch einige Monate vergeblich auf die Rückkehr des entwichenen Knaben, dann trat er gebeugt und voller Traurigkeit als Laienbruder bei den Franziskanern ein. Schon der Anfang von Johannes' Leben entspricht nicht dem konventionellen Heiligenschema. Sein Tun war unerfreulich und blieb es noch lange, weshalb das schlechte Holz gar nicht übersehen werden kann.

Das Abenteuer des Jugendlichen löste sich in Dunst auf. Von einer goldenen Zukunft war nicht die Spur zu sehen, im Gegenteil, er mußte in Spanien als gewöhnlicher Hirtenjunge sein Brot verdienen. Mehrere Jahre lang hütete er die Herde. Nichts wird berichtet von einer Reue über seine unüberlegte Tat, nichts davon, was der Knabe während des Hütens gedacht haben mochte. Da Johannes seinen Familiennamen nicht wußte oder nicht nennen wollte, gab ihm sein Brotherr kurzerhand den Namen «von Gott», was bedeutet, dass man Johannes als ein Findelkind betrachtete, denn ihnen wurden damals solche Namen gegeben.

Nach einiger Zeit erwachte erneut die Abenteuerlust in ihm. Es zogen Truppenwerber durch das Land. Johannes vernahm ihr verlockendes Angebot und meldete sich kurzerhand. Er folgte der Werbetrommel und wurde Soldat. Wiederum hegte er den Wunsch, ein Stück Welt zu sehen und sein Glück zu suchen. Man erzählt viel von der Ehre des Soldatentums, sagt, wie tapfer sich die Soldaten in den Schlachten schlagen und wie unerschrocken sie dem Tode ins Auge blicken. Das klingt wohl schön, nur stimmt es mit der soldatischen Wirklichkeit selten überein. Das Kriegsvolk war damals eine Söldnertruppe, eine wahre Bande, vor der kaum eine Kuh im Stalle sicher war. Der Krieg hat zu allen Zeiten verrohend auf die Menschen gewirkt; die Gewalttätigkeit scheint nun einmal zum soldatischen Handwerk zu gehören. Als leichtfertiger Mensch, der Johannes war, wird er sich in den Feldzügen genauso verhalten haben wie seine Kameraden. Der englische Erzbischof Alban Goodier schrieb in seiner Studie über Johannes von Gott: «In dem neuen Leben aber verlor er alles, was er an Glauben und Frömmigkeit besessen hatte. Alle moralischen Grundsätze warf er über Bord.»[3]

Auch das soldatische Abenteuer des Siebenundzwanzigjährigen war nicht vom Glück begünstigt. Johannes bestieg einmal ein dem Feinde abgenommenes Pferd, das den ungeübten Reiter nach kurzem Galopp abwarf. Johannes blieb längere Zeit bewußtlos liegen. Man war deswegen der Ansicht, er habe einen bleibenden Gehirnschaden davongetragen. Eine solche Nachwirkung ist jedoch nicht erwiesen. Der Sturz vom Pferde ist aber ein eindeutiges Zeichen für das unrühmliche Ende von Johannes' Abenteuerlust: Er wurde zu Boden geworfen!

Ein zweites Vorkommnis war noch schlimmer. Er sollte – vom Hauptmann beauftragt – eine Beute bewachen. Unerwartet kam sie jedoch abhanden, und die ganze Geschichte blieb ungeklärt. Man weiß nicht, ob Johannes beim Diebstahl insgeheim mitgeholfen hat. Damals war das Stehlen eine beinahe sprichwörtliche Selbstverständlichkeit unter den Soldaten. Selbst wenn er beim Verschwinden der Beute nicht aktiv gewesen ist, hat er immerhin auf eine liederliche Weise Wache gestanden. Ein Makel bleibt an ihm hängen. Der Hauptmann befahl in seinem Zorn über die fatale Angelegenheit, ihn kurzerhand aufzuhängen. Wegen einer Kleinigkeit hätte er wahrscheinlich diesen Befehl nicht gegeben. Daß er nicht am nächsten Aste baumelte, verdankt Johannes nur der Fürsprache eines höheren Vorgesetzten. Die Sache endigte damit, daß Johannes aus der Truppe ausgestoßen wurde. Eine unrühmliche Geschichte!

Johannes kam auch durch dieses Geschehen nicht zur Besinnung. Es lockte die Abenteuerlust, und nach einiger Zeit meldete er sich wieder bei den Anwerbern. Er wurde erneut aufgenommen. Nun machte er den langen Marsch von Spanien nach Wien mit, lernte die Erschöpfung kennen und nahm auch teil an kleineren Gefechten gegen die Türken. Dann trat er den Rückweg an und schloß dieses Kapitel seines Lebens endgültig ab.

Johannes hütete nochmals Tiere und fand Muße, über seine weiteren Schritte nachzudenken. Eine innere Unruhe trieb ihn zunächst nach Tetuan in Nordafrika und schließlich nach Gibraltar, wo er als Hilfsarbeiter an den Festungsbauten arbeitete. Von der fremden Pracht der maurischen Kultur bekam er wenig zu sehen; möglicherweise fehlte ihm der Blick dafür. Offenbar wurde ihm die Arbeit des Steinklopfens zu anstrengend, so daß er sich entschloß, Hausierer zu werden. Ihn einen Buchhändler zu nennen, weil er in seiner Tasche neben Heiligenbildchen auch kleine fromme Schriftchen mit sich führte, ist der Ehre zu viel. Wie alle Hausierer, zog er von Dorf zu Dorf und versuchte seine Ware an den Mann zu bringen.

Wie Castro mitteilt, wurde Johannes auch diese Arbeit zu mühselig. Er hatte es satt, mit dem Bündel auf dem Rücken von Ortschaft zu Ortschaft zu wandern und wählte nun Granada als bleibenden Wohnort. Granada ist eine Stadt von stolzer Schönheit, zwischen Rebbergen gelegen. Damals befand sie sich im Übergang vom Mohammedanismus zur christlichen Kultur. Im Süden lag die arabische Alhambra, ein Traum von Gärten und Wasserspielen. Columbus hat in der herrlichen Kathedrale seine Grabstätte gefunden. Man weiß nicht, was Johannes von den städtischen Bauten und der Umgebung in sich aufgenommen hat, denn für ihn war die Wirklichkeit von Granada viel prosaischer. Er bot beim Eingangstor der Stadt auf einem Tisch seinen Kram feil. Damit mußte er sein Brot verdienen. Er war schon über vierzig Jahre alt, ohne daß er es auf einen grünen Zweig gebracht hätte. Welche Wege und Irrwege muß der Mensch oft gehen, bis ihm der Sinn seines Lebens klar wird! Nach der Legende rief ihm das göttliche Kind zu: «Granada wird dein Kreuz sein.»[4] Tatsächlich wurde Granada seine Schicksalsstadt. Was vor Granada geschah, ist wenig rühmlich, ist schlechtes Holz und nichts anderes. Erst in Granada begann der neue Lebensweg. Freilich hatte der innerlich unruhige Mann ihn nicht gleich gefunden. Seine weltliche Abenteuerlust war nun zu Ende, und es begann seine zweite Phase, die ihn seiner eigenen Bestimmung zuführte.

Der abenteuerliche, leichtfertige Geselle wußte wohl kaum etwas von einem religiösen Leben, bis der berühmte Prediger Johannes von Avila nach Granada kam, er, der Freund von Ignatius von Loyola, Petrus von Alcantara und Theresia von Avila. Der Vater des Johannes von Avila war jüdischer Konvertit. Der volkstümliche Bußprediger gebrauchte zuweilen kühne Formulierungen, bezeichnete er doch einmal die als Ketzer öffentlich verbrannten Menschen als wahre Märtyrer! Johannes von Avila hielt am Sebastianstag eine von glühender Begeisterung getragene Predigt. Unter den Zuhörern befand sich auch Johannes von Gott. Er hatte in seinem Leben schon mehr als eine Predigt gehört, ohne daß er beeindruckt worden wäre. Alle waren an ihm wie Wasser am Fels abgelaufen.

Dieses eine Mal aber schlug die Predigt bei ihm ein wie ein Blitz. Er fühlte sich von ihr mitten ins Herz getroffen und verlor dabei das innere Gleichgewicht. Ihm war, als ob der Erdboden sich vor ihm auftue und ihn bei lebendigem Leibe verschlinge. Nach der Predigt war er nicht mehr der gleiche Mensch. In seinem seelischen Aufruhr warf er sich zu Boden, stieß hernach mit dem Kopf gegen die Wand und raufte sich die Haare. Vor allem Volk bekannte er laut seine Sünden. Er warf seine Kleider fort und gebärdete sich wie wild. Sein Benehmen läßt sich nicht mit dem südländischen Temperament erklären, denn es nahm derart exaltierte Formen an, daß die Kinder hinter ihm her johlten und ihn mit Steinen bewarfen. Die Erwachsenen sagten, «er ist verrückt geworden», packten ihn und führten den sich sinnlos wehrenden Johannes zu Johannes von Avila. Der Bußprediger hatte wohl vermocht, ihn mit seinen Worten zu erschüttern, aber er war nicht fähig, auf die durch das ungeheure Brodeln in seiner Seele aufgeworfenen Fragen eine richtungweisende Antwort zu geben. Es schien den Bewohnern von Granada nichts anderes übrigzubleiben, als Johannes ins Irrenhaus einzuliefern. Darin hat er mehrere Jahre verbracht und dabei – nach der damaligen Sitte – von den Wärtern viele Schläge empfangen. Das Wort «Granada wird dein Kreuz sein» hat sich unheimlich bewahrheitet. Zu jeder Zeit ist das Kreuz eine dem Menschen auferlegte, schwere Last.

Johannes' Aufenthalt im Irrenhaus bereitete den Biographen die stärkste Verlegenheit. Ihre Meinungen gingen weit auseinander, und im Grunde wußten sie nicht, was sie sagen sollten. Sie empfanden die Hospitalisierung als peinlich und der Vorstellung von einem Heiligen arg entgegengesetzt. Die Hagiographen wollten nicht zugeben, daß Johannes ein geisteskranker Mensch war, und murmelten gelegentlich einige verlegene Worte. Der Sturz vom Pferde habe Nachwirkungen nach sich gezogen und Erregungszustände ausgelöst – was eine nicht beweisbare Hypothese ist.

Schon sein erster Biograph Castro glaubte, Johannes habe seine Geisteskrankheit simuliert, und nur den Narren in Christo gespielt, was die verständnislosen Zeitgenossen veranlaßt habe, ihn im Irrenhaus zu internieren. Die Interpretation von der fingierten Geisteskrankheit bleibt der Diskussion unterstellt. Bestünde sie zu Recht, dann hätten wir bei Johannes eines der großartigsten Beispiele der Narrheit um Christi willen in der westlichen Welt. Das Wort des Paulus, «wir sind Narren um Christi willen»[5] würde eine neue Verwirklichung gefunden haben. Man müßte dann von einem heiligen Wahnsinn reden, der den Verstand außer Wirkung setzt. Der christliche Narr ist ein überaus bemerkenswertes Phänomen. Er bringt den Mut auf, der Lächerlichkeit zu trotzen, und die Kraft, sich gegen die allzu geradlinige Logik aufzulehnen, die eine unbarmherzige Tyrannin des Geistes ist. Der göttliche Wahnsinn ist nach Unamuno «gerade das, was uns leider sehr not tut, der uns vielleicht von der Pest des gesunden Menschenverstandes kurieren könnte, dieses gesunden Menschenverstandes, der in jedem von uns sein Eigenstes erdrosselt»[6]. Das sind ebenso unheimliche wie erschreckende Worte, aber sie liegen auf der gleichen Ebene wie Paulus' Parole: «Welcher sich unter euch dünket weise zu sein, der werde ein Narr in dieser Welt, daß er möge weise sein.»[7] Wenn man die Polarität zwischen weltmännischer Klugheit und christlicher Narrheit nur ein wenig verstehen will, muß man sich mit den heiligen Narren der Ostkirche beschäftigen. Dann hat man auch den Schlüssel zu dem ganz andersartigen Dasein des Johannes von Gott in den Händen.

Daneben gibt es noch eine andere Deutung, wonach der oberflächliche Johannes vom Blitz Gottes getroffen wurde, der ihn zu Boden streckte. Der Blitz Gottes ist keine bloß fromme Rührung, die den Menschen für einen Moment bewegt. Johannes hatte den angeblich gesunden Menschenverstand verloren. Wenn er ihn nicht verloren hätte, dürfte man nicht das Bild vom Blitz Gottes gebrauchen. Er hat das bestürzende Bibelwort im wörtlichen Sinn erlebt: «Es ist schrecklich, in die Hände des lebendigen Gottes zu fallen.»[8] Ein solches Ereignis schließt die denkbar stärkste Erschütterung in sich, weil es dem Menschen alle Waffen aus den Händen schlägt. Die tiefsten Abgründe des menschlichen Herzens werden aufgewühlt, und das Unterste nach oben gekehrt. Johannes geriet dabei außer sich, er explodierte förmlich, so daß er nicht mehr wußte, wie ihm geschah. Er befand sich im Feuer Gottes und wurde bis ins Innerste durchglüht, gehämmert und neu geformt. Diese seelische Umwandlung vollzog sich während der Monate im Irrenhaus von Granada.

Anstatt das religiöse Drama des Johannes seltsam zu finden, ist es weit mehr verwunderlich, daß wir Durchschnittschristen so stumpf dahinleben können. Die Gleichgültigkeit macht uns teilnahmslos und läßt uns in einer lauen Kirchlichkeit dahinvegetieren, die schal und nichtssagend ist. Wir gehen mit derselben Gleichgültigkeit in die Kirche wie in das Einkaufszentrum, und wir lesen die Bibel, ohne den Hammer ihrer harten Worte zu spüren. Der Gewohnheitschrist begegnet gar nicht dem lebendigen Gott; ihm entfährt nicht der leiseste Ausruf des Schreckens über seine Existenz. Kann man tatsächlich an Gott glauben und so weiterleben, als gäbe es ihn gar nicht? Muß der Mensch, wenn er wirklich vor Gott steht, nicht am ganzen Leibe zittern? Wer vom lebendigen Gott wahrhaftig berührt wird und nicht nur einer diffusen Vorstellung von einem höheren Wesen huldigt, kann allzuleicht den Verstand verlieren. Von Gott überwältigt werden, heißt, auf die eigene kleine Vernunft als oberster Instanz verzichten. Was Johannes von Gott in Granada am Sebastianstag erlebt hat, war ein umstürzendes Gottes-Erlebnis. Er zerschellte an der Kristallmauer des Ewigen und gewann damit das Höchste. Diese Deutung allein wird dem Irrenhausaufenthalt des Johannes gerecht. Alle abschwächenden Verharmlosungen sind bloße Ausflüchte, die nichts davon ahnen, was es heißt, von der Stimme aus dem brennenden Dornbusch angerufen zu werden.

Nachdem Johannes den Einbruch des Übernatürlichen in sein natürliches Dasein innerlich einigermaßen verarbeitet hatte, konnte er das Irrenhaus verlassen. Er dankte dem Vorsteher und ging, ohne Schuhe und notdürftig bekleidet, seines Weges. Johannes war nicht mehr der gleiche Mensch, der er vorher gewesen war. Es begann die dritte Phase seines Lebens, die das göttliche Abenteuer in sich schloß, das sich von seiner früheren Abenteuerlust grundsätzlich unterschied. Er trat nun die Reise an, die ihn bis an die Grenze des Menschenmöglichen führte. Zu viel war über ihn hergegangen, als daß er wie früher seinen Geschäften hätte obliegen können. Während seines Irrenhausaufenthaltes war der große Lebensplan in ihm gereift. Die geistige Blindheit war von ihm abgefallen, und nun sah er seinen Weg klar vor sich. Der Name, Johannes von Gott, bekam nun seinen Sinn, denn er kam von Gott und ging zu Gott.

Johannes von Gott unternahm zunächst eine Wallfahrt nach Guadalupe. Hernach ging er daran, seinen Plan zu verwirklichen. Im Irrenhaus hatte er gesehen, wie schrecklich man die Kranken behandelte, wie oft sie geschlagen wurden und im eigenen Unrat beinahe umkamen. Sie waren die Geplagten und die Mißverstandenen, für die die Christen nichts oder nur wenig taten. Er wollte ihnen unmittelbar helfen, überlegte es sich nicht lange, sondern überließ sich ganz der Vorsehung. Auf eigene Faust begann er kranke Menschen zu pflegen. Ganz im kleinen fing er an, tat es in aller Unscheinbarkeit, so daß das genaue Gründungsdatum unbekannt ist. Natürlich bedurfte er der Mittel für sein Tun. Darum nahm er kurzerhand einen großen Sack auf den Rücken, hängte sich zwei Schüsseln um den Hals, zog durch die Straßen und rief mit lauter Stimme: «Will einer sich nicht wohltun? Tut euch selber wohl um der Liebe Gottes willen, ihr in Jesus Christus geliebteste Brüder!» Durch diese Tat schimmert nochmals der Narr in Christo hindurch. Die ungewohnte Art der Aufforderung lockte die Leute an die Fenster, und der Anblick des seltsamen Mannes bewog die Einwohner, zahlreiche Spenden zu geben. Geld, Kleidungsstücke, Brot und Fleisch händigte man ihm aus. Um den Spott, den man über den einstigen Verrückten ergoß, kümmerte er sich nicht.

Er richtete in einem Haus ein regelrechtes Hospital für die Armseligsten, die Niedrigsten und die Verworfensten von Granada ein. Am Haupteingang seines Hospitals brachte er die Inschrift an: «Das Herz befehle.» Die Inschrift war nicht nur ein schöner

Spruch, wie man ihn oft an Häusern sieht. Sie deutet auf die Quelle seines Handelns hin. Viele Menschen führen das Wort «Herz» im Munde, und wenige wissen, daß es die Mitte des Menschen ist. Gewiß ist das Herz nach Jeremias' Erkenntnis ein trotziges und verzagtes Ding, weshalb der Prophet fragt: «Wer will es ergründen?» Es geht nicht darum, eine Philosophie des Herzens zu entwickeln, so verlockend die Aufgabe wäre, und so selten dies versucht wurde. Allein, das Herz bildet den innersten Personkern; es ist das wahre Selbst und es ist das Organ, das Gott spürt. Das Herz darf nicht mir der Sentimentalität verwechselt werden, aber es ist unbedingt dem Willen und dem Verstand gleichzuordnen. Es schenkt dem Menschen die Gefühlskraft, den Zartsinn, die christliche Innerlichkeit und die intuitiven Erkenntnisse. Der neue Mensch, von dem das Neue Testament redet, ist der Mensch des Herzens. Johannes war der Christ des Herzens geworden, deswegen unterstellte er sein Haus dem Befehl des Herzens. «Das Herz befehle», das will heißen, daß in Johannes die Liebe zum Durchbruch gekommen war, eine Liebe, die eine Macht und kein bloßes Gefühl ist, weil sie eine unwiderstehliche Kraft in sich schließt. Herz und Liebe können nicht getrennt werden, sie gehören zusammmen. Sie sind allein imstande, den seelischen Hunger des Menschen zu stillen. Schlicht gesagt, bestand Johannes' Sendung darin, daß er der Stimme des Herzens gehorchte, jenes Herzens, das nach Pascal seine Gründe hat, die der Verstand nicht kennt.

Vor allem suchte Johannes mit den geisteskranken Patienten gütig und verständnisvoll zu reden und sie sein Mitleid und Erbarmen fühlen zu lassen. Dies war eine neue Haltung in der Pflege der Geisteskranken, denn damals und noch später betrachtete man die Ärmsten aller Armen stets als von bösen Geistern besessene Menschen und schlug sie deshalb brutal. Der völlig ungeschulte Johannes erkannte intuitiv die Geisteskrankheit als eine Krankheit des Kopfes. Von einer «psychoanalytischen Behandlung» zu reden, die er vorweggenommen habe, hieße den Mund zu voll zu nehmen. Johannes von Gott wußte auch noch nichts von der heutigen medikamentösen Behandlungsmethode, die oft nur die Oberfläche des Menschen glättet, nicht aber den tieferen Ursachen der seelischen Störungen nachgeht. Dagegen hat er genau gewußt, daß die geisteskranken Menschen der Liebe bedürfen, was durchaus neu war an seinem Hospital. Das Herzdenken hat ihn den Weg zum kranken Mitmenschen finden lassen. Wenn der Christ dem Befehl des Herzens nachkommt, dann handelt er richtig. Johannes sorgte für das körperliche und für das seelische Wohl der Kranken; durch die Pflege des Leibes gelangte er zur Seele der Patienten.

Um Johannes' göttliches Abenteuer richtig ermessen zu können, sind einige Erläuterungen notwendig.

Von einem modernen Philosophen stammt das Wort: «Die Hölle, das sind die andern.» So urteilt der zeitgenössische Atheismus, der mit dieser makabren Ansicht sein verzerrtes Antlitz enthüllt. Die Äußerung kommt einer Kapitulation gleich. Die moderne Verneinung weiß mit dem Nebenmenschen nichts anzufangen und vergleicht den Nächsten mit der Hölle. Johannes von Gott aber fand den Weg, der über Gott zum Menschen führt und mit ihm in ein nahes Verhältnis kommt.

Der Einsatz mit dem Herzen für die Ärmsten ist nicht der Mitmenschlichkeit, diesem neuen Schlagwort, gleichzusetzen. Die Anhänger der Mitmenschlichkeit reden von der Entwicklungshilfe, ohne zu merken, daß sich unter diesem Namen mehr oder weniger Geschäfte des Staates verbergen. Die Mittel für die angebliche Entwicklungshilfe durch Steuern einzuziehen, sind amtliche Maßnahmen. Sie stehen im Widerspruch zu Paulus' Aussage: «Nicht aus Zwang.»[9] Im Unterschied zu der kalten Unpersönlichkeit betätigte Johannes von Gott seine Nächstenliebe von Mensch zu Mensch, fern von allen organisatorischen Überlegungen. Der persönliche Einsatz allein verdient den Namen «christliche Nächstenliebe». Sein Grundsatz war: «Übt stets die Nächstenliebe, denn wo keine Liebe ist, da ist auch Gott nicht.» [10]

Die Arbeit nahm bald einen solchen Umfang an, daß Johannes sie nicht mehr allein zu bewältigen vermochte. Er sah sich nach Helfern um und fand auch einige Männer. Sie nannten sich die barmherzigen Brüder. Von einer Ordensstiftung im strengen Sinne des Wortes kann zu Lebzeiten des Johannes von Gott keine Rede sein. Nur mit Einschränkungen darf Johannes von Gott ein Gründer genannt werden, da er sich selbst als Tertiar des Franziskanerordens fühlte. Mehr wollte er nicht sein. Dagegen wünschte er natürlich den Fortbestand seines Werkes, wozu er nur die allernotwendigsten Vorkehrungen getroffen hatte. Erst später kam es zu einer eigentlichen Ordensgründung, die sich auf seinen Namen berief. «Die neue und rettende Tat des Johannes von Gott bestand darin, daß er seine Krankenpflege auf dem Prinzip des Bettelordens aufbaute.» [11]

Johannes von Gott führte seine Arbeit weiter, bis seine Kräfte versagten. Er wollte bei seinen Kranken bleiben und in deren Mitte sterben. Zwar war er sein Leben lang ein einsamer Mensch gewesen und sollte es nun auch in seinem Sterben bleiben. Am 8. März 1550, erst fünfundfünfzig Jahre alt, fand man ihn in kniender Stellung tot auf. Das Totengeleite des ehemaligen Hausierers glich dem eines Fürsten. Alle Glocken läuteten, und hinter dem Sarg schritt der Rat der Stadt, gefolgt von den trauernden Mohammedanern, weil Johannes von Gott in seiner Krankenpflege nie einen Religionsunterschied gemacht hatte.

Unmittelbar nach seinem Tode setzte seine Verehrung ein. Er wurde dem oft geübten Brauch gemäß zuerst vom Volk heiliggesprochen. Achtzig Jahre später hat die Kirche ihn seliggesprochen, und einige Zeit hernach erfolgte die feierliche Heiligsprechung. Der Heilige ist über die Treppe der Liebe zur Ehre der Altäre gelangt.

Wenn man das Porträt des Johannes von Gott betrachtet, das sich im Hospital der Barmherzigen Brüder in Madrid befindet, sieht man ein mageres Antlitz von eher dunkler Hautfarbe, das von Gebet, Leiden und Liebe geprägt ist.[12] Das innere Licht ist bei ihm beinahe verhüllt, weil Johannes von Gott zu den Heiligen aus schlechtem Holz zählt, genau wie der heilige Kamillus, der in seiner Jugend ein von Spielleidenschaft besessener Landsknecht war. Johannes von Gott schien wirklich aus schlechtem Holz zu sein, denn niemand hätte dem jugendlichen Menschen geweissagt, daß er einst ein Heiliger würde. Die erste Hälfte seines Lebens deutete auf das Gegenteil hin; und doch ist er es geworden, wenn dies auch zunächst ein nicht unlösbares Rätsel ist. Man redet in unserer Zeit viel davon, der Mensch sei durch seine Herkunft bestimmt. Erbanlage und schlechtes Milieu werden oft als Milderungsgrund in der Urteilsverkündigung genannt. Der Mensch gilt als das Produkt seiner Umgebung. Ungünstige gesellschaftliche Einflüsse müssen ihn notwendig auf Abwege bringen. Diese Determination des Menschen ist ein Pseudodogma, das heutzutage als unantastbar gilt. Vor ihm liegt die moderne Zeit auf den Knien. Niemand wagt ein Wort dagegen zu sagen, scheint es doch allen Zweifeln enthoben zu sein. Johannes von Gott widerlegt eindeutig diesen wissenschaftlichen Aberglauben. Die deterministische Auffassung ist nur eine Teilwahrheit. Wir sind nicht einfach durch unsere Umwelt bestimmt. Der gesunde Mensch kann frei entscheiden, darum ist er für seine Taten verantwortlich, seien sie nun gut oder böse. Das Dasein von Johannes von Gott zeigt eindringlich genug, daß Anlage und Milieueinfluß plötzlich versinken und einer ganz anderen Realität Platz machen können.

Gott versteht auch dürres Holz zum Erblühen zu bringen. Bei Johannes von Gott fehlten alle Voraussetzungen zu einem Heiligen. Und doch ist er es geworden. Daher zählt der Heilige nie und nimmer zu den Männern eigener Kraft. Er ist an sich gar nichts oder höchstens ein Rinnsal, durch das die Wasser Gottes hindurchfließen. Gott ist im Heiligen wirksam, und der berufene Mensch kann nur die nötige Bereitschaft für dieses Wirken Gottes in sich aufbringen. «Gott kann aus den Steinen Abrahams Kinder erwecken», heißt es im Evangelium.[13] Er ist auch imstande, aus einem mittelmäßigen, geistig trägen Leben plötzlich die Flammen hervorbrechen zu lassen. Der Hinweis auf den schlechten Stamm, aus dem Johannes von Gott hervorgegangen ist, beabsichtigt nicht, seine Erbärmlichkeit zu enthüllen. Alle Entlarvungstendenzen sind abgeschmackt, weil sie nur auf die niedrigen Instinkte des Menschen spekulieren. In der Betonung des schlechten Holzes liegt weit mehr ein überaus tröstliches Wort verborgen. Kein Mensch braucht an sich selbst oder an seinem Nächsten zu verzweifeln. Nie ist Hopfen und Malz verloren. «Die rechte Hand des Höchsten kann alles ändern.»[14] Sie kann auch ein leeres Leben mit dem höchsten Inhalt füllen. Die Lebensgeschichte von Johannes von Gott macht Mut, vermittelt Zuversicht und schließt die denkbar größte Aufmunterung in sich.

«Johannes war ein Heiliger eigener Art.»[15] Er war ein einfacher Mann; Ruland nannte ihn sogar «einen armseligen Menschen»; jedenfalls war er keine hervorragende Erscheinung. Er wußte nichts von den schweren kirchlichen Auseinandersetzungen, die damals das Abendland in zwei Teile auseinanderspalteten. Nicht einmal mit der spanischen Mystik ist er bekannt geworden. Trotz dieser Unwissenheit hatte er etwas in sich, das nicht weniger bedeutsam ist. Er hat durch die Zurückstellung des Verstandes das Herz gewonnen, deshalb zählt er fortan zu den großen Helfergestalten der Christenheit. Er sah die unmittelbare Not vor sich und setzte sich selbst ein. Nicht nur in der Ferne, sondern in der Nähe muß geholfen werden. Er tat es mit Demut und in Geduld. Allezeit bewahrte er die Heiterkeit seines Gemütes, und niemals fühlte er sich beleidigt. Immer ist er barfuß gegangen, im Sommer und im Winter, mochten die Straßen unbequem und die Wege steinig sein. Seine Heiligkeit zeigte sich im Verhalten zu den alltäglichen, unauffälligen Dingen. Wiederum hat der Dichter Lope de Vega das richtige Wort über ihn gefunden: «Du kamst wie ein Falter – und dann richtetest du deinen Flug anderswohin.»[16] Das ist dichterisch gesagt und rührt an die Sendung von Johannes von Gott. Er war der Mensch mit einem Flug; wenn ein Menschenleben keinen Flug kennt, dann ereignet sich in ihm auch kein Aufschwung. Der Flug aber ist durch das Herz bedingt. Er richtete sich bei Johannes von Gott nach oben, durchaus nach oben. In ihm steigerte sich das göttliche Abenteuer zur unendlichen Sehnsucht, zu einem Heimweh, das ihn auch ans Ziel brachte.

Diese kurze Lebensskizze von Johannes von Gott schließt die Frage in sich: Was hat dieses Bild dem heutigen Menschen zu sagen? Wir beschäftigen uns mit Johannes von Gott nicht aus wissenschaftlichen Gründen; es liegt uns ferne, seine Gestalt sine ira et studio, das heißt ohne Haß und ohne Vorliebe, zu umschreiben. Die sogenannte Objektivität ist in der Hagiographie ohnehin fehl am Platze, weil sie nicht in das Innere dieser Gestalten einzudringen vermag. Ebensowenig beschäftigen wir uns mit ihm aus bloß geschichtlichem Interesse. Es geht uns nicht um eine Vermehrung von Kenntnissen. Der Leser sollte nicht sagen: Jetzt weiß ich wieder etwas, was ich vorher nicht gewußt habe. Der heutige Mensch weiß ohnehin viel, vielleicht zu viel und namentlich Dinge, die er gar nicht zu wissen braucht. Aber er weiß nicht mehr das Eine, was ihm zu wissen not tut, und doch sollte er vor allem dies wissen. Uns brennt vielmehr die Frage nach den Heiligen auf den Nägeln. Wir sind leidenschaftlich am Lebensweg von Johannes von Gott beteiligt; es geht uns darum, daß der Gott, der in sein Leben hineingesprochen hat, auch zu uns spricht. Wir möchten von dem bewegt werden, was ihn bewegt hat. Alles andere erscheint uns unernst zu sein. Die Heiligkeit ist die äußerste Erfahrung des Menschen. Ein Schimmer davon ist uns aufgegangen, aber er ist nur heilsam, wenn es uns drängt, etwas von der Heiligkeit in unsere Wirklichkeit zu übertragen. Die Heiligen verlangen nicht bloße Zustimmung; sie erheischen gebieterisch Nachfolge. Um die Christenheit zu erwecken, bedarf es der Heiligen. Es gibt Heilige aller Art, und heute braucht es noch eine zusätzliche Art. Eine neue, radikalere Nachfolge tut unserer Zeit not, Heilige mit neuen Vorzeichen, Heilige, die uns eindrücklich sagen: «Ihr suchet in eurer bedrohten Zeit nach Heilung, und ihr findet diese Heilung nur durch die Heiligung.»

Eine Meditation unter dem Blutgerüst
des Thomas Morus

«Es ist eine Gnade, einem Heiligen zu begegnen», schrieb Marie Noël in ihr «Tagebuch»[1]. Die tiefreligiöse Dichterin haderte innerlich viel mit dem Ewigen und fragte sich auch, «was Gott wohl denken mag, wenn er die Traktate seiner Theologen liest»[2]. Nun, diese Frage steigt uns zuweilen auch auf, aber jetzt beschäftigt uns die Äußerung, «es ist eine Gnade, einem Heiligen zu begegnen». Diese Huld widerfährt dem Menschen ganz gewiß nicht jeden Tag, denn sie ist ein außerordentliches Ereignis, das Überraschung und Unruhe, Staunen und Freude hervorruft.
Die Begegnung mit Thomas Morus hat zunächst von dem bekannten Gemälde auszugehen, das Hans Holbein von dem Heiligen gemalt hat, als er bei ihm in England wohnte. Niemand vermag dieses Bild anzuschauen, ohne von der männlichen Schönheit und dem gesammelten Ernst des Antlitzes gefesselt zu werden. Ein Anflug von Trauer liegt über dem nachdenklichen Manne, der ebenso stark nach innen wie nach außen schaut. Anna Boleyn sagte beim Anblick des Porträts erschaudernd: «O weh, ist mir doch, als ob der Mensch auf dieser Tafel da noch lebte.»[3] Der erschrockene Ausruf verrät das schlechte Gewissen dieser belasteten Frau, war doch die ehemalige Hofdame und spätere Königin mitschuldig am Tode von Thomas Morus. Sie ahnte wohl kaum, wie recht sie hatte, erschreckt zu sein. Ihre Betroffenheit gab ihr das richtige Empfinden ein: Thomas Morus lebt, wie alle Heiligen leben, und wenn wir davon nicht überzeugt sind, bleiben alle Aussagen über ihn im Vorhof. Zu einer wirklichen Begegnung mit dem Heiligen gehört der Glaube an seine

unsichtbare Existenz. Doch auch diese Überzeugung genügt noch nicht; es ist notwendig, daß Thomas Morus mir unerwartet auf meinem Lebensweg entgegentritt, daß seine Stimme sich in meinem Inneren meldet und er zu mir jenes Wort spricht, das ich nicht mehr vergessen kann. Absichtlich sprach ich in der Einzahl, denn eine Heiligen-Begegnung ereignet sich nur zwischen einem Ich und einem Du; nie wird sie einer amorphen Masse zuteil. In dem Moment, da ich als Einzelner dem Heiligen ins Auge schaue, werde ich inne, daß Thomas Morus nicht nur ein edler und großer Mensch, sondern ein von Gott überwältigter und sich in Gottes Nähe aufhaltender Mann war, von dem eine undefinierbare Ausstrahlung ausgegangen ist. Ja, einem Heiligen wirklich zu begegnen, ihm geistig und seelisch zu begegnen, so daß es zu einer unlösbaren Verbindung kommt, das ist eine Gnade, eine fühlbare Gnade, die sich ganz unverdienterweise in einen sichtlichen Segen verwandelt.

Bei der ersten Begegnung mit dem berühmten Manne freut man sich, daß er das Mittelalter in sich aufgenommen hatte und gleichermaßen ein Mensch der Renaissance gewesen ist. Beide Zeitalter wußte er harmonisch in sich zu vereinigen. Er war zudem ein zweimal verheirateter Heiliger. Thomas Morus verlor seine erste Gattin in noch jungen Jahren und stieg schon nach vier Wochen in sein zweites Ehebett – so eilig hatte er es. Das wird gewöhnlich stillschweigend übergangen, aber wer anstelle der erbaulichen Schönfärberei die christliche Wahrheit stellt, darf dies nicht verbergen, obschon uns diese intime Angelegenheit nicht weiter zu beschäftigen braucht. Thomas Morus freute sich zeitlebens überaus an seinen Kindern. Er war darauf bedacht, auch seine Töchter zu gebildeten Menschen zu erziehen; modern ausgedrückt, trat er schon damals für das Frauenstudium ein.

Thomas Morus hat Bücher geschrieben; seine «Utopia» wurde ein Welterfolg. Der Titel verführt den heutigen Leser leicht zu einer falschen Annahme. Morus' Werk hat nichts mit den politischen, marxistischen und religiösen Utopien der Neuzeit zu tun, die dem Menschen ein erstrebenswertes Ziel vor Augen rücken sollen. Es ist weder Traum noch Wunschbild und kann auch nicht unter dem Aspekt einer säkularisierten Eschatologie verstanden werden; die Utopie von heute ist die Wirklichkeit von morgen. Das von ihm erfundene Wort «Utopia» bedeutet bei ihm «Land Nirgendwo»; und der Name des erdichteten Erzählers heißt «Flausenmacher». «Utopia» ist eine Art von Staatsroman, verbunden mit einer getarnten Gesellschaftskritik. Es ist dem ihm gewidmeten «Lob der Torheit» des Erasmus ähnlich. Keineswegs enthält die «Utopia» Morus' Glaubensbekenntnis – wie die sozialistischen Interpreten meinen –, es ist ein Werk der Literatur. Der Verfasser wandelt schalkhaft auf den Pfaden der Utopia, und nur ein banaler Nützlichkeitsmensch besitzt keinen Sinn dafür. Der Grundgedanke der anklagenden Schrift lautet: Obschon die Utopier sich nur von der Vernunft leiten lassen, vollbringen sie anerkennenswerte Dinge; den Christen wurden Vernunft und Glaube zuteil, aber sie mißachten den Glauben und handeln ohne jede Vernunft!

Morus' spielende Beschäftigung mit dem Gedanken der Utopia ist ein Ausfluß seines Humanismus. Sehr geliebt von den Humanisten seiner Zeit, stellte ihm Erasmus von Rotterdam das Zeugnis aus: «Sucht man ein vollkommenes Beispiel wahrer Freundschaft, nirgends kann man es besser finden als bei Morus.»[4] Nach Humanistenart kaufte er seltsame Dinge zusammen; sein geräumiges Haus war ein einziges Lager von Kuriositäten. Es war ihm ein Bedürfnis, sich mit schönen und interessanten Dingen zu beschäftigen. Er hatte Freude an Büchern. Läßt sich etwas Schöneres vorstellen, als sich durch deren Lektüre mit den großen Gestalten der Vergangenheit zu unterhalten? Thomas Morus war von Beruf Rechtsanwalt und ein überaus aufgeschlossener Mann, von dem das Sprichwort gilt: «Mit einem klugen Menschen ist auch das Reden ein Vergnügen.» Hellas und Christentum bedeuteten ihm keine Gegensätze; er verstand es, sie miteinander zu verbinden. Ihm bedeutete der Humanismus keinen Ersatz für den Glauben. Surrogate sind immer falsch, und der weltliche Humanismus schützt uns nicht vor der schrecklichsten Barbarei. Thomas Morus vertrat einen bewußt christlichen Humanismus, der zu den ansprechendsten Erscheinungen des Abendlandes gehört. Er war ein vornehmer und liebenswürdiger Vertreter des religiösen Humanismus, hierin nur dem feinsinnigen Franz von Sales vergleichbar. Der christliche Humanismus ist offen; er hat einen weiten Horizont, er heiligt das Menschliche und vermenschlicht das Heilige, er verbreitet eine kultivierte Atmosphäre und ist zugleich im Übernatürlichen verwurzelt. Er erschöpft sich nicht in einem gelehrten Wissen über die alten Griechen und Römer, sondern er bezeichnet eine bestimmte Lebensweise, eine Vereinigung von Weisheit und Heiligkeit. Thomas Morus vermochte Sonnenschein und Sturmwetter auszuhalten. Deswegen wurde er schon bei Lebzeiten als «ein Mann für alle Jahreszeiten» gepriesen[5].

Wie christlich der Humanismus bei Thomas Morus verankert war, zeigt sich darin, daß der tiefreligiöse Mann es mit seinen Pflichten sehr ernst genommen hat. Er fühlte sich mit seiner Kirche aufs stärkste verbunden und brachte für die Reformation kein Verständnis auf, obwohl sein Grundsatz lautete: «Im Häretiker hasse ich seinen Irrtum und nicht seine Person.»[6] Wohl sah er die damaligen Mißstände klar, aber das hinderte ihn nicht, persönlich ein religiös ernsthaftes Leben zu führen. Täglich besuchte er die Messe, verrichtete seine Gebete und las die Heilige Schrift. Unter seinem schönen Gewand trug er allezeit ein härenes Hemd. Zuweilen geißelte er sich mit geknoteten Stricken und meinte: «Wir dürfen nicht auf unsere Vergnügen sehen, um in Federbetten zum Himmel zu gehen: das ist nicht der Weg; denn unser Herr selbst ging dorthin in großer Qual.»[7] Bei aller Gelehrsamkeit beachtete er die Demut eines ungebildeten

Weibleins. Er suchte am späten Abend die Armen auf und tat die Hilfeleistungen möglichst im Verborgenen. In solch innerer Zitadelle ist das Geheimnis von Thomas Morus verborgen, aus dem er lebte, und das ihn sagen ließ: «Wir sollen keinen Haß gegen irgend jemanden hegen... Wir sollen unaufhörlich für unsere schuldigen Brüder eintreten; denn unser Gewissen sagt uns zu jeder Stunde, wie sehr wir gleicherweise der Nachsicht und der Verzeihung bedürfen.»[8]

Die Begegnung mit Thomas Morus nimmt einen ernsten Charakter an durch seinen Eintritt in die Politik. Schon als «bartloser Jüngling» hat er sich ihr zugewandt. Gegen den Dienst am Hof sträubte er sich, er mußte dazu genötigt werden. Dank seiner Klugheit und seinem Weitblick stieg er auf der politischen Leiter bis zum höchsten Amt des Landes empor; er wurde Lordkanzler und trug die goldene Kette um den Hals. Als Vertrauter des Königs, der seinen Arm über Morus' Schulter legte, hatte Thomas Morus schwierige Geschäfte zu erledigen, die er mit einer in der Politik gar nicht selbstverständlichen Anständigkeit bewältigte.

Aber Thomas Morus diente Heinrich VIII., dessen Regierungsantritt mit hochtönenden Worten als der Anbruch des goldenen Zeitalters gepriesen wurde. Und doch hat dieser König mehr europäische Werte zerstört als je ein Herrscher zuvor[9]. Zwar sprach die Kirche Heinrich VIII. den Titel «Verteidiger des Glaubens» zu, weil er gegen Luthers Sakramentsauffassung schrieb. Die Ehrenbezeichnung erwies sich bald als übereiltes Lob. In Wirklichkeit war Heinrich das Gegenteil eines Verteidigers des Glaubens, indem dieser Fleischklotz eine absteigende Entwicklung durchmachte, da er seinem königlichen Amt charakterlich nicht gewachsen war. Zunächst wurde das böse Tier in ihm durch eifrigen Sport verdeckt, aber seine zügellose Sinnlichkeit und sein vergifteter Machtgedanke verstrickten ihn in entsetzliches Unrecht. In der Folge stürzte er mit seinen sechs Frauen ins

Leere. Von einem tragischen Verlauf zu sprechen, ist ein zu schonender Ausdruck; denn gierig, wie er war, gehörte er mit seinem dröhnenden Gelächter zu den Rechtsverdrehern. «Verfehlt sind alle Versuche, ihn von Schuld loszusprechen; er war schuldig in einem Maße, wie es nur wenige Menschen geworden sind», schreibt einer der kundigsten Geschichtsdenker[10]. Er riß um eines Weiberrockes willen die Kirche Englands von Rom los und proklamierte sich selbstherrlich zum obersten Herrn der englischen Kirche. Seine Macht verführte ihn dazu, einen unmenschlichen Gesinnungsterror auszuüben. Hunderte von Menschen ließ er hinrichten. Er war eigensinnig und von einem rachsüchtigen Haß erfüllt; er schändete die Krone durch seine bluttriefende Willkürherrschaft. Seine Regierungszeit in der englischen Geschichte war wohl am schwersten zu ertragen. Vom Standpunkt des Thomas Morus aus gesehen, läßt sich dieser vom Dämon besessene Mensch nur mit Schrecken betrachten; er ist seelisch zugrunde gegangen, längst bevor die unförmig aufgedunsene Fettmasse unter Flehen den Geist aufgegeben hatte, denn «Gebet ohne Sinn, nicht zum Himmel dringt» (Shakespeare).

Die Politik war zu allen Zeiten ein glatter Parkettboden, auf dem diplomatische Gewandtheit den Ausschlag gegeben hat, weshalb Thomas Morus in seiner politischen Tätigkeit scheitern mußte. Er erreichte keines seiner Ziele: den Frieden der Nationen, die Einheit des Glaubens, die Versöhnung des Ehestreites des Königs. Wie die Dinge lagen und angesichts der Tatsache, daß Thomas Morus der Diener eines unwürdigen Königs war, konnte ihm kein Gelingen beschieden sein. Der Erfolg ist jedoch nie ein Kennzeichen des Heiligen. Thomas Morus spürte, daß die Pläne des Königs mit seinen eigenen nicht übereinstimmten. Er fügte sich Heinrichs Meinungsuniformierung nicht, legte das Kanzleramt nieder, verabschiedete sich freundlich von seinem Gebieter und zog sich ins Privatleben zurück.

Der freiwillige Abgang half ihm nicht. Auf alle Fragen, was er über die Ehescheidung des Königs denke, gab er keine Antwort. Dieses unerbittliche Schweigen war stärker als alles Reden. Es war eine stumme Wiederholung der Aussage Johannes' des Täufers gegen Herodes: «Es ist dir nicht erlaubt, sie zu haben.» Die Verweigerung der Antwort forderte den Zorn des überheblichen Herrschers heraus. Er ließ ihn verhaften und in den Tower werfen, wo Thomas Morus fünfzehn Monate lang ohne Licht und ohne Feuer schmachtete. Thomas Morus im Gefängnis ist ein Bild, das sich dem Menschen stark einprägt. Die Kerkerhaft war für ihn schwer zu ertragen, einmal wegen seiner körperlichen Leiden, die ihn mehrfach an den Rand des Grabes brachten, und dann weil ihm zeitweise die Feder entzogen wurde, so daß er seine Briefe mit Kohle schreiben mußte. Mit der Einkerkerung begann der Aufstieg zum Heiligen. Der Passionsweg führte durch die tiefste Erniedrigung; er lernte den «Freud-Schmerz» kennen, eine paradoxe Formulierung, die für die Heiligen kennzeichnend ist. Die ergreifende Erzählung Reinhold Schneiders «Der Traum des Heiligen» ist eine dichterische Gestaltung über den auf eine Fama zurückgehenden Besuch des Königs in der Zelle – doch ist das Gerücht geschichtlich nicht zu belegen. Thomas Morus hatte wegen des ihm bevorstehenden Schicksals manche bedrückende Stunde im Kerker zu bestehen. Wie hätte es auch anders sein können? Während der schlaflosen Nächte stand seine Zukunft dunkel vor ihm, und er wußte nie, ob er auch die Kraft besitze durchzuhalten. Die Furcht, schwach zu werden, lebte ständig in ihm; sie zeigt, wie fern er aller Selbstsicherheit stand. Auch bereitete ihm die Situation seiner Angehörigen schweren Kummer. Trotzdem verlor er keinen Augenblick die Fassung, schrieb er doch aus dem furchtbaren Tower: «Es ist mir gerade, als ob Gott mich auf seinen Knien halte und mich wie ein verwöhntes Kind hin und her wiege.»[11] Welch ein erstaunliches Bekenntnis! Er wird im Kerker als Gottes Kind geliebt und ge-

kost! Thomas Morus tröstete sich damit, daß Josef im Gefängnis, daß Daniel im Gefängnis, daß Johannes der Täufer im Gefängnis saßen, und der Herr selbst zuletzt ein Gefangener war. Zunächst gestattete man den Angehörigen den Besuch, weil man annahm, sie würden ihn zur Ablegung des vom König geforderten Eides auf den neuen Glauben überreden. Die Bitten seiner Lieblingstochter Margarete setzten ihm besonders hart zu. Mit ihren Worten überschritt sie beinahe die Grenze des Zulässigen, und ihre Argumente empfand er als den Apfel, den Eva dem Adam gereicht hatte. Anläßlich eines Besuches zeigte Thomas Morus ihr durch das Kerkerfenster, wie abgezehrte Kartäuser nach grausamster Folterung singend zur Richtstätte gingen, und sagte zu ihr: «Schau, Meg, siehst du nicht, daß diese seligen Väter so heiter wie Brautleute in den Tod gehen?»[12] Der Gefangene sucht im Glauben seinen Halt und schrieb im Kerker die Schrift: «Ein Dialog über Trost in Widerwärtigkeiten», in dem deutlich das Gebet an die Stelle des Streitgespräches tritt. Versunken war die «Utopia», versunken der Humanismus, alles war von ihm abgefallen, geblieben war nur die gläubige Zuversicht auf den Herrn. Thomas Morus löste sich bewußt von der Anhänglichkeit an die Erde; er hatte die Eitelkeit, den Reichtum und die Ruhmsucht der Menschen durchschaut und richtete sich nun nach dem Ewigen aus. «Ich kümmere mich nicht mehr um die Dinge dieser Welt», erwiderte er seinen Bedrängern, «mein ganzes Studium ist nur mehr darauf gerichtet, über das Leiden und Sterben Jesu Christi nachzudenken.»[13]
Es konnte bei der Prozeßverhandlung von einer unvoreingenommenen Rechtsprechung keine Rede sein. Thomas Morus wich keinen Schritt zurück und antwortete auf alle Einschüchterungsversuche ruhig: «Meine Herren, damit schrecken Sie Kinder, nicht mich.»[14] Obwohl die strenge Haft Thomas Morus so sehr geschwächt hatte, daß er nicht mehr stehen konnte, verteidigte er sich mit eindrucksvollen Worten: «Ihr müßt verstehen,

daß in Dingen, die das Gewissen berühren, jeder treue und gute Untertan vor seinem Gewissen und seiner Seele zu höherer Ehrfurcht verpflichtet ist als vor allem anderen auf der Welt.»[15] Doch nützten ihm seine überlegenen Ausführungen nichts. Die Richter, vom König gemietet, brauchten nur eine Viertelstunde Zeit, um den Schuldspruch zu fällen, der ohnehin zum voraus feststand. Dieses Tun erinnert unheimlich an die Volksgerichtshöfe zur Zeit des Dritten Reiches. Es war die gleiche beklommene Situation, in der der Haß spürbar den Gerichtssaal erfüllte und das Recht zu einer bloßen Farce herabgemindert wurde. Thomas Morus hörte sich das furchtbare Bluturteil in völliger Seelenruhe an. Er benahm sich in seiner schwersten Stunde überlegen und großartig, was die Menschen immer wieder veranlaßte, sein Benehmen mit jenem von Sokrates vor den Richtern in Athen zu vergleichen.

Mit einem armseligen Gewand bekleidet, ein Kruzifix in der Hand, wurde der vor Müdigkeit wankende Mann zur Hinrichtung auf den Tower-Hügel geführt. Eine mitleidsvolle Frau reichte ihm unterwegs einen Becher Wein zur Stärkung, den er mit den Worten zurückwies: «Christus trank Essig und Galle.» Thomas Morus auf dem Schafott ist wiederum eine Szene, die die Welt bewegt hat. Er zitterte nicht; die innere Seelenruhe verließ ihn keine Minute. Da die Leiter am Schafott wankte, bat der geschwächte Mann einen Zuschauer; «Helfen Sie mir beim Hinaufsteigen, hinab komme ich von selbst.» Nachdem der Scharfrichter die übliche Bitte um Verzeihung vorgebracht hatte, umarmte ihn Thomas Morus und dankte ihm für den größten Dienst, den er ihm heute erweise. Eine Rede zu halten, verbot ihm der König, der wohl wußte, welchen Eindruck der untadelige Mann mit seiner Sprachgewalt auf die Menge ausüben würde. Thomas Morus beschränkte sich auf die wenigen Worte: «Ich bitte alle Umstehenden, in dieser Welt für mich zu beten, ich werde es in der anderen auch für euch tun. Ich sterbe als des Königs treuer Diener, vor allem aber als treuer Diener Gottes.» Mit diesem Satz auf dem Blutgerüst stellte Thomas Morus noch einmal die richtige Rangordnung her: «Zuerst Gottes und dann des Königs Wille.» [16] Der Staat ist eine Notwendigkeit, dies begreift jedermann, aber er darf nicht das Höchste sein, weil die erste und die letzte Macht in Gottes Händen liegt. Wenn hier eine Wertverschiebung vorgenommen wird und der Staat die Vormacht über den Glauben erhält, dann werden die menschlichen Gesetze von den Gesetzen Gottes losgerissen, und es stürzen die Menschen ins Chaos. Diese zeitlose Wahrheit sprach Thomas Morus mit allem Nachdruck kurz vor seiner Hinrichtung aus, und sie ist, trotz der modernen Entwicklung, heute noch nicht überholt. Er verband sich hierauf selbst die Augen, kniete vor dem Block nieder und empfing den Todesstreich, während sich der König mit seinem ehrgeizigen Weibe am Brettspiel ergötzte. Das Haupt wurde auf einen Pfahl gesteckt und auf der Themsebrücke ausgestellt. Durch Bestechung der Wachen erhielt es seine Tochter und begrub es ordnungsgemäß.

Wir stehen im Geiste unten am Blutgerüst und schauen dem grausigen Justizmord zu. Nicht primitive Sensationslust treibt uns dazu, sondern bei uns setzt die Reflexion ein, die uns klar machen soll, warum dies alles geschehen ist und welche tiefere Bedeutung dieses Unrecht für uns hat. Ein ganz neuer Ernst stellt sich ein, der das unverbindliche Gerede zum voraus ausscheidet. Wenn unsere Begegnung mit dem Heiligen fruchtbar werden soll, müssen wir nach dem bleibenden Sinn des Geschehens fragen. Wir dürfen uns nicht damit begnügen, einfach unsere Entrüstung über den Bluthund von einem König auszudrücken. Auch ist es nicht genug, bloß über Thomas Morus' vorbildlichen Charakter und über seine staatsmännische Begabung zu reflektieren. Eine Meditation soll seine Sendung und was sie dem heutigen Menschen zu sagen hat, erfassen. Wahrscheinlich haben die damaligen Menschen den Tod von Thomas Morus nicht in seiner ganzen Tragweite verstanden. Heute aber wissen wir, daß durch ihn ein Ruf an die Menschen ergangen ist, auf den sie antworten müssen.

Es dauerte lange, bis die Christen begriffen hatten, was da vor sich gegangen war. Der Chronist Hall bezweifelte schon zu Lebzeiten von Thomas Morus dessen Zurechnungsfähigkeit. Ein bekannter Publizist hat noch vor fünfzig Jahren behauptet: «Von den Dokumenten der bewegten Zeit, vom Urteil der Freunde, von den eigenen Schriften reichlich beleuchtet, bleibt das Innerste des Mannes doch ein Rätsel.»[17] Die Ausführung zeigt, wie vorsichtig man die Urteile der Historiker aufnehmen muß, denn nach der 1935 erfolgten Heiligsprechung hätte sicher der gleiche katholische Schriftsteller anders geurteilt. Thomas Morus' Seele ist zwar nicht leicht erkennbar. Wer ihr aber wirklich begegnet ist, nimmt einen Menschen von kristallklarer Durchsichtigkeit wahr, über den er nichts anderes als eine tiefe Freude empfinden muß.

An der langen Verkennung von Thomas Morus' Heiligkeit ist sein Humor beteiligt, den viele Menschen nicht verstanden haben. Er hat im Kerker scherzend zum Wächter gesagt: «Wenn ich mich hier über Wohnung oder Kost beschwere, dann werfen Sie mich ruhig hinaus!» Sogar auf dem Schafott noch schob er seinen Bart auf die Seite, damit er nicht durchschnitten werde, und bemerkte dazu: «Der hat doch keinen Hochverrat begangen.» Thomas Morus pflegte seine Meinung in einer merkwürdigen Mischung von Scherz und Ernst vorzutragen, er sagte die ernsthaften Dinge scherzhaft und wurde inmitten des Scherzes zuweilen sehr ernst. Beides ging ineinander über. Dies hat viele Menschen verwirrt, weil sie gewöhnlich für das echte Wesen des Humors blind sind. Sie sehen stets nur in der Entfaltung einer Seite, seien es nun Heiterkeit oder Tränen, das christliche Wesen ausgedrückt, während nach Newman gerade in der Vereinigung entgegengesetzter Haltungen die wahre Vollkommenheit besteht. Thomas Morus' Ironie ist nie mit verhöhnender Verspottung gleichzusetzen, da er den typisch englischen Humor besaß, trocken und doch köstlich. Seine seelische Heiterkeit war fern von der ausgelassenen Lustigkeit, die stets im Katzenjammer endet. Thomas Morus wußte, daß manche Aussagen viel stärker wirken, wenn man sie scherzhaft sagt, weil dann im angesprochenen Menschen kein innerer Widerstand wachgerufen wird. Eine geradezu heilige Überlegenheit verbirgt sich in Thomas Morus' heiterem Lächeln, eine wohltuende Fröhlichkeit, die in der Heiligengeschichte so selten anzutreffen sind. Der große Humor ist nach Martin Buber der «Milchbruder des Glaubens», weil er den wunderlichen Widerspruch sieht, der zwischen den großartigen Gebärden der Menschen und ihrem kläglichen Ende besteht. Einzig ein in Gott verwurzelter Mensch kann die echte Herzensfröhlichkeit besitzen. Es gibt nichts Schöneres, als mit Thomas Morus zu lachen, denn nach dem Psalmisten lacht auch der im Himmel wohnet über die törichten Menschenkinder (Ps. 2,4). Der lachende Gott und der lachende Heilige entsprechen einander.

Diese Überlegung steht am Anfang unserer Meditation unter dem Blutgerüst des Thomas Morus. Was am 6. Juli 1535 in London geschah, war ein Martyrium. Darüber ist kein Zweifel möglich. Thomas Morus ließ sich für die Wahrheit töten; sein Sterben bildet den krönenden Abschluß und gehört zu seiner Sendung. Er starb für die katholische Kirche, weil er die Suprematie des Königs über die englische Kirche nicht mit einem Eid anerkennen wollte, wir würden sagen, er starb für die Einheit der Christenheit. Unter diesem Gesichtspunkt faßte Thomas Morus seine Hinrichtung selbst auf, und ein Selbstverständnis ist immer wichtiger als jede spätere Interpretation. Thomas Morus ist ein mutiger Märtyrer des christlichen Glaubens. Er ist um dieses Sterbens willen auch heiliggesprochen worden. Märtyrer sind keine verkappten Masochisten, wie eine übelberatene Psychologie schon behauptet hat. Märtyrer sind Zeugen Gottes, die ihr Leben für die Treue zum Glauben hingegeben haben, und wir wissen, daß ihr Blut der Same der Kirche ist. Darum halten wir ihr Sterben so hoch und sind mit Chesterton der Meinung, daß «Thomas More in diesem Augenblick wichtiger ist als zu irgendeiner anderen Zeit seit seinem Tod, vielleicht sogar wichtiger als in der großen Stunde seines Sterbens. Aber er ist heute noch nicht so wichtig wie vielleicht in hundert Jahren.»[18] Wir dürfen auch die Märtyrer des Dritten Reiches nie vergessen, denn sie sind die einzig leuchtenden Gestalten in jener völlig dunkeln Zeit. Bewußt bewahren wir ihr Andenken und lassen es niemals zu, daß sie als Märtyrer verkleinert oder gar geschändet werden. Aus ihren Beispielen schöpfen wir Trost und Kraft. Sie gehören zu den Großen der Weltgeschichte, namentlich, wenn man mit Matthias Claudius der Auffassung ist: «Es ist nichts groß, was nicht gut ist, und es ist nichts wahr, was nicht bestehet.»[19] Stets benötigen wir lebendige Zeugen Gottes, in der heutigen Zeit mehr als je.

Doch ist damit noch nicht die ganze Tiefe von Thomas Morus' Sterben ausgelotet. Sein Entschluß, im tiefsten Schweigen den Eid zu verweigern und damit das Todesurteil zu empfangen, wurde von vielen Menschen nicht verstanden. Man bezichtigte ihn der störrischen Gesinnung, weil er sich als Einzelner dem ganzen Lande entgegenstellte – als ob die Mehrheit mit der Wahrheit gleichzusetzen wäre! Auch seine Gattin sah in seinem Tun nur Halsstarrigkeit und klagte über das Leid, das er über seine Familie bringe, denn der König beschlagnahmte seine Hinterlassenschaft. Die meisten Zeitgenossen dachten ähnlich und hatten den vom König verlangten Eid abgelegt – warum auch nicht, man lebte nachher nicht anders wie vorher. Ausdrücklich maßte sich Thomas Morus nie an, über das Verhalten anderer Menschen zu urteilen, denn dies mußte jeder selbst verantworten. Ihm dagegen verbot das Gewissen, eine bequeme Haltung einzunehmen. Immer wieder berief er sich bei den Verhandlungen und in seinen Briefen auf sein Gewissen, das ihm verbiete, den Eid abzulegen: «Ich kann nun einmal nicht anders reden, als es mir mein Gewissen eingibt.»[20] Er war felsenfest überzeugt, «daß sein Gewissen ihn den Weg zur ewigen Seligkeit führe»[21], und entschlossen, sich «um das, was mir mein Gewissen befiehlt, zu kümmern»[22]. Nie dachte er nur entfernt daran, in irgend etwas einzuwilligen, was gegen sein Gewissen wäre. Bei aller eigenen Kleinmütigkeit hielt er an der Reinheit seines Gewissens fest, das ganz verborgen in seinem Herzen sich befinde. Die Treue zum Gewissen stand bei ihm an erster Stelle. Er war der Mann des klaren, fleckenlosen Gewissens. Das Wort «Gewissen» findet sich immer wieder in seinen Briefen, man kann es unmöglich übersehen. Es war für ihn die Stimme Gottes, der er gehorchte. Thomas Morus vertrat kein autonomes oder, wie man heute zu sagen beliebt, ein mündiges Gewissen. Von solchen Schlagworten war er weit entfernt. Es war vielmehr ein an Gott gebundenes, in Gott gefangenes Gewissen, das sich für das Heil der Seele verantwortlich weiß. Der Heilige war ein Märtyrer des christlichen Gewissens, das bei ihm nicht mundtot zu machen war.

An dieser Stelle gewinnt die Meditation am Fuße von Thomas Morus' Blutgerüst eine ungeahnte Aktualität. Das Gewissen ist eines der großen religiösen Themen des Menschen. Es darf nicht Gott gleichgesetzt werden, denn es gibt auch irrende Gewissen. Trotzdem vernehmen wir mit diesem Organ die Stimme Gottes, deren Vernehmbarkeit geschärft oder auch abgestumpft werden kann. Wer glaubt, es mit Füßen tottrampeln zu können, geht an unerträglichen Gewissensqualen zugrunde, wofür Shakespeares Tragödie «Macbeth» eine erschütternde Anschaulichkeit bietet. Der Christ hat der Stimme des Gewissens unbedingt zu gehorchen, bildet es doch neben der Heiligen Schrift den Kompaß in seinem Leben. Man darf nie und unter keinen Umständen gegen das an Gott gebundene Gewissen handeln. Wohl läßt sich die innere Stimme übertönen; trotzdem aber spricht sie immer wieder in das Leben hinein. Das ist die eindeutige menschliche Erfahrung.

Die Dunkelheit der gegenwärtigen Situation hängt damit zusammen, daß das Gewissen der Christen nicht mehr funktioniert. Beschämenderweise hat es schon in früheren Jahrhunderten oft geschwiegen, wo es hätte laut reden sollen. Die Christen haben sich manchmal wie «stumme Hunde» benommen, um ein Prophetenwort zu gebrauchen (Jes 56,10). Im Dritten Reich hat eine verantwortungslose Führung systematisch das Gewissen verwüstet. Unzählige Menschen haben an sich selbst, ohne es zu merken, eine Zerstörung des Gewissens erfahren. Diese Vernichtung wirkt nach, und wir leiden noch heute schwer darunter. Die Verwirrung der gegenwärtigen Menschen ist eine Folge davon. Das Gewissen wird auch heute unterminiert, sei es nun in der Politik, in den Universitätswirren, in den Fragen der sexuellen Moral, kurz, auf der ganzen Linie. Auch in den Schulen wird das Gewissen nicht mehr geweckt, sondern durch Diskussionssucht unheilvoll vernebelt. Von den Massenmedien wollen wir in diesem Zusammenhang gar nicht reden. Die Verantwortung ist abhanden gekommen, was mit dem Fehlen des an Gott gebundenen Gewissens zusammenhängt.

Thomas Morus hilft uns aus dieser Not heraus, denn er lehrt uns wieder, was es heißt, ein Gewissen zu haben, und was es heißt, der inneren Stimme zu gehorchen. Wenn man sich mit ihm näher beschäftigt, stößt man fortwährend auf die Gewissensfrage. Der Märtyrer hilft uns, ein zerstörtes Gebiet neu aufzuarbeiten; wir müssen der Christenheit das Gewissen zurückerobern, sonst tritt keine Heilung ein. Thomas Morus hat uns den Gehorsam gegenüber dem Gewissen vorgelebt. Sein Dasein ist die denkbar stärkste Gewissensstärkung. Ja, es ist wirklich eine Gnade, einem Heiligen zu begegnen.

Damit ist unsere Meditation unter dem Blutgerüst des Thomas

Morus noch nicht beendet. Immer wieder forderte er in seinen Briefen seine Angehörigen auf: «Betet für mich, so wie ich für Euch alle bete.»²³ Das war keine bloß gedankenlose Floskel, zu der leider viele religiöse Worte geworden sind. Thomas Morus überlegte sich, wofür er betete; zum Beispiel betete er nicht um seine Befreiung aus dem Kerker, und das will doch etwas heißen. Er war ein Mann des Gebetes und gehörte zu den täglichen Fürbittern. Er glaubte an die Kraft des Gebetes, weil er wußte, daß der betende Mensch sich mit Gott verbindet. Das Gebet gehört zu den tiefsten Geheimnissen eines Christen und bleibt dem rationalistischen Menschen unerklärlich. Füreinander betende Christen gehören jener Gemeinschaft an, von der es heißt: «Wo zwei oder drei in meinem Namen versammelt sind, da bin ich mitten unter ihnen.»²⁴ Das Gebet ist nötiger als je, weil wir in eine Stunde der Geschichte eingetreten sind, da die Lichter langsam erlöschen und alles im Dunkel unterzugehen droht. Wir haben gegenwärtig nur mehr noch das Gebet; alles andere scheint uns genommen zu sein. Aber das Gebet ist uns geblieben, mit ihm allein können wir die Geistesschlacht bestehen. Thomas Morus lehrt uns die Macht des Gebetes in der Geschichte. Durch das Gebet sind wir auch mit ihm verbunden.

Außer den Gedanken über das Gewissen und das Gebet lehrt uns Thomas Morus noch ein Wort, das uns zu denken geben muß. Er sagte seinen sich sorgenden Angehörigen immer wieder, sie sollten sein Schicksal nicht zu tragisch nehmen; denn sie würden einander im Himmel wieder begegnen und dort ewig miteinander fröhlich sein. Er sprach diese Tröstung öfters aus; selbst nach seiner Verurteilung sagte er zu den Richtern: «Ich werde darum recht von Herzen beten, daß wir, obwohl ihr, meine Lords, jetzt hier auf Erden meine Richter seid und mich verurteilt, dennoch später im Himmel einander alle fröhlich begegnen werden, zu unserer ewigen Erlösung.»²⁵ Darin ist das Mysterium angedeutet, das ihm die Kraft gegeben hat, ohne zu zittern, den Todesschrecken ruhig und gefaßt entgegenzublicken. Keine Angst vor dem ewigen Gericht verstörte ihn, und an die Stelle der Höllenfurcht war bei ihm die Himmelssehnsucht getreten. Thomas Morus besaß eine ungemein lebendige Jenseitsgewißheit; ihm war der Himmel eine Realität, wo wir alle miteinander fröhlich sein werden. Er hoffte auf die ewige Seligkeit, «wo keine Briefe mehr geschrieben zu werden brauchen, wo keine Mauern uns mehr trennen, wo kein Gefängniswärter unsere Gespräche belauscht»[26]. Sein Glaube an das jenseitige Leben kannte nicht das geringste Wanken. Ihm schien es sogar realer zu sein als der düstere Kerker, in dem er saß.

Die Gewißheit des ewigen Lebens ist uns abhanden gekommen; die moderne Skepsis untergrub sie, wir zucken zweifelnd die Achseln und sagen blöde: «Es ist noch keiner zurückgekommen.» Wegen dieses Unglaubens stehen wir da als Menschen ohne Boden unter den Füßen und sind nicht imstande, die Trauer der Vergänglichkeit alles Lebens innerlich zu bewältigen. Um uns zu verewigen, wollen wir uns selbst ein Denkmal setzen; eine lächerliche Bemühung, die doch stets im Strom der Lethe untergeht. Die Unsterblichkeitsfrage ist viel ernster; Dostojewskij hat darüber das Nötige gesagt: «Ohne eine höhere Idee kann weder ein Mensch noch eine Nation in der Welt bestehen. Auf Erden jedoch gibt es nur eine höhere Idee, und die ist: die Idee der Unsterblichkeit der Menschenseele, denn die übrigen höheren Lebensideen haben alle ihren Ursprung nur in dieser einen Idee.»[27] Christus hat sich unzweideutig zum ewigen Leben bekannt, und wenn wir diesen Glauben preisgeben, verlieren wir die religiöse Orientierung im Leben. Christentum ist nicht Umstrukturierung der Kirche, ist nicht Informationsbedürfnis, ist nicht Theologie der Revolution, wie alle diese augenblicklichen Slogans heißen, sondern ist schlichter, unangekränkelter Glaube an das ewige Leben, paulinisch ausgedrückt: «Es wird gesäet verweslich, und wird auferstehen unverweslich.»[28] Damit ist unsere

Begegnung mit dem Heiligen zu einer überaus existentiellen Angelegenheit geworden. Entweder gewinnen wir das Ewigkeitsbewußtsein zurück und leben aus seiner Kraft, oder wir werden hinweggefegt wie Spreu vom Winde. Hier liegt eine der großen Entscheidungen der Gegenwart, eine Wahrheit, für die Thomas Morus in den Tod gegangen ist.

Diese feste Überzeugung half Thomas Morus, standhaft zu sein. Er wußte, daß Standhaftigkeit eine Gnade ist, um die er stets beten mußte, damit Gott ihm die Gesinnung, die er ihm geschenkt hatte, bis an sein Lebensende erhalten möge. Der Heilige ist der standhafte Mensch; er wankt nicht und denkt nicht heute so und morgen anders. Thomas Morus war gegründet, war verwurzelt, und auf ihn konnte man sich unbedingt verlassen. Keine Drohung erschreckte ihn, noch gab sie ihm den Gedanken an eine Übergabe ein. Wie ein Felsenmann stand er da, an dem alle Brandung sich brach.

Wiederum sind wir Menschen gewöhnlich das Gegenteil davon. Zu jener Zeit gaben die Bischöfe, die Geistlichen, fast alle Mönche nach, mit Ausnahme des ebenso gelehrten wie frommen Bischofs John Fisher. Die ganze englische Kirche und das gesamte Parlament kapitulierten schmählich vor dem in Königskleidern gehüllten Diktator. Niemand wagte es, dem von der Hybris erfüllten Herrscher zu widersprechen, sondern alle beeilten sich, den Anschluß nicht zu verpassen. Wir stehen einer ähnlichen Situation gegenüber. Wer bringt die Zivilcourage auf, dem alles auflösenden Zeitgeist ein unerbittliches Nein entgegenzuschleudern? Wer hat den Mut, heute unzeitgemäß zu sein und zu sagen: diesen modischen Trend mache ich nicht mit? Niederdrückend in unserer Zeit ist die Tatsache, daß viele vor dem Zeitgeist die Waffen strecken und umfallen wie Zinnsoldaten. Wir bedürfen wieder eines neuen Haltes, einer Standhaftigkeit, die sich nicht von selbst versteht und auch nicht eine bloße Sache der Veranlagung ist, sondern die einzig einem im Glauben gegründeten Menschen von Gott geschenkt wird. Standhaftigkeit und Widerstandskraft zählen zu den vordringlichsten Haltungen, die der heutige Mensch nötig hat.

Ich schließe meine Ausführungen mit einer Begebenheit aus Thomas Morus' Leben, die für die Begegnung mit dem Heiligen von großer Bedeutung ist. Diese betrifft die letzte Zusammenkunft mit seiner Tochter Margarete. Der Heilige hatte eine tiefe Beziehung zu seiner Tochter, die ihm äußerlich und innerlich ähnlich war. Vater und Tochter liebten sich mit einer seltenen Zärtlichkeit. Das innige Vater-Tochter-Verhältnis mutet uns im Zeitalter des Generationenkonfliktes, da die Kinder oft die unflätigsten Worte den Eltern ins Gesicht schleudern, wie ein Märchen aus Tausendundeiner Nacht an. Aber es war kein Märchen, es war eine gottgeschenkte Wirklichkeit. Als Thomas Morus nach der Verurteilung von einigen Kriegsknechten eskortiert aus dem Gerichtssaal in das Gefängnis zurückgeführt wurde, wartete am Wege Margarete auf ihn. Von einem wilden Schmerz gepackt und ohne an sich selbst zu denken, schob sie die mit Hellebarden bewaffneten Männer kurzerhand auf die Seite, warf sich vor ihrem Vater auf die Knie und bat ihn um seinen letzten, väterlichen Segen. Dann stürzte sie sich ungestüm in die Arme des Verurteilten, schrie verzweifelt «o mein Vater, o mein Vater», küßte ihn stürmisch und klammerte sich fest an ihn, während er zu ihr voller Sanftmut sagte: «Habe Geduld, Margarete, und beunruhige dich nicht. Es ist Gottes Wille. Seit langem hast du die Geheimnisse meines Herzens gekannt.» [29] Die Soldaten waren zu verdutzt, um sofort einzugreifen; erst nach einiger Zeit erholten sie sich von ihrer Überraschung, trennten dann den Vater von der Tochter und führten den Gefangenen in den Kerker ab, während die dabeistehenden Menschen über das erschütternde Schauspiel in Tränen ausbrachen. In seiner Zelle schrieb Thomas Morus den letzten Brief seines Lebens an seine Tochter, der unter anderen die Worte enthält: «Ich habe Deine Liebe zu mir nie so geschätzt wie damals, als Du mich das letzte Mal küßtest. Ich freute mich so sehr, daß Du Dich nicht um die Konventionen der Welt kümmerst.»[30]

Das Geschehen soll uns eine Anweisung sein, denn auch wir müssen uns Thomas Morus zu Füßen werfen und ihn im Geiste um seinen Segen bitten, wenn unsere Begegnung mit ihm für uns zu einer großen Gnade werden soll. Wir bedürfen des Segens, wenn unser Gewissen wieder in Ordnung kommen, unser Glaube an das ewige Leben wieder eine tragende Kraft werden soll, und wenn wir in den bevorstehenden Kämpfen innerlich fest bleiben wollen. Leise sprechen wir die Worte des Dichters Bernanos: «Jedes schön verbrachte Leben, o Herr, legt Zeugnis ab für Dich, aber das Zeugnis der Heiligen ist wie mit glühenden Zangen aus lebendigem Leib herausgerissen.»[31]

Drei brennende Kerzen der Ostkirche

Die alten Heiligenviten

«Zu wenig Sonne – das ist die Erklärung der russischen Geschichte»[1], schrieb Wassilij Rosanow in den «Verwehten Blättern». Wer «Geschichte im Symbol» zu erfassen versucht, wird der Deutung im Hinblick auf die grausame Tatarenherrschaft, den absolutistischen Zarismus und den gottlosen Bolschewismus zustimmen. Immer verhüllten finstere Wolken dem russischen Volk den freien Ausblick zum Himmel, und allezeit senkte sich die «Nacht über Rußland». «Zu wenig Sonne», die Klage hat vor allem in geistiger Hinsicht ihre Berechtigung, war doch dem russischen Volk im Laufe der Geschichte eine Unsumme von Leiden beschieden, und oft schien es, als ob Leiden und nichts als Leiden der Sinn seines Daseins sei. Man denke nur an das Dichterwort: «Das wichtigste, das ursprünglichste geistige Bedürfnis des russischen Volkes ist das Bedürfnis zu leiden, ewig und unersättlich, überall und in allem. Wie ein leidtragender Strom zieht es durch seine ganze Geschichte, und zwar nicht nur in Gestalt äußeren Unglücks und verschiedener Heimsuchungen, vielmehr entspringt seine Quelle unmittelbar dem Herzen des Volkes. Sogar im Glück des Russen, sowohl des einzelnen wie des ganzen Volkes, ist unbedingt ein Teil Schmerz enthalten, andernfalls ist für ihn das Glück nicht vollständig.»[2] Auf die Frage, wie lange die Leidenszeit wohl noch dauern werde, antwortete schon der Protopope Awwakum: «Bis zum Tode ist uns auferlegt zu leiden, um unseres Heilandes Jesu Christi willen.»[3]
Die Antwort des heldenhaften Märtyrers der Altgläubigen deutet an, an welcher Stelle die Sonne durch das verhängte Gewölk

hindurchgebrochen ist. Einzig in dem von Byzanz übernommenen Evangelium flutete helles Sonnenlicht über das weite Land, und seine Strahlen vermochten die Menschen zu erwärmen. Die Frohe Botschaft lichtete die schweren Schatten, die auf den russischen Menschen lasteten, und gab ihnen die Kraft, alle Schrecknisse des Lebens zu ertragen. Die Russen selbst hatten für das Gottesgeschenk des Evangeliums eine lebhafte Empfindung; ein Zeugnis aus der älteren Zeit gibt dieser Freude beredten Ausdruck: «Siehe die Stadt an, die in Erhabenheit leuchtet; siehe die Kirchen an, die aufblühen; siehe das Christentum an, das wächst, siehe die ganze Stadt an, die, von den Ikonen der Heiligen erleuchtet, glänzt, die vom Weihrauch umhüllt ist, die vom Klang der Lobpreisungen und göttlichen Lieder erfüllt ist...»[4]

Auch in Rußland erblühte das Evangelium am lichtvollsten in den Heiligengestalten, und ihre Leuchtkraft erstrahlte über die ganze Welt. Trotz der bedauerlichen Trennung zwischen Byzanz und Rom im Jahre 1054 bestand zwischen der abendländischen und der russischen Kirche noch jahrhundertelang Kirchengemeinschaft, wenn auch die Kontakte nicht eng waren. Manche russischen Heiligen werden auch heute noch in der westlichen Kirche verehrt. Sie sind nicht nur eindrucksvolle Zeugen der ungeteilten Christenheit, sondern weisen zugleich auf den einzigen Weg hin, der zur Überwindung der Trennung führt: die Heiligkeit. Die ältesten Heiligen waren nach der ungebräuchlichen Formulierung einer frühen Chronik «die ersten großen Kerzen, entzündet im Namen der russischen Erde vor dem Bildnis des Welt-Erlösers»[5]. Während wir mit aller Gelehrsamkeit keine abschließende, allseitig befriedigende Definition des Heiligen zustande bringen, finden wir in diesen altertümlichen Worten die wahre Funktion des Heiligen überaus treffend umschrieben: Kerzen sind sie, die uns voranleuchten und unser Dunkel erhellen. In ihrem Licht sieht man das ewige Licht, ihre Flamme flackerte nicht unruhig und gab keinen rußigen Schein, sie brannte still und froh zum Himmel, ein ewiges Symbol darstellend. Die unverwandt nach oben brennenden Kerzen realisierten mit ihrem Feuer den Typus des russischen Heiligen, der dem einfachen Volk das Kennen Christi mit dem Herzen beigebracht hat. Der russische Heilige ist im Westen viel zuwenig bekannt. An dem Unbekanntsein ist unter anderem auch der Umstand schuld, den ein Kenner der russischen Geistesgeschichte erklärt hat: «Die große geistige Erfahrung der russischen Heiligen hat so gut wie gar keinen Ausdruck in Wort und Gedanken gefunden, hat sich so gut wie nirgends in einem Werk niedergeschlagen. Hierin liegt ein tiefer Unterschied zwischen der russischen und der katholischen Welt, die reich ist an literarischen Werken ihrer großen Heiligen und Mystiker. Wenn sich der russische Mensch von der Welt abwandte, um den schweren Weg des Heils zu gehen, so konnte er schon nicht mehr schreiben, konnte kein Werk schaffen, in dem sich seine geistige Erfahrung objektivierte. Er selbst wurde zu einem vollendeten Werk, zu einer Schöpfung der göttlichen Kunst.»[6] Wahrhaftig, das Wesentliche der russischen Heiligen ist in seiner Person beschlossen, die Gestaltung seines Daseins ist das vollendete Werk, das dem Schöpfungsplan Gottes entspricht, ist die fortsetzende Inkarnation des Christentums. Obschon die Heiligen sich nicht selbst über ihre mystischen Erlebnisse verbreiteten und es vorzogen, im verborgenen zu verbleiben, brannten die ersten Kerzen in Andacht und Liebe zum Himmel und gerieten nicht in Vergessenheit. Ihre Schüler waren allzu stark von der Geistesmacht ihrer Persönlichkeit überwältigt und fühlten sich innerlich genötigt, der Nachwelt Kunde von der Verwirklichung des Evangeliums zu geben.

Die Lektüre der altrussischen Heiligenviten ist an eine innere Voraussetzung gebunden. Aller Wahrscheinlichkeit nach hat der heutige Leser zuerst einige Mühe, eine von Augenzeugen geschriebene Lebensbeschreibung richtig in sein Gemüt aufzunehmen, weil sein literarischer Geschmack durch die hochentwickelte Romantechnik der modernen Literatur mit ihren vielseitigen Rückblendungen allzu verwöhnt ist. Die alten Lebensbeschreibungen dagegen wurzeln in einer andern Tiefe des Lebens, die Puschkin im Mönch Pimen in der Tragödie «Boris Godunow» kunstvoll andeutete: Er weiß sich vom Herrn der Welt zum Zeugen seiner Zeit bestellt, der seine namenlose Arbeit beim Schein des Lämpchens verrichtet, damit die Enkel des rechtgläubigen Volkes die Vorzeit ihrer Heimat kennenlernen und für die dunklen Taten zu Christus beten, daß er sie vergebe. Natürlich befriedigen die alten Viten unsere Ansprüche nicht in allen Teilen, wir möchten mehr wissen, Detailszenen, Kernworte, aber offenbar kommt es nicht darauf an. Es ist bei ihnen alles mehr skizziert als ausgeführt, und trotzdem steht hinter den ehrwürdigen Heiligenbiographien eine abgeklärte Lebensweisheit, die nur Menschen niederschreiben konnten, die die Vitalstürme des Blutes und der Leidenschaft hinter sich gebracht und die mit dem Herzen das Wesentliche verstanden haben, auf das es im Leben einzig und allein ankommt. Unangebracht ist es, über die Naivität der alten Aufzeichnungen hochmütig die Nase zu rümpfen. Ihre psychologische Unlebendigkeit wird durch die geistlichen Erfahrungen bei weitem wettgemacht. Man muß die alten Lebensbeschreibungen lesen lernen; es bedarf zu ihrer inneren Aufnahme der Zeit, denn alles hastige Lesen gleitet über die verborgenen Schätze hinweg. Das Gelesene will lange im Herzen erwogen sein, erst dann verspürt man plötzlich die in der alten Vita enthaltene Wärme und Innigkeit. Im Ton großer Verehrung geschrieben, bekennt ihr Verfasser offen: «Ich bin von Liebe zu dem Hochwürdigen ergriffen.» [7] Wie aber könnte man über Heilige anders als liebend schreiben? Kühle Objektivität, kritische Analyse oder gar entlarvende Pathographie verfehlen zum voraus den tieferen Gehalt. Die Verfasser betonen, vom vielen nur weniges aufgezeichnet zu haben, ein Geständnis, das auf das Offene der alten Viten hinweist, die uns einen Blick in jenes verborgene Rußland tun lassen, das an Gott grenzt.

Feodossij aus Kiew

Die russischen Heiligen sind von den Kiewer Höhlenklöstern ausgegangen. Von diesen wissen die modernen Menschen in der Regel wenig, es sei denn, eine Ahnung aus Rilkes «Stundenbuch» sei zu ihnen gedrungen. Des Dichters Gesang ist aber mehr aus einer ästhetischen Bewunderung denn aus einem religiösen Ernst herausgeflossen und entspricht nicht der Realität der asketischen Zuchtstätte. Die der Wirklichkeit entsprechende Auffassung findet sich in der Nestorchronik, die aus dem Anfang des zwölften Jahrhunderts stammt. Nach ihr lebte unter den Priestern der «Kirche der heiligen Apostel» ein trefflicher und gelehrter Mann namens Ilarion, der sich im strengen Fasten übte. Er ging zu einem mit dichtem Wald bewachsenen Hügel am rechten Ufer des Dnjepr, grub dort eine kleine, zwei Klafter große Höhle und betete im Verborgenen zu Gott. Später kam der Mönch Antonij, über den nur wenig überliefert ist, nach Kiew. Antonij «pilgerte von Kloster zu Kloster und fand an ihnen keinen Gefallen, da Gott das nicht wollte; und er begann durch die Schluchten und über die Berge zu wandern und zu suchen, wohin Gott ihn weisen würde. Und er kam auf den Hügel, wo Ilarion die kleine Höhle ausgegraben hatte, und diese Stätte gefiel ihm, und er ließ sich dort nieder. Und unter Tränen begann er zu Gott zu beten und sprach: ‹Herr, befestige mich an dieser Stätte; und auf dieser Stätte möge ruhen der Segen des Heiligen Berges und meines Igumens, der mich geschoren hat.› Und begann dort zu leben, zu Gott betend, trockenes Brot essend, und auch das nur einen Tag um den andern, und Wasser mäßig trinkend und eine Höhle grabend; und gab sich keine Ruhe bei Tag und Nacht, in Mühsalen lebend, wachend und betend. Davon erfuhren fromme Menschen und kamen zu ihm, brachten ihm auch, was ihm not tat. Und er ward als der große Antonij berühmt; und die zu ihm kamen, baten um seinen Segen.»[1] Dies ist der älteste authentische Bericht von den Kiewer Höhlenklöstern. In den schlichten Sätzen zittert die ungewöhnliche Natur ihres Begründers noch nach: Das gottsuchende Pilgertum hat im klösterlichen Leben unter der Erde sein Ziel gefunden! Im Lauf der Zeit kamen Brüder zum großen Antonij und baten ihn, sie aufzunehmen. Er kam ihrer Bitte nach, lebte mit ihnen in einer Höhle, doch gab er ihnen bald einen andern Abt. Er selbst grub sich eine neue Höhle, in der er, ohne je aus ihr herauszugehen, vierzig Jahre lang allein lebte und schließlich auch begraben wurde.

Aus Antonijs Tun leuchtet der Sinn der Kiewer Höhlenklöster eindeutig hervor: Das russische Christentum mußte zuerst im Erdreich Wurzeln schlagen. Lange, lange blieb es unterirdisch verborgen, bis es verankert und fest gegründet war. Nicht vorzeitig wollte es das göttliche Geheimnis ausplaudern; nicht in die Breite begehrte es zu wirken; nicht war es bestrebt, von sich reden zu machen; es liebte die Tiefe und Stille, die Verborgenheit und Gottverbundenheit. Die russischen Heiligen verstanden das Suchen nach Gott als das erhabenste Abenteuer der menschlichen Seele. Ihr überirdischer Heroismus war weder Idee noch Konstruktion. Das Heilige wurde nicht ihrem Christentumsverständnis als Edelreis von außen her aufgepfropft, sondern war mit ihrem Gotteshunger gegeben. Wenn der Psalmist singt, «Die Wahrheit wächst aus der Erde», so sind die russischen Heiligen zuerst im buchstäblichen Sinn aus dem Erdreich hervorgegangen. Ihre Heiligkeit bedeutet zunächst ein intensives Einssein mit der Erde, sie ist ganz mit dem Boden verwachsen. Das erstrebte Ziel war kein luftiges Gebilde, es flatterte nicht im

Wind und ging nicht aus einem die Wirklichkeit überfliegenden Idealismus hervor, im Gegenteil, es war erdverwurzelt, bodenständig, schwerblütig und gerade darum echt, dauerhaft, lebenskräftig. Von tief unten herkommend, blieb die Heiligkeit jedoch nicht der Erde verhaftet, sondern stieg zu den oberen Regionen auf. Das ist eines der ersten Merkmale der ostkirchlichen Heiligen: Von der Erde, und zwar von der russischen Erde aus sind sie dem Himmel entgegengestrebt. Das ist die Zielrichtung, die für alle bestimmend ist. Der Vorgang ist von zeitloser Symbolik: Immer wieder muß das Christentum von Zeit zu Zeit gleichsam im Erdboden untertauchen, um jene Kraft für den ewigen Aufstieg zu sammeln.

Die berühmteste Gestalt unter den Höhlenmönchen ist Feodossij. Die alte Lebensbeschreibung nennt ihn «einen irdischen Engel und einen himmlischen Menschen»[2]. Die paradoxe Bezeichnung erweckt höchste Erwartungen. Offenbar vermochte Feodossij zwei sonst auseinanderfallende Größen, Himmel und Erde, in seiner Person wieder zu verbinden und damit die Wunde zu schließen, die seit Adams Vertreibung aus dem Paradies unheilvoll blutet. Er wurde von Antonij zum Abt bestellt, und hernach hat er das Klosterleben aus dem Katakombendasein ans Tageslicht gehoben, wodurch er zugleich seine tiefste Bestimmung zum Bewußtsein gebracht hat: Das Licht des Himmels und nicht das Dunkel der Erde ist seine wahre Atmosphäre. Sein Leben beschrieb der Verfasser der Nestorchronik, der im Alter von siebzehn Jahren zu ihm kam und von ihm in die Klostergemeinschaft aufgenommen wurde. Nestor sammelte auch Material aus der Umgebung, so daß einer der besten Augenzeugenberichte vorliegt.

Feodossij führte von Jugend an ein nach dem Religiösen ausgerichtetes Leben. Eine bis in die Kindheit zurückreichende Frömmigkeit erweckt zwar beim heutigen Menschen Argwohn; man mißtraut den Berichten über die vom Himmel gefallenen Heiligen. Aber eine prinzipielle Skepsis ist hier unangebracht und greift ins Leere wie die in umgekehrter Richtung sich auswirkende Leichtgläubigkeit. Es gibt Heilige, deren Dasein durch eine plötzliche Bekehrung eine scharfe Wendung nahm, und es gibt wiederum Heilige, die mit einer religiösen Anlage auf die Welt kamen und sie in ihrem Leben immer stärker entfalteten. Warum soll es nicht auch ausgesprochen fromme Kinder geben? Jedenfalls wird diese Eigentümlichkeit auch Feodossij zugesprochen: «Sogar zu den spielenden Kindern ging er nicht, wie es sonst der Jugend Sitte ist, sondern verabscheute ihre Spiele.» [3] Es liegt keine Notwendigkeit vor, dieser Überlieferung zu mißtrauen. Sicher ist es eine tiefsinnige Auffassung, das Leben als ein göttliches Spiel zu empfinden; trotzdem ist nicht jeder Mensch ein Homo ludens. Immer wieder gibt es Naturen, die zum Spiel keine Beziehung haben, und manche Knaben fühlen sich schon früh anders als die übrigen Kinder. Niemals sind alle jungen Menschen gewöhnliche und mittelmäßige Geschöpfe. Die Bemerkung über Feodossijs Absonderung von den Spielgenossen besagt, daß er eine überaus zielgerichtete Natur war, die von frühester Jugend an wußte, was sie wollte. Er war frei von jener wankelmütigen Unentschiedenheit, an der so viele Jugendliche kranken, die heute dieses und morgen jenes wollen und einfach nicht wissen, welchen Weg sie einschlagen sollen. Feodossij zog es mit allen Fasern seines Wesens zu einem streng christlichen Leben, das allein den heroischen Drang seiner Seele nach dem Absoluten befriedigte. Mit aller Kraft strebte er in jungen Jahren den Werken der Mühsal nach, und zur Erwirkung seiner Sehnsucht war ihm auch keine Arbeit zu niedrig.

Doch vollzog sich auch Feodossijs Aufstieg zur Heiligkeit nicht ohne Widerstände und Kämpfe. Die religiösen Neigungen des Jünglings behagten seiner Familie nicht, dieweil sie andere Pläne mit ihm hatte. Vor allem stellte sich ihm seine Mutter entgegen, die mit weiblichem Instinkt in ihrem Sohne die Liebe zum Kloster spürte; natürlich fürchtete sie auch, ihn zu verlieren. Die Mutter war eine energische Frau und von männlicher Körperkraft, wodurch sie den Eindruck eines gewalttätigen Weibes erweckte. Sie suchte mit allen Mitteln Feodossij von seinem Weg abzulenken und sein Vorhaben zu vereiteln. Da die Worte nichts fruchteten, griff sie zur Gewalt. Sie scheute sich nicht, ihren erwachsenen Sohn in «wildem Zorn» zu züchtigen. Er durfte sich gegen die eigene Mutter nicht zur Wehr setzen und mußte alle Schläge über sich ergehen lassen. Der Kampf zwischen ihnen nahm die Form eines erregenden Dramas an, das man nicht kühl und unbeteiligt verfolgen kann. Das Geschehen widerspricht der traditionellen Vorstellung vom Heiligen, der gewöhnlich von frühester Kindheit an allezeit seinen Eltern im Gehorsam untertan ist und deswegen auch an Alter, Weisheit und Gnade bei Gott und den Menschen zunimmt. Ach, dieses erbauliche Modell ist zu schön, um wahr zu sein; es kann durchaus nicht auf Feodossij angewendet werden. Die Heiligkeit ist heiliger als alle öligen Klischees, sie schließt tiefe Abgründe und lichtvolle Höhen in sich; Kämpfe spielen sich ab, in denen es hart auf hart geht. In Feodossijs Auseinandersetzung mit der eigenen Mutter erfüllen sich erneut die Worte des Herrn: «Des Menschen Feinde werden seine eigenen Hausgenossen sein, und wer Vater oder Mutter mehr liebt als mich, ist meiner nicht wert.» Es sind das erschreckend harte Worte, die man nicht hören kann, ohne im Innersten zu erbeben; aber sie erinnern uns an die Wahrheit, daß Heiligkeit nie nur fromme Andächtelei ist. Sie geht dem Menschen unter die Haut, sie ist ein Stachel in ihm und fordert das Letzte von der Seele. Der Aufstieg zur Heiligkeit hat sich für keinen Menschen auf bequemem Weg vollzogen. Dieser Weg mußte immer gegen viele Widerstände inner- und außerhalb der eigenen Person erkämpft werden, und es ereigneten sich dabei oft so schauerliche Vorkommnisse, daß man sie den Kindern im Religionsunterricht nicht erzählen kann, es sei denn, man verharmlose die Heiligen bis zur Unkenntlichkeit. Die Mutter symbolisiert in Feodossijs Leben das Menschliche und Natürliche, das für den Heiligen nie eine unantastbare Gegebenheit ist, sondern von ihm überstiegen wird, auch wenn er sich dabei ins eigene Fleisch schneiden muß.

Feodossij entzog sich schließlich durch Flucht der mütterlichen Gewalt, ging nach Kiew und meldete sich beim Vorsteher des Höhlenklosters. Man nahm ihn auf, und damit begann sein klösterliches Leben. Schon nach wenigen Jahren gab man ihm im Kloster eine führende Stellung, indem er auf Vorschlag Antonijs zum Abt gewählt wurde: «Wer ist unter euch größer als Feodossij? Er ist gehorsam, sanft, demütig; der soll euer Igumen sein.»[4] Feodossij errichtete ein Gebäude über der Erde und zog sich hinfort nur noch kurze Zeit in die Höhle zurück. Das Kloster war aus dem Dunkel ans helle Licht des Tages getreten, und das war mehr als ein symbolischer Vorgang, denn damit wurde es zu der Stadt, die auf dem Berge liegt und nicht verborgen bleiben kann. Zugleich führte Feodossij die Regel des Theodor von Studion ein; damit wurde die Laura von Kiew zum ersten Kloster in Rußland. Die Einführung der Klosterregel ist die große Tat dieses Mannes, die ihn zum Pachomius von Rußland erhob. Die Regel bereitete der Willkür und der Subjektivität des einzelnen Mönches ein Ende. Es durfte nicht mehr jeder so handeln, wie es ihn gerade dünkte und wie es von der königslosen Zeit im Buch der Richter heißt. Das Gesetz ordnete das Zusammenleben und verlieh die notwendige Festigkeit. Jede Regula bedeutet eine Einschränkung der freiheitlichen Willensregung des Menschen, und trotzdem darf die Regel nicht dem Zwang und dem Druck gleichgesetzt werden. Wie das alttestamentliche Gesetz ist auch die klösterliche Regula eine Last und eine Krone zugleich; diese Bürde zu tragen bedeutet immer auch eine Auszeichnung. Die Regula verleiht einem Kloster den Ordo; ohne Ordnung kann der Mensch jedoch nicht leben. Es ist etwas ganz Großes um die

Ordnung im Dasein. Eine groteske Verkennung wäre es, sie der Pedanterie gleichzusetzen. Nicht umsonst schreibt Paulus: «Gott ist nicht ein Gott der Unordnung.» Seitdem die Menschen den Ordo-Gedanken unterminiert und ihn schließlich außer Kraft gesetzt haben, sind sie ins Chaos gestürzt. Die Wellen schlagen über ihnen zusammen. Es gibt auch für die außerhalb des Klosters lebenden Menschen keine Gesundung ohne eine aus der Tiefe hervorgehende Erneuerung der Ordnung. Denken bedeutet ordnen, und ordnen heißt, jedes Ding an den ihm zukommenden Platz stellen, oben muß oben bleiben, und unten ist unten; es darf auch hier keine Falschmünzerei geben. Feodossij erkannte diese zeitlose Wahrheit, gab dem russischen Kloster die Regula und vermittelte ihm damit den notwendigen Halt.

Nach heutigen Begriffen führte Feodossij ein streng asketisches Leben, dessen Schilderung im modernen Menschen einen leisen Schauder auslöst, weil ihm der Sinn für Zucht und Disziplin abhanden gekommen ist. Der Heilige fastete viel; seine Nahrung bestand aus trockenem Brot oder Gemüse, ohne Öl gekocht. Das Fasten geschah bei Feodossij aus rein religiösen Gründen, und was er über das Fasten dachte, lesen wir in der Nestorchronik: «Die Fastenzeit nämlich reinigt des Menschen Sinn. Denn das Fasten ward Adam von Anfang vorgebildet, da er von dem einen Baume nicht essen durfte. Als Mose vierzig Tage gefastet, ward er gewürdigt, das Gesetz auf dem Berge Sinai zu empfangen und Gottes Herrlichkeit zu schauen. Durch Fasten gebar die Mutter den Samuel. Als die Bewohner von Ninive gefastet hatten, wurden sie vom Zorn Gottes befreit. Als Daniel gefastet hatte, wurde er gen Himmel genommen zur Speisung im Paradiese. Als die drei Jünglinge gefastet hatten, löschten sie des Feuers Kraft aus. Auch der Herr fastete vierzig Tage, uns die Fastenzeit weisend. Durch Fasten rotteten die Apostel die teuflische Lehre aus. Durch Fasten offenbarten sich unsere Väter als Leuchten in der

Welt, die auch nach dem Tode glänzen; sie, die große Mühe und Entsagung bewiesen, wie der große Antonius und Euthymios und Sabbas und die anderen Väter, denen wir nacheifern.»[5] Diese Worte deuten den Hintergrund von Feodossijs Enthaltsamkeit an. Der Heilige wollte nichts von gutem Essen und unweisem Trinken wissen, ihm ging es allein um die geistige Spannkraft. Und doch war Feodossij nicht in erster Linie Asket; er trug nur in der Jugend Ketteneisen um seine Lenden. Nie wollte er aus dem Kloster eine Einöde oder Wüste machen. Bei der Leitung des Klosters erwies er sich als ein Vertreter der mäßigen Askese, die er zugleich mit der produktiven Arbeit verband. Smolitsch hat darauf aufmerksam gemacht, daß er «keine Schule der asketischen Weltanschauung geschaffen» habe[6]. Die Askese war ihm nicht Selbstzweck, sondern Mittel zum Zweck: Mit ihrer Hilfe wollte er zur Heiligkeit aufsteigen; sie ist aber niemals die Heiligkeit selbst. Von diesem Mißverständnis war Feodossij frei, und deshalb wirkte er nie starr oder ausdörrend. Ebenso bedeutsam wie die gemäßigte Askese war ihm die Charitas; er verstand das Wort Gottes als tätige Liebe, als Auftrag, ein Helfer der Armen und Kranken, der Witwen und Waisen zu sein. Das Almosengeben wurde durch ihn zu einem Bestandteil der russischen Frömmigkeit.

Feodossij war vor allem vom Ideal der Demut erfüllt, dem er unermüdlich nachstrebte. Schon in seiner Jugend verrichtete er Arbeiten, die sich für seinen Stand nicht schickten, nur aus dem einen Grund, sich zu demütigen. Er liebte die Demut grenzenlos. Sie nahm bei ihm Formen an, die alles Gewohnte überstiegen. Die Selbsterniedrigung, die Jesus bis zum Tod am Kreuze ausgeübt hatte, war sein Vorbild; in der göttlichen Herablassung sah er eines der größten Geheimnisse. Er lehrte seine «Brüder alle Tage, sich in nichts zu überheben, sondern ein demütiger Mönch zu sein und sich geringer als alle zu machen»[7]. Niemand soll die Mönche an Demut übertreffen, ordnete er an und fügte hinzu,

ein jeder solle sich vor dem andern verneigen. Der demütige Mensch, der sein Haupt vor dem Nächsten neigt, der verneigt sich vor dem im andern Menschen wohnenden Gott. Die Demut spielt im russischen Christentum eine zentrale Rolle; sie ist nicht bloß eine angehängte Tugendformel, schal, fade und langweilig, sie reicht bei Feodossij in die innersten Tiefen hinab. Darum läßt sie sich auch nicht mit dem Wort Bescheidenheit ausdrücken. Die Demut ist im Evangelium gefordert; der Herr selbst hat sie vorgelebt, sagte er doch von sich: «Ich bin von Herzen demütig.» Sie auszuüben fällt dem Menschen nie leicht, da sie immer eine Zerbrechung des Stolzes und des Eigenwillens voraussetzt. Der Weg der Demut führt ins Unbekannte, er ist der schwerste Pfad und kann vom Menschen nur in innerem Kampf errungen werden. Die Demut allein bewahrt den Menschen vor den Minderwertigkeitsgefühlen, die in der Neuzeit so viele Leute quälen, eine Erscheinung, die mit der Abwertung der Demut im Zusammenhang steht. Der Demütige ist von den bedrückenden Minderwertigkeitskomplexen frei, weil er sich selbst freiwillig an den letzten Platz stellt. Die Heiligen sprachen vom «Abgrund der Demut», in den der Mensch hinabsteigen muß. Was Feodossij über die Haltung der Demut ausführte, das hat in Rußland nachgewirkt, und zwar bis in die moderne Literatur hinein. Noch bei Dostojewskij stehen die Worte: «Vor gar manchen Gedanken bleibt man im Zweifel befangen stehen, besonders wenn man die Sünden der Menschen sieht, und man fragt sich: Soll man es mit Gewalt anfassen oder mit demütiger Liebe? Entscheide dich immer für demütige Liebe. Wenn du dich ein für allemal dazu entschlossen hast, so wirst du die ganze Welt bezwingen. Die demütige Liebe ist eine furchtbare Kraft; sie ist die allergrößte Kraft, und ihresgleichen gibt es nicht.»[8]
Die Demut verlieh Feodossijs Antlitz den unnachahmlichen Glanz; er lehrte seine Mönche unter Tränen, nie brauste er auf, nie war er heftig oder zornig, im Gegenteil, er begegnete ihnen

mit Milde und Sanftmut. Nie machte er den Menschen Vorwürfe, er wartete in Geduld, bis sich bei ihnen selbst die Einsicht meldete. Milde wie er war, vermochte er gegenüber seinen Mönchen nie hart oder gar grausam zu werden. Mehrfach wird seine große Sanftmut hervorgehoben, die mit schwächlicher Einstellung nichts gemein hat. Bei offensichtlichen Ungerechtigkeiten legte er eine unerwartete Strenge an den Tag und vertrat Unschuldige vor dem Richter. Als zwei Fürsten ihren alten Bruder aus Kiew vertrieben hatten, widersetzte Feodossij sich ihnen in unbeirrbarer Festigkeit. Er weigerte sich, den Siegern einen Besuch zu machen, da er nicht gewillt war, «an den Tisch der Isebel zu kommen», der mit Blut und Mord befleckt war. Wahrscheinlich kann nur ein vor Gott sich demütigender und innerlich sanftmütiger Mensch eine solche Festigkeit gegenüber Fürstlichkeiten an den Tag legen. Der Demut verdankte er auch die immerwährende Fröhlichkeit, die mehrfach in der Vita hervorgehoben ist. Feodossij hatte nichts Finsteres und Unheimliches an sich, er war von einer inneren Heiterkeit erfüllt. Nicht nur in Mozarts beschwingter Musik klingt ein innerer Frohmut auf, in der Heiligkeit blüht eine noch tiefer begründete Heiterkeit. Demut und Heiterkeit vereint, geben Feodossij die große Ausstrahlungskraft. Die Menschen fürchteten ihn nicht, sie fühlten sich im Gegenteil von ihm angezogen, erspürten seine innere Helligkeit, da er von den dunklen Höhlenklöstern hinauf ins helle Tageslicht getreten war.

Bei aller Beschwingtheit blieben Feodossij die inneren Kämpfe nicht erspart. Zwar berichtet Nestor nicht von fleischlichen Versuchungen. Ob der Chronist sie nur taktvoll verschwieg – die gesamte russische Hagiographie enthält keine derartigen Berichte – oder ob sie ihm tatsächlich fremd blieben, kann nicht gesagt werden. Feodossij hatte mit bösen Geistern zu kämpfen, die ihm und seinen Mönchen viel zu schaffen machten. Die Geschichte wird nicht von Ideen bewegt, wie eine vordergründige Auffassung meint, weil ihr der Blick in die Tiefe fehlt. Die Ideen sind nur Staubwolken, die die Menschen auf ihrem Marsch durchs Leben aufwirbeln. In Wirklichkeit sind es Mächte und Gewalten, mit denen es der Christ zu tun bekommt und die ihm arg zusetzen. Die Teufel verursachten im Kloster oft einen Höllenlärm, trieben Unfug und teilten sogar Schläge aus. Feodossij wich nicht zurück, mutig nahm er den Kampf mit ihnen auf und vertrieb sie schließlich vom Ort. Eine Schlacht mit den unsichtbaren Mächten kann unmöglich aus bloß psychologischen Kriterien gedeutet werden. Das Leben des Feodossij spielte sich vorwiegend auf der metaphysischen Ebene ab.

Der Gegenpol zu den dramatischen, und nicht bloß symbolisch zu verstehenden Teufelskämpfen bildeten Feodossijs ungewöhnliche Lichterscheinungen. Der Heilige stand nicht im Banne des Teufels, er war ein Sohn des Lichts. Die Heiligkeit ist von der oberen Welt beschienen, und allezeit geht es in ihr um Licht und nur um Licht. Mehrfach sah man über dem ganzen Kloster ein Licht leuchten. Diese übernatürliche Erscheinung wurde von vielen und nicht nur von einem Menschen wahrgenommen. Feodossij war vom Licht erleuchtet und als eine lichtvolle Gestalt gleich einem «himmlischen Stern sichtbar in der Welt». Bei ihm hatte niemand seufzen müssen: «zu wenig Sonne», dieweil die Gottessonne gar hell und außerordentlich in das Leben des Heiligen hineinschien.

Der Kampf zwischen Licht und Finsternis prägte Feodossijs Wesen. Als durch und durch religiöse Gestalt war er erfüllt von unbedingtem Vertrauen zu dem Allmächtigen: Gott alles geben und von Gott alles erwarten. Die Charakterisierung eines Menschen im guten Sinn hebt gewöhnlich seinen Familiensinn und seine Arbeitsamkeit hervor; die alte Vita findet eine ganz andere Bezeichnung, indem sie mehrfach vom «gottbegeisterten Feodossij» spricht[9]. Das ist eine ungebräuchliche, aber nichtsdestoweniger eine der schönsten Aussagen, die man über einen Menschen machen kann. Man findet sie zwar nicht in den Nekrologen, noch weniger in den Nachrufen, die man in den Zeitungen zu lesen bekommt. Was heißt denn gottbegeistert? Die Menschen sind für vieles begeistert, meistens ist es ein kurzes Strohfeuer, das bald wieder erlischt. Aber für Gott begeistert sein? Gerade davon haben die Menschen in der Regel keine Ahnung. Sie wissen gewöhnlich nicht, was ein gottbegeisterter Mann ist, ach, was wissen sie überhaupt vom Innern eines Menschen! Sie leben aneinander vorbei, und oft haben nicht einmal die Eltern eine Ahnung von der Seele ihrer heranwachsenden Kinder. Auch vermögen sie nur abgegriffene Worte zur Charakterisierung der Verstorbenen zu verwenden. Gottbegeisterung ähnelt der Verzückung, sie setzt den Menschen vor Seligkeit beinahe außer sich. «Halte fest deine Begeisterung, wie sinnlos sie den Menschen auch erscheint», schrieb ein russischer Denker, und tatsächlich ist sie ein großes Geschenk Gottes, das nicht vielen und nur den Auserwählten verliehen wird. Feodossij war der Begeisterung fähig, er war von der Freude des Geistes durchdrungen, und die Momente der Gottesbegeisterung sind die Höhepunkte in seinem Leben. Der Heilige glaubte nicht nur an Gott – das tun nach dem Neuen Testament die Teufel auch und zittern dabei! –, die Gottesbeziehung war für ihn kein lahmherziges Gewohnheitsverhältnis, das er von seinen Lehrern gutgläubig übernommen und, weil es nicht selbst erlebt war, mühsam weitergeschleppt hat. Dies alles hat herzlich wenig Wert und spendet keine Kraft. Nein, Feodossij war von Gott begeistert, ein wahrer Enthusiasmus lebte in ihm und durchglühte ihn, er sprang mit Gott über Mauern, weil er erfüllt war von der verzehrenden Liebe zu Gott. Die Gottbegeisterung ist das Geheimnis des Feodossij, von ihr ging das Beschwingte seines Wesens aus; ohne sie gibt es keinen Aufstieg zur Heiligkeit. Sie veranlaßte ihn zur unablässigen Nachbildung von Christus und ließ ihn nie kleinmütig fragen: Was ist möglich, und was ist nicht möglich? Er gehörte zu den Menschen, die ausschließlich um das Ewige kreisen, denen alles bloß Irdische zu rasch entschwand und den Gotteshunger ihrer Seelen nicht stillte. Nur das Göttliche zählte für ihn, das Göttliche hatte ihn überfallen. Alles andere kam nicht gegen das Ewige auf, das ihn in Atem hielt, das seine Seele umbrandete und seine Sehnsucht aufstachelte. Gott war seine Leidenschaft, ein gewaltiger Gottesbrand verzehrte ihn, stets hatte er Gott vor Augen: «Bruder, verzweifle niemals, sondern bleibe stark im Glauben, wirf all deinen Kummer auf Gott, denn er wird für uns sorgen, wie er will. Und gib heute dem Bruder eine gute Bewirtung, denn Gott hat uns besucht.» [10]

Feodossij gehört zu den ersten Heiligen Rußlands, von denen man sich eine anschauliche Vorstellung machen kann. Er ist der Vater der «Christus-Ähnlichen», wie man im alten Rußland die Heiligen auch nannte, eine wunderbare Bestimmung, der gegenüber alles andere klein und stümperhaft wirkt. Ein Christus-Ähnlicher zu sein sagt eine gar hohe Eigenschaft aus, schließt Weg und Ziel des Lebens in sich; um dieser Bestimmung willen lohnt es sich zu leben. Obwohl nach dem Väterbuch «das letzte Geschlecht schwach sein wird» [11], erhob sich der christusähnliche Feodossij weit über die allgemein verbreitete Schwäche. Einem «Leuchtturm in der Nacht» gleich, ragte er aus dem Meer seiner Zeit heraus; an ihm haben sich viele, in innerer Not ratlos gewordene Menschen orientiert. Es ist eine der primären Bedeutungen der Heiligen, daß sie den Menschen als Wegweiser dienen; achtet man ihrer aber nicht mehr, dann irren die Menschen zu leicht vom rechten Pfade ab. Die erste große Kerze, entzündet im Namen der russischen Völker vor dem Bildnis des Welt-Erlösers, hat gebrannt, sie hat wahrhaftig gebrannt, und ihr erhellendes Licht ist gar vielen Menschen zugute gekommen. Das goldene Kiew blieb bis zur Bolschewistenzeit eine Stadt der religiösen Menschen; immer wieder war Feodossijs unsichtbare Gegenwart zu spüren.

Sergius von Radonesch

Es dauerte einige Zeit, bis eine zweite Gestalt von ebenbürtiger Leuchtkraft auftrat. Es war dies Sergius von Radonesch, einer der verehrungswürdigsten Heiligen des moskowitischen Rußland, durchaus vergleichbar den großen Mönchsvätern des Westens. Sergius gehört noch ganz dem heiligen und nicht dem bloß rechtgläubigen Rußland an; eine Unterscheidung Kologriwows, die vieles für sich hat. Über Sergius hat sich eine alte Lebensbeschreibung erhalten, verfaßt von seinem Schüler Epiphanij, der selbst mit dem Heiligen anderthalb Jahrzehnte im Kloster gelebt hat. «Was die Altväter mir berichtet, und was ich mit eigenen Augen gesehen und aus seinem eigenen Munde gehört, und was mir sein Zellendiener berichtet hat, der lange Zeit den Heiligen betreut und ihm Wasser auf die Hände gegossen hat»[1], schrieb Epiphanij auf. Er hat damit selbst den Augenzeugenbericht in starkem Maße betont. Zwar hat man schon behauptet, er sei außerstande gewesen, das innere Leben des Sergius erschöpfend darzustellen. Wahrscheinlich wird er nicht die ganze Geistesfülle des Heiligen eingefangen haben, aber wer besitzt hierzu die nötigen Fähigkeiten? Man müßte selbst ein Heiliger sein, um davon mehr als eine Ahnung zu vermitteln, selbst dann noch bliebe man mit allen Worten weit hinter der Wirklichkeit zurück. Doch scheint durch Epiphanijs äußere Beschreibung das innere Bildnis Sergius' hindurch; jedenfalls vermochte er beim Leser den Eindruck von «etwas Merkwürdigem, Furchtbarem und Unverständlichem» zu erwecken, das sich im Leben des Heiligen abgespielt hatte. Damit hat er eine Aufmerksamkeit wachgerufen, die nicht mehr gleichgültig über die alten Worte hinweggleiten konnte.

Von Sergius wird ein vorgeburtliches Ereignis berichtet. Als die Mutter gesegneten Leibes in der Kirche weilte, begann das Kind plötzlich im Mutterleibe zu schreien, und zwar so laut, daß der Schrei durch den ganzen Raum hallte und auch von andern Leuten gehört wurde. Es ist uneinsichtig zu fragen, ob dies möglich sei oder nicht, weil sich in solcher Frage lediglich ein müßiger Zweifel äußert. Vielmehr geht es darum, die Urtöne und ihre Bedeutung zu verstehen. Im Schrei bekundet sich das, was im gewöhnlichen Wort nicht mehr ausgesprochen werden kann. In ihm kommt zum Ausdruck, was über die Sprache des Menschen hinausgeht. Wenn ein urtümlicher Schrei ertönt, ist stets ein Unfaßliches nahe. Schrecken erfaßte denn auch die Menschen in der Kirche, und voller Bangigkeit fragten sie: «Was wird das für ein Kind werden?»[2] Keine Mutter weiß, was aus ihrem Kindlein wird, ob es der Welt zum Segen oder zum Fluch gereicht. Doch weist ein vorgeburtliches Zeichen – es kommt selten in der Religionsgeschichte vor – immer auf ein ungewöhnliches Geschehen hin, das mit diesem Kinde verbunden sein wird, auf ein Geheimnis, das der Offenbarung wartet. Im Urschrei des Kindes meldet sich das Außerordentliche des Sergius an, das, was weit über das Mittelmaß hinausging, das Große und Größte, wie es sich auch im Christentum nur ausnahmsweise ereignet.

Zunächst war freilich Sergius alles andere als ein Wunderkind. Er verfügte über keine frühen Talente, niemand sah etwas Bemerkenswertes an ihm; im Gegenteil, er lernte äußerst schwer lesen und schreiben; es war etwas Dumpfes in ihm. Es schien dem Kinde an Begabung zu fehlen. Sergius war kein aufgeweckter Junge, frisch und lachend, und niemand kam in seinen ersten Lebensjahren auf den Gedanken, 'es mit einem ungewöhnlichen Phänomen zu tun zu haben. Es war, als ob der Schrei umsonst ertönt wäre. Beinahe tierhaft lebte der Knabe dahin, bis ihm eines Tages ein Greis begegnete, der mit ihm ein Gespräch begann. Von diesem Moment an überwand Sergius seine Verschlafenheit, er las und schrieb nun mühelos. Es war ein urplötzliches Erwachen. Sein Biograph erklärte sich das merkwürdige Ereignis damit, «daß er die Weisheit nicht von Menschen, sondern durch Gott empfangen sollte»[3]. Tatsächlich kann aus der dumpfsten Benommenheit die hellsichtigste Wachheit hervorgehen, wenn es Gott gefällt. Allezeit kommt es allein darauf an, daß der Allmächtige seine Hand auf einen Menschen legt. Das vorgeburtliche Ereignis und auch das plötzliche Erlernen des Lesens umreißen die geheimnisvolle Atmosphäre des heranwachsenden Sergius, die über das dem Verstand Zugängliche weit hinausgeht. Schon im jungen Sergius war ein Neues aufgebrochen, ein Himmelswind wehte um ihn und weckte schon früh das Verlangen nach einem christlichen Leben.

Nachdem Sergius die Einwilligung der Eltern zum mönchischen Leben erhalten hatte, meldete er sich jedoch nicht an einer Klosterpforte. Er wollte Einsiedler werden. Er war einer der Ersten, die in Rußland den Weg des Anachoreten beschritten. Zusammen mit seinem Bruder machte er sich auf, um in den dichten Urwäldern verborgen zu leben. In einem schwer zugänglichen Waldesdickicht ließen sich die beiden Brüder nieder; kein Wanderer und kein Besucher mochte sie dort finden. Der Bruder freilich hielt es nicht lange bei ihm aus; bedrückt von der Einsamkeit, trennte er sich von ihm. Sergius blieb im Walde zurück und nahm das völlige Alleinsein auf sich. Es wurden schon die traumhafte Stille der grünen Wälder hervorgehoben, das anmutige Vogelgezwitscher und die gleich Säulen eines göttlichen Tempels dastehenden mächtigen Bäume. Diese romantischen Vorstellungen aber entsprechen nicht der Realität von Sergius' Eremitendasein. Die alte Vita schildert das Einsiedlerleben im Dickicht der schweigenden Urwälder Rußlands in anderen, der Wirklichkeit viel näher kommenden Farben. Es war ein Ort des

Schreckens, es war «das kummervolle Leben, das harte Leben, überall Enge, überall Mangel, ohne Nahrung, ohne Trank und alles übrige, was für das Leben nötig ist; niemand kam und trug etwas herbei; denn in der Umgebung dieser Einöde gab es damals weder Dörfer noch Höfe, noch Menschen, die in solchen leben; von keiner Seite her führte ein menschlicher Weg; niemand ging vorbei und suchte diesen Ort auf, sondern in der Umgebung war auf allen Seiten nur Wald, nur Einöde» [4]. Die erste Lebensbeschreibung des Heiligen hebt mit Recht die grenzenlose Verlassenheit und unsägliche Dürftigkeit von Sergius' Lebensweise hervor: «In den langen Jahren seiner völligen Vereinsamung, in denen er keinem menschlichen Antlitz begegnete, litt seine starke und heilige Seele sehr.» [5] Sergius hat jedoch nicht umsonst gelitten, denn das stellvertretende Leiden seines Einsiedlerlebens trug Früchte. Die unendlichen Ebenen und Wälder hatten das Schwermütige bewirkt, das von der russischen Landschaft ausgeht. Diese überwältigte den Menschen, sie drohte ihn förmlich zu verschlingen. Der Mensch ertrank im ungeheuren Raum, er kam sich wie ein Stäubchen im Universum vor. Die Unermeßlichkeit bedrückte ihn viel stärker, als daß sie sein Gemüt geweitet hätte. Der Mensch mußte zuerst diese Landschaft geistig erobern, um darin existieren zu können und nicht von ihrem unfaßlichen Ausmaß aufgesaugt zu werden. Diese Tat vollbrachte Sergius mit seinem Gebet in der Einsamkeit. Er hatte die Landschaft sozusagen seelisch in sich aufgenommen, hat sie geistig bezwungen und sich ihr nicht angepaßt. Sergius hatte sich die russische Thebäis untertan gemacht, hatte sie in einer heiligen Schule bewältigt, und erst dann war sie auch für die andern Menschen bewohnbar geworden.

Aus den in tiefer Waldeinsamkeit verbrachten Lebensjahren berichtet die Vita noch eine beachtenswerte Begebenheit: Wilde Tiere kamen zu seiner Behausung, ganze Rudel heulender Wölfe und auch große Bären. Für Sergius ergab sich daraus zunächst eine ungemütliche Situation, da auch er sich «ein wenig vor ihnen fürchtete»[6]. Die kleine Bemerkung erhöht die Glaubwürdigkeit der alten Lebensbeschreibung, die den Heiligen nicht blindlings heroisiert, als wäre er über alles Menschliche erhaben gewesen. Das Angstgefühl in solchen Situationen war doch naheliegend, und unnatürlich wäre es, hätte sich Sergius angesichts der wilden Tiere nicht gefürchtet. Die Bestien näherten sich ihm, umringten und beschnupperten ihn und entfernten sich schließlich wieder, «ohne ihm ein Leid angetan zu haben». Mit der Zeit entwickelte sich beinahe ein Vertrauensverhältnis zwischen Sergius und einem Bären, der regelmäßig kam und dem der Heilige von seiner kargen Nahrung ein Stück auf einen Baumstrunk hinlegte. Der Bär nahm seinen Teil und entfernte sich; fand er aber nichts vor, dann ging er lange Zeit nicht weg und wartete, bis ihm etwas gegeben wurde. Hatte Sergius gerade nur wenig für sich oder nur einen Restteil zur Verfügung, so aß er selber lieber nicht, um das Tier nicht zu enttäuschen, oder er teilte in zwei gleiche Hälften, gab dem Bären die eine und behielt die andere für sich. «Nicht einmal und nicht zweimal kam der Bär zum Heiligen, sondern täglich mehrere Male, und viele Jahre hindurch tat er das.»[7] Zwischen Sergius und dem Bären entstand in der Wildnis der russischen Wälder eine Freundschaft. Offenbar spürten die wilden Tiere in Sergius die Güte des Menschen, so daß sich wiederum jenes Vertrauensverhältnis herstellte, das einst im Paradiese waltete, da Adam den Tieren ihre Namen gab. Durch den Sündenfall wurde die Beziehung zwischen Mensch und Tier zerstört. Der Mensch ist in seiner Beutegier zum Verfolger der Tiere geworden. Bei Sergius dagegen kam es zu einer neuen Beziehung, die zugleich die urälteste war. Wohl hatte auch er zuerst Angst vor der Wildheit der Tiere, doch schuf die stillschweigende Vereinbarung mit dem Bären die Wendung; was aber könnte entstehen, wenn der Christ auf diesem neuen Weg weiterschritte? Das Paradies würde wiederkehren.

Obwohl sich Sergius' Leben fern von allen Menschen abspielte, drang die Kunde davon doch zu den Leuten. Männer kamen zu ihm, baten, bei ihm bleiben und mit ihm das Einsiedlerleben teilen zu dürfen. Er schlug ihnen die Bitte nicht ab, und es wiederholte sich, was sich zur Zeit der alten Kirche mehrfach ereignet hatte: die Weiterentwicklung des Anachoretentums zu der monastischen Lebensweise. Sergius baute mit zwölf Männern zusammen ein Kloster, und die Brüder wählten den Dreißigjährigen zu ihrem Abt. Kleine Holzhütten bildeten die Zellen, und in der Mitte einer Waldlichtung errichteten sie ein bescheidenes Holzkirchlein, in dem der Gottesdienst in größter Schlichtheit gehalten wurde. Sergius wollte nichts von prunktvollen Kirchen wissen, da sie den Menschen vom Wesentlichen ablenken. Der Heilige gebrauchte einfache Holzgeräte auch für den Gottesdienst und zelebrierte in ärmlichem Leinengewand die Messe. Auf Birkenrinde schrieben sie die liturgischen Bücher, von denen sich noch einige erhalten haben. Nach Sajzer «umgibt ein Geruch von Hobelspänen und jungen Tannen ihn und sein Leben»; kostbar ist es noch für den heutigen Menschen, diesen würzigen Duft im Geiste einzuatmen, er kann geradezu an ihm gesunden. Sergius thronte nicht wie ein fürstlicher Abt zwischen den Brüdern; er diente der Klostergemeinde wie ein Knecht, fällte Bäume, trug Holz auf den Schultern, zerrieb das Korn mit dem Stein, buk Brot und kochte Mahlzeiten. Keine Arbeit war ihm zuviel, nichts war ihm zu wenig. Die Mönche lebten nach einer Regel, standen im Verhältnis des Gehorsams zum Abt, und der gemeinsame Besitz war an die Stelle des Privateigentums getreten. In Einfachheit und ohne Reichtum entstand das Kloster auf dem Flecken Radonesch, der sich über fünfzig Kilometer von Moskau entfernt befindet. Damals führte nur ein enger, verwachsener Waldpfad durch die schwer zugängliche Wildnis zur Einsiedelei. Man baute später einige Kilometer davon entfernt das größte und berühmteste Kloster der Dreifaltigkeit, dessen

Goldkuppel aus dem Wald emporragt und die Erinnerung an den Heiligen wachhält.

Zahlreich sind die ungewöhnlichen Begebenheiten im Leben des Sergius, die eindeutig dartun, daß er in der mystischen Welt beheimatet war. Übernatürliche Erscheinungen ereigneten sich in seinem Leben immer wieder. «Im Augenblick, da Sergius die heiligen Sakramente empfing, wurde plötzlich die ganze Kirche und ihre nächste Umgebung von einem wunderbaren Wohlgeruch erfüllt.» [8] Sergius empfing den Besuch der Engel, die «unsagbar strahlend» waren, und auch sein Antlitz begann sonnenhaft zu leuchten. Der Mönch Simon wurde gewürdigt, einer Lichtvision des Sergius zuzuschauen: «Als der Heilige die Messe zelebrierte, sah Simon ein Licht auf dem Opfertisch wandeln und über dem Altar schweben und das heilige Abendmahl umgeben. Und als der Heilige kommunizieren wollte, rollte sich das göttliche Licht zusammen wie ein Schleier und ging in den Heiligen Kelch ein, und so kommunizierte der Hochwürdige.» [9] Es war Sergius' Bestreben, die Lichtvisionen zu verheimlichen. Doch gelang ihm dies nicht, und, darüber zur Rede gestellt, erwiderte er, «nicht nur heute, sondern immer, wenn ich die Liturgie zelebriere, besucht ein Engel mich Unwürdigen» [10]. Das Leben des Sergius war von Engeln besucht; die himmlischen Boten kamen und gingen bei ihm ein und aus. Die Engelbesuche wurden nur noch von dem ganz einmaligen Besuch der allreinen Gottesmutter überhöht, deren überwältigende Morgenröte er nicht ertrug. Sergius erlebte wunderbare Visionen, in denen sich «ein mächtiges Licht vom Himmel herabgoß, so daß die nächtliche Dunkelheit zerging, und die Nacht von diesem Licht, das heller war als der Tag, ganz erleuchtet war» [11]. Die Lichtvisionen sind weder Sinnestäuschungen noch Imaginationen. Das wären grobschlächtige Fehldeutungen eines Psychologisten, aber nicht eines Christen, der weiß, daß Geistliches auch geistlich zu verstehen ist. Das Licht, das Sergius zu sehen gewürdigt wurde, war die

Doxa, die Herrlichkeit, der Glanz Gottes, der alles Geschaffene überstrahlt und von dem ein kleiner Schimmer in jedes Christenleben eingehen sollte. Dank dieser Lichtvisionen besaß Sergius auch die Gabe des Hellsehens, denn er sah zukünftige Dinge voraus.

Sergius war ein Heiliger, dessen Milde sprichwörtlich wurde. Auf ihn ging die Sitte zurück, niemanden mit leeren Händen aus dem Kloster gehen zu lassen. Für jeden hatte er ein tröstendes Wort; er liebte alle Menschen, beleidigte niemanden, ja, «er trauerte nie und grämte sich auch nie»[12]. In dem einen Satz der Berichterstattung eröffnen sich ungeahnte Perspektiven für das seelische Leben des Menschen. Sergius war von allen wehmütigen und melancholischen Anwandlungen frei, er kannte nicht jene Depressionen, unter denen heute so viele Menschen zu leiden haben. Warum nicht? Dieser Christ war beständig vom Geist Christi erfüllt, der den Menschen in den Zustand innerer Freude versetzt. Sergius hatte «von der göttlichen Süße der Schweigsamkeit gekostet und nie wieder von ihr gelassen» und ist dadurch ein sanftmütiger Mensch geworden.[13] Das Wort Sanftmut kehrt immer wieder, es ist keine angehängte Tugendfloskel. Der heutige Mensch hat von der Sanftmut keine klare Vorstellung, er steht ihr so ferne, daß er sie mit der Verweichlichung verwechselt, der er selbst erlegen ist. Die Entfremdung vom ursprünglichen Sinn spricht gegen den modernen Menschen und nicht gegen die Sanftmut. Sie ist ein urchristliches Charisma, das bei Paulus ausdrücklich erwähnt wird. Sergius verkörpert den Typ der verklärten Sanftmut; seine verstehende Milde hebt sich von der damaligen Wildheit des russischen Menschen scharf ab. Die Sanftmut, «könnte man gewissermaßen sagen – ohne sie irgendwie für die russischen Heiligen monopolisieren zu wollen –, ist ein beinahe nationaler Zug der russischen Heiligen»[14], doch begegnet man ihr auch bei Franz von Sales, der sie in hervorragendem Maße besaß. In der verklärten Sanftmut bricht das neue Sein in Sergius auf. Ihre Ausstrahlung bewirkte jene Entlastung, jene für den Menschen so notwendige innere Ruhe, die er heutzutage in den vielen Pseudoerholungen zu erhaschen sucht und nicht findet.

Sergius' inneres Streben bestand in einem unaufhörlichen «Lechzen» [15]. Die ungewöhnliche Formulierung besagt nichts anderes, als daß er zu den hungernden und dürstenden Menschen gehörte, die das Gegenteil sind von den satten, sich zu den glücklich Besitzenden zählenden Christen. Ein lechzender Mensch zu sein, ist eine Vorbedingung für denjenigen, der zu einem tieferen Verständnis des Evangeliums gelangen will, denn er allein besitzt jene Seele, die immer nach Gott, nach dem lebendigen Gott ruft. Das Lechzen ist eine gesteigerte, verdichtete Sehnsucht, durch die Sergius zu jener vorbildlichen Gottträgergestalt des alten Rußland geworden ist.

Aus den verschiedensten Gegenden kamen die Leute und wollten den im Rufe eines Heiligen stehenden Sergius sehen. Allerdings gab es dabei auch Enttäuschte, die hofften, einen Propheten bestaunen zu können, jedoch nur einen Bettler vor sich sahen, weil sie nur mit den äußeren, anstatt mit den inneren Augen zu schauen verstanden. Sergius setzte nie eine bedeutende Miene auf, nie wollte er Eindruck erwecken. Ihm war alle Pose zuwider, er hatte es wahrhaftig nicht nötig, etwas vorzutäuschen, da er ganz und gar im Sein stand. Wer aber mit dem äußerlich unscheinbaren Sergius in ein Gespräch kam, der spürte bald die charismatischen Kräfte, die von dem Heiligen ausgingen. Konnte doch Sergius einmal sagen: «Gott ist so gnädig zu diesem Ort, daß niemand von hier betrübt weggeht» [16], eine Äußerung, die wie ein Echo auf seine eigene Haltung antwortet. Die Betrübnis eines Menschen auf so wunderbare Weise in ein inneres Getröstetsein verwandeln können, ist eine Gabe, die mit aller Intelligenz und allem Geld nicht erlangt werden kann. Gäbe es doch nur in der Gegenwart solche Orte, wo der Geist der Schwere sich in stille Heiterkeit verwandelte! Dem Heiligen wurde der Name «der allgemeine Tröster» gegeben, weil er über die unlernbare Fähigkeit verfügte, angefochtene und niedergeschlagene Menschen wieder aufzurichten. Die drei Freunde Hiobs besaßen dieses Charisma nicht, und noch viel weniger die meisten der heutigen Schriftsteller. Es meinte zwar kürzlich ein Schreiberling, der sich in einer makabren Verblüffungstechnik gefällt, das Schlimmste, was ihm widerfahren könnte, wäre, ein Tröstungsdichter genannt zu werden. Doch droht diese Gefahr kaum einem der heutigen Romanciers, weil sie dies schon gar nicht vermöchten. Echten Trost in einer auswegslosen Lage zu spenden ist das Schwerste, was es gibt, und zugleich das Köstlichste, das ein bedrückter Mensch empfangen kann.

Überraschenderweise berührte der ehemalige Einsiedler und weltabgeschiedene Mönch auch das Gebiet der Politik. Die alte Vita erwähnt diese Tätigkeit nur ganz kurz, während die jüngere Vita des Pachomij sie stärker hervorhebt. Sergius war weit entfernt davon, ein politisierender Mönch zu sein, eine ebenso unerfreuliche wie unpassende Erscheinung. Aber Sergius dachte auch wiederum nicht nur an sein Seelenheil. Sein Streben erschöpfte sich nicht allein in der Selbstheiligung. Von Heimatliebe erfüllt, nahm er am nationalen Geschehen inneren Anteil und stand in den politischen Kämpfen ganz auf der Seite des Moskauer Fürstenhauses. Der Großfürst Dimitrij versuchte das drückende Tatarenjoch zu brechen, unter dem die Russen Unsägliches zu leiden hatten und das die übelsten Auswirkungen zeigte. Bevor der Fürst mit seinen Scharen dem Feind entgegenzog, sandte er Eilboten zu Sergius und ließ ihn fragen, ob er den Kampf wagen solle. Sergius gab ihm zur Antwort: «Zweifle nicht, schlage mutig zu gegen den grausamen Feind, und Gott wird dir helfen.» [17] Das war eine klare Antwort, kein zweideutiges Orakel. Offensichtlich unterschied Sergius zwischen gerechten und ungerechten Kriegen, wobei er den ersteren für christlich erlaubt hielt.

Erst auf diesen unmißverständlichen Zuspruch und den gespendeten Segen getraute sich der Großfürst, in die Schlacht bei Kulikow im Herbst des Jahres 1380 zu ziehen, während Sergius unablässig um den Sieg der Rechtgläubigen über die Unreinen flehte. Sergius' Gebet fand Erhörung, Dimitrij gewann das Ringen, und es bleibt eines der symbolischen Ereignisse in der Geschichte Rußlands, das noch Alexander Block in einem Gedicht verherrlicht hat. Der Sieg strahlte auf Sergius zurück, und fortan galt er als der Befreier und Beschützer Rußlands. Der Heilige war der Mensch, der in seiner Zelle immer für das Ganze und nie für sich oder eine kleine Gruppe betete. Der innerste Kern der altrussischen Heiligen enthüllt sich in dieser Einstellung: Der Gebetskampf in der Abgeschiedenheit kommt immer auch der Welt zugute, ganz Rußland wurde dadurch beschenkt.

Der Tod überfiel Sergius nicht unvorbereitet. «Er erkannte sechs Monate vor seinem Tode den Tag seines Heimganges»[18] und zog sich in völliges Stillschweigen zurück. Dann streckte er die Arme zum Himmel empor und gab im Alter von achtundsiebzig Jahren betend seine Seele dem Schöpfer zurück. Nicht «stehend zu sterben» war sein Ziel – wie es der atheistische Mensch sich wünscht – betend wollte er in die Ewigkeit eingehen. Das Antlitz des Entschlafenen leuchtete wie Schnee, und der Leichnam verbreitete einen angenehmen Wohlgeruch. Sein Grab wurde bald zu einem Nationalheiligtum, zu dem die Menschen immer wieder pilgerten. «Obgleich du gestorben, kommen wir, als ob du lebend unter uns weiltest, zu dir.»[19] Einige Jahre nach seinem Tode wurde das Sergius-Kloster durch einen erneuten Einfall der Tataren verwüstet, aber man fand unter den Trümmern der Kirche den unverwesten Leichnam. Daraufhin baute man über seiner Gruft eine steinerne Kathedrale, die nicht mehr den Zauber und die Schlichtheit des kleinen ehemaligen Holzklosters hatte. Nach der Revolution von 1919 schlossen die Kommunisten das Sergius-Kloster und führten die Reliquien des Heiligen ins Museum nach Moskau über. Erst nach dem zweiten Weltkrieg öffnete man die Pforten des Klosters wieder und gab ihm die Reliquien zurück; heute ist die Kirche des Heiligen nie leer, den ganzen Tag steigen in ihr Gebete zum Himmel empor.

«In seinem Herzen hat sich das russische Volk immer zu den heiligen Stätten hingezogen gefühlt und in der Wallfahrt, wenn nicht nach Jerusalem, dann zu einem unserer russischen Klöster, eine gute Tat, etwas Seelenrettendes gesehen»[20], schrieb Dostojewskij im «Tagebuch eines Schriftstellers». Dieser Glaube trägt für den pilgernden Menschen Früchte, sofern er nicht bloß ein abwechslungsreiches Reisevergnügen anstrebt. Dichterisch hat Iwan Schmeljow die gläubige Haltung in seiner Erzählung «Die Wallfahrt» gestaltet und berichtet, man dürfe nicht mit der Bahn nach dem Sergius-Kloster fahren, weil eine solche Bequemlichkeit nicht dem Geist des Pilgertums entspreche. Man muß Mühen auf sich nehmen für den Heiligen, nur dann ist die Seele auch daran beteiligt. Die zu Fuß pilgernden Christen betreten dafür die ungewöhnliche Straße der Freude; «wir sind auf dem heiligen Weg, und wir sind jetzt andere Menschen», ruft einer der frohgemuten Wallfahrtsteilnehmer aus[21]. Das himmlische Leuchten erfährt auch noch der Mensch, der im Geiste das Kloster von Radonesch aufsucht und ihm in seinem Herzen eine bleibende Stätte bereitet.

Seraphim von Sarow

Einer der sympathischsten Dichter der russischen Literatur war Anton Tschechow. Dank seiner Hilfsbereitschaft, seiner Aufrichtigkeit, seinem Eintreten für die Schwachen und seiner Abneigung gegen alle phrasenhafte Aufgeblasenheit gewann er die Sympathie der Menschen. Bunin schrieb «von Tschechows Stille, weil ihm seine Stille ein Zeugnis für die seltene Kraft seiner Natur zu sein schien»[1]. Er war der große Meister der Novelle, des kleinen Kunstwerks, das jedoch gar keine Kleinigkeit ist. Mit wenigen Worten vermochte er eine Gestalt und eine Situation zu umreißen; er war der Dichter der zarten Zwischentöne und der unausgesprochenen Stimmungen. Er führte den Kampf gegen die Stagnation, die Langeweile und die Öde des russischen Lebens; aber er tat es mit der «Kunst der leisen Wahrheit», indem er durch den Vordergrund des Daseins auf das Hintergründige hinwies. Wehmütige Schönheit und beredtes Schweigen waren die Stilmittel Tschechows, den man auch schon einen religiösen Atheisten genannt hat, eine paradoxe Formulierung, die jedoch die inneren Schwierigkeiten des Dichters andeutet. In diesem Sinne interpretiert ihn auch Bjely: «Mögen seine Helden Unsinn reden, essen, schlafen, in ihren vier Wänden leben und auf schmalen grauen Pfaden wandeln – man fühlt doch in seinem Innersten, daß diese grauen Pfade – die Pfade des ewigen Lebens sind und daß es dort keine vier Wände gibt, wo ewige, unerforschte Räume liegen ... Man weiß ganz sicher, daß, wenn man diese grauen Pfade immer weiter und weiter verfolgt, dort, wo das Abendrot leuchtet, ein Abglanz des Überirdischen und Ewigen ruht.»² Das ist nicht etwa eine zurechtgelegte Deutung, denn Tschechow äußerte sich zuletzt, nachdem er früher den Unsterblichkeitsglauben heftig verneint hatte: «Wir können unter keinen Umständen nach dem Tode verschwinden. Die Unsterblichkeit ist ein Faktum. Warten Sie ab, ich werde Ihnen das beweisen», und fügte dann hinzu: «Ein Landstreicher werden, ein Pilger, von einem Wallfahrtsort zum andern ziehen, sich niederlassen in einem Kloster mitten im Walde, an einem Sommerabend auf einer kleinen Bank vor dem Kloster am See sitzen...»³ Aber dieser gütige Mensch war mit seinen Schöpfungen nie ganz zufrieden. Das bedrückende Bewußtsein der Ratlosigkeit brachte er auch in seinen Dichtungen zur Sprache. In der Novelle «Eine langweilige Geschichte» bekennt Nikolai Stepanytsch von sich: «Das Fehlen dessen, was meine Kollegen, die Philosophen, als Leitgedanken bezeichnen, habe ich erst kurz vor meinem Tode in mir selber wahrgenommen, da meine Tage zur Neige gehen; die Seele dieses Ärmsten aber hat ihr Leben lang keine Heimat gekannt und wird sie ihr Leben lang nie kennenlernen, ihr Leben lang.»⁴ Das Fehlen eines Leitgedankens im Leben kommt am Ende der Erzählung drastisch zum Ausdruck, indem Katja zu ihrem väterlichen Freund sagt: «Ich kann nicht länger so leben! Ich kann es nicht! Um des eingeborenen Gottes willen, sagen Sie mir schnell, sagen Sie mir sofort: Was soll ich tun? Sagen Sie mir: Was soll ich tun?» Nikolai Stepanytsch, in die Enge getrieben, erwidert: «Ich kann dir nichts sagen... Auf Ehre und Gewissen, Katja, ich weiß es nicht»⁵, worauf ihn das Mädchen für immer verläßt.

Nicht nur seine dichterischen Gestalten wissen es nicht, auch Tschechow selbst wußte keine Antwort. Seine Antwortlosigkeit ist kein literarisches Stilmittel, sondern sie war für ihn eine Existenzfrage. Tschechow schrieb in einem Brief: «Führe ich nicht den Leser hinters Licht, da ich ja doch die wichtigsten Fragen nicht zu beantworten weiß?»⁶ Dieser Zweifel nagte an seinem

Herzen, weil er als Dichter die Verpflichtung spürte, dem Leser eine Wegleitung zu vermitteln, wie es die großen Künstler früherer Generationen getan hatten. Er aber fühlte sich dazu nicht imstande.

Ihn dieser Unfähigkeit wegen «ein gnadenloses Talent» zu nennen, ist ebenso unangebracht, wie von einer «lächelnden Verzweiflung» zu reden. Der menschenfreundliche Arzt weiß tatsächlich keine Antwort auf die zentralen Fragen des Lebens zu geben. Der Name Tschechow sei stellvertretend für viele genannt, denn die gesamte moderne Literatur steht hier ratlos da, allerdings mit dem Unterschied, daß der sensible russische Dichter an seinem Unvermögen sehr gelitten hat, während viele heutige Schriftsteller über diese Unfähigkeit mit leichtfertigem Lachen hinweggleiten. Die Gegenwartsliteratur verfügt über eine raffinierte Romantechnik, aber sie entläßt den Leser ohne Antwort, oder sie untergräbt alle Vorbilder. Manchmal sagt sie zu ihrer Rechtfertigung, die Aufgabe der Literatur bestehe darin, Fragen aufzuwerfen, nicht aber diese zu beantworten. Ein solches Argument versucht aus der Not eine Tugend zu machen. Besser wäre es, darüber nachzudenken, warum die Schriftsteller von heute ohne Antwort sind und weshalb sie sich nicht geistig verpflichtet fühlen, nicht ein Rezept, wohl aber eine Wegleitung in dichterischer Form anzudeuten, wenn sie schon in der Öffentlichkeit das Wort ergreifen. Man mag sich fragen, ob nicht die allgemeine Orientierungslosigkeit eine der Ursachen des modernen Elends ist.

Anders, ganz anders sind die Heiligen. Sie sind Menschen mit einer Antwort; diese legitime Formulierung darf man auf sie anwenden. Schon Johannes der Täufer gab auf die Frage «Was sollen wir tun?» eindeutige Antworten, und die späteren Heiligen taten es nicht weniger. Was den seelischen Aufschwung betrifft, ist er den Dichtern und Heiligen gemeinsam, aber bei der Wegkreuzung von Fragen und Antwort trennen sich die Pfade. Um die aktuelle Bedeutung der Heiligen zu erfassen, müßte man sie modernen Dichtern gegenüberstellen, dann würden sie dem heutigen Bewußtsein wieder verständlich und könnten die Präsenz zurückgewinnen, die sie durch das erstarrte Heiligenschema verloren haben.

Man begreift die russische Frömmigkeit nur ungenügend, wenn man die Heiligen nicht kennt. Gewiß ist die Liturgie in der ostkirchlichen Religiosität vorherrschend. Sie ist auch überaus wichtig, aber sie ist nur ein Teil und nicht das Ganze. Die Dogmatik der Ostkirche war, wie alle Dogmatik, stets gebunden und daher nie besonders lebendig, so daß ihr die russische Religionsphilosophie mit ihren atemberaubenden Fragen rasch den Rang streitig machen konnte. Neben den großen russischen Dichtern muss der Blick auf die Heiligen gerichtet werden. Sie sind im Westen fast unbekannt geblieben, obschon ihnen der typisch russische Zauber eigen ist, dem man sich nur schwer entziehen kann.

Seraphim von Sarow ist der beliebteste Heilige der Ostkriche. Sie hat ihn zu Beginn dieses Jahrhunderts kanonisiert (1759–1833). «Wie ein Brennspiegel faßt er alle Strahlen russischer Frömmigkeit in sich zusammen.»[7] Der Heilige mutet wie eine Ikone an, und wer die ewigkeitsbezogenen Ikonen liebt, der liebt auch Seraphim von Sarow. Eine Ikone in ihrer heimlichen Farbenglut ist ein religiöses Bild, dem nur die christliche, niemals eine bloß ästhetische Würdigung gerecht wird. Seraphim von Sarow wirkt wie eine aus einer Ikone herausgetretene Gestalt, die mit einer ungewöhnlichen Wärme auf uns Menschen zugeht. Aus diesem Grunde kann auch nur ikonenhaft von Seraphim gesprochen werden; andere Interpretationen führen nicht zum Ziel.

Man weiß wenig über die Jugend von Seraphim von Sarow. Die Ikonen schildern bekanntlich nicht den psychologischen Prozeß der Heiligen, denn sie sind am Sein und nicht am Werden interessiert. Auch die Landschaft erfährt keine naturgetreue Schilderung. Es trägt wenig zum Verständnis von Seraphim von Sarow bei, wenn man auf sein Zeitalter hinweist. Er lebte im absolutistisch regierten Rußland, das vom Napoleonischen Feldzug gegen Moskau, vom Dekrabistenaufstand und vom Erwachen der Dichtung, durch Puschkin und Lermontow, bewegt wurde. Dies alles aber lag dem Heiligen gänzlich fern. Seraphim von Sarow war eingetaucht in die Atmosphäre des alten Rußland und schaute in eine ganz andere Richtung, weswegen er nur aus seiner Person, und nicht aus seiner Umgebung, verstanden werden kann.

Selbstverständlich fiel auch Seraphim nicht als ein fertiger Heiliger vom Himmel. Er hat eine lange innere Entwicklung durchgemacht. Der lebhafte Knabe war der Sohn des Kaufmanns Prochor. Da der Vater früh starb, wurde er von der Mutter erzogen. Er erlebte eine harmonische, von keinen Pubertätsschwierigkeiten unterbrochene Jugendzeit. Früh verzichtete er zugunsten seines Bruders auf sein Erbteil. Der Zwanzigjährige pilgerte nach Kiew, besuchte dort die Höhlenklöster und trat hernach in Sarow in das Kloster ein. Nach dem Diakonat empfing er die Priesterweihe. Während seiner Ausbildung beschäftigte er sich besonders mit der Väterwelt, nicht um ein Gelehrter zu werden, wohl aber sah er darin eine Hilfe zu seiner Seelenformung. Sein Priestertum war Berufung und nicht Beruf, war gegründet in einer geistlichen Tiefe und lag weit entfernt von jeder bloß äußeren Förmlichkeit.

Seraphim drängte es nach Einsamkeit, weshalb er eines Tages im Einverständnis mit dem Abt das Kloster verließ und sich in den Wald begab. Die unermeßlichen Wälder waren für die russischen Mönche die Thebäis, von der die alten Wüstenväter sprachen. Der Heilige lebte längere Zeit als Einsiedler im finsteren Wald, holte sich einmal in der Woche Brot im Kloster und teilte es mit den wilden Tieren. Füchse, Wölfe und Bären näherten sich seiner Hütte, umstanden sie im Kreise und warteten, bis sie aus seinen Händen ein wenig Brot bekamen. Diese scheinbare paradiesische Idylle ereignete sich inmitten des russischen Winters bei schneidender Kälte. Seraphim nahm mit seinen harten Kasteiungen und Bußübungen eine wahrhaft schwere Entbehrung auf sich.

Es geschah einmal, daß drei Landstreicher ihn brutal überfielen, weil sie hofften, bei ihm Geld zu finden. Da er gerade beim Holzfällen war, hätte er sich mit seiner Axt zur Wehr setzen können, aber er zog es vor, dem Bösen nicht zu widerstehen, wie die Bergpredigt es vorschreibt.[8] Die räuberischen Landstreicher schlugen ihn halbtot, fanden aber keine Schätze bei ihm. Seraphim blieb zunächst mit einem Schädelbruch auf dem Boden liegen und konnte sich hernach nur mühsam zum Kloster schleppen, wo die Ärzte glaubten, er würde seinen Verwundungen erliegen. Aber er genas durch höhere Hilfe rasch; wenn er auch wegen der Rückgratsverletzung zeitlebens gebückt an einem Stocke ging. Er erduldete das Mißgeschick, trug den Räubern nichts nach und wollte auch nicht, daß sie bestraft würden.

Seraphim schwieg in der Waldeinsamkeit. Das Stillschweigen war eine asketische Übung, die der heutige Mensch kaum noch zu begreifen vermag, weil er gewöhnlich an einer Redseligkeit leidet und auch zu jedem Problem seine Ansicht äußern will. Auf diesem Wege kommt der Christ innerlich nicht weiter. Der Mensch verliert sich durch das viele Reden, während er durch das Stillschweigen zu sich selbst findet. Seraphim riet später seinen Besuchern, «bewahre Schweigen». Er wiederholte gerne die Worte des Kirchenvaters Ambrosius: «Ich habe schon viele gesehen, die sich durch Schweigen, aber noch keinen, der sich durch Schwatzen gerettet hat.»[9] Mit dem Stillschweigen ist, wie das Wort sagt, eine Stille verbunden, die die Seele stärkt. Bei Seraphim ging das Schweigen des Waldes in sein eigenes Schweigen über und schuf jene Atmosphäre, in der das Wort nur stört. «Wenn wir im Schweigen verbleiben», erklärte er, «kann der

Feind, der Satan, dem Schweigenden nichts anhaben. Das Schweigen soll in Herz und Verstand sein. Es erzeugt in der Seele die verschiedenen Gaben des Geistes. Von Abgeschiedenheit und Schweigen kommen Rührung und Milde; diese letzte wirkt im menschlichen Herzen wie das Wasser zu Siloha, das stille Gebet.»[10]

Jahrelang dauerte Seraphims Aufenthalt in der Waldeseinsamkeit, aber er hat diese Zeit keineswegs müßig zugebracht, war doch seine erste Regel: «Niemals müßig sein.»[11] Einsam wie er war, hatte er schwere Kämpfe ausgefochten und, wie Antonius von Ägypten, mit dem Teufel gerungen. «Der Teufel ergriff ihn, hob ihn in die Luft, um ihn wieder mit aller Kraft auf die Erde zu werfen.»[12] Unruhe und Verwirrung kamen über ihn, und seine Seele fühlte sich zuweilen in die tiefsten Abgründe versenkt. «Wer das Leben der Wüste gewählt hat, wird sich unaufhörlich ans Kreuz geschlagen fühlen.»[13] Das ist eine unbestreitbare Wahrheit, aber noch bedeutsamer ist seine Einsicht: «Die Leidenschaften werden nur durch Leiden überwunden, sei es, daß man sie freiwillig sucht oder daß die Vorsehung sie schickt.»[14] Diese Erkenntis gilt auch für den in der Welt lebenden Menschen, für ihn erst recht.

Nach einigen Jahren befahl ihm der Abt, ins Kloster zurückzukehren. Er gehorchte, führte aber im Kloster weiterhin das Leben eines Einsiedlers. Inmitten des russischen Winters blieb seine Zelle ungeheizt, und er schlief auf einem mit Steinen gefüllten Sack. Auch in der klösterlichen Einsamkeit blieb Seraphim ein Mann des Gebetes. Er war es schon früh und ist es immer mehr geworden. Das Jesus-Gebet – Herr Jesus Christus, sei mir Sünder gnädig – verlieh ihm die Hilfe, beständig in der Gegenwart Gottes leben zu können. Im Gehen, im Stehen, im Sitzen – stets flüsterten seine Lippen das Zöllnergebet, durch das er den inneren Frieden erlangte. Das Jesus-Gebet hat weder mit der Litanei noch mit einem Training etwas zu tun. Es hüllt den Menschen ein, führt ihn dem immerwährenden Herzensgebet entgegen und schenkt ihm die beständige Anwesenheit Gottes. Seraphim war trotz seines Priestertums kein Theologe. Man hat ihm schon vorgeworfen, es habe ihm die theologische Grundlage gefehlt und alles sei auf einer emotionalen Basis, auf einer bloßen Frömmigkeit, aufgebaut gewesen. Man kann wohl vieles behaupten, aber ob es richtig ist, scheint mehr als fraglich zu sein. Seraphim war nicht der wissenschaftlichen Theologie, wohl aber dem innern Gebet zugetan, das ihn mit der oberen Welt verband. «Das äußere Gebet als solches genügt nicht, und wenn ein Mönch nicht das innere hinzufügt, ist er nur wie eine qualmende Holzkohle.» [15] Es war Seraphim wichtig, daß niemand ihn beten sah. Er riet den Menschen, darüber zu wachen, daß ihr Herz das innere Gebet unablässig bewahre und nicht auf die unruhigen Gedanken achte, die den Geist bald hierin bald dorthin zerren. Für ihn war die Macht des Gebetes grenzenlos und allen Menschen verfügbar, seien sie nun arm oder reich, stark oder schwach. Das Gebet gehörte zum Geheimnis dieses seltenen Mannes, der zu den großen Betern der Christenheit zählt. Gewaltig ist die Kraft des Gebetes, weil es nach seiner Auffassung den Heiligen Geist herabzieht.

Seraphim war eine visionäre Gestalt. Schon früh wurde ihm eine Maria-Erscheinung zuteil, in der ihm die Gottesmutter sagte: «Er ist einer von uns.» Später wiederholten sich solche Erscheinungen immer wieder. Der Heilige entwickelte keine lehrmäßige Mariologie, aber er hatte eine starke persönliche Beziehung zu der Mutter des Herrn. Das Visionäre ist von Seraphims Person nicht wegzudenken, er schaute «das Ferne wie das Nahe, das Zukünftige wie das Gegenwärtige» [16].

Nach vielen Jahren völliger Einsamkeit fühlte er sich innerlich gedrängt, seine verschlossene Türe zu öffnen, aus seiner strengen Klausur herauszutreten und sich in den Dienst seiner Mitchristen zu stellen. Was bisher geschehen war, gehört der Vorschule zu seiner Tätigkeit an. Seraphim wurde zum großen Starez, dessen Zelle eine Oase des Erbarmens war. «Der Starez rückt seine Zelle ebenso nahe an die Hütte des Bauern wie an das Schloß des großen Herrn heran, um das Leben des einen wie des andern durch sein Gebet, seine Lehre und seine Geduld, seine Weisheit und seine Liebe zu verwandeln.»[17] Das Volk suchte im Starez einen Menschen mit Verstehen und Erbarmen; Seraphims Leitsatz war denn auch: «Sei wie eine Mutter zu den andern.»[18] Wie Tolstoj sagt, verdankt es das russische Volk allein den Starzen, wenn es noch immer das wahre Bild des lebendigen Christus in sich bewahrt hat, und Dostojewskij erklärt, die geistige Lösung des russischen Schicksals sei in die Hände der Starzen gelegt.

Als Starez war Seraphim ein großer Seelsorger. Seine Zelle wurde von den Menschen Tag und Nacht belagert. Es gab Tage, an denen über zweitausend Menschen ihn aufsuchten; allen begegnete er mit der gleichen Herzenswärme. Oft mußten sie viele Tage warten, bis sie vorgelassen wurden, doch spürten sie seine charismatische Ausstrahlung. Ohne solche Wahrnehmung bliebe alles unverständlich. Der Heilige war tatsächlich ein hellsichtiger Mensch, der den Besuchern in den seelsorgerlichen Gesprächen eine tiefe Weisheit mitzugeben wußte: «Gehe den mittleren Weg, strebe nicht über deine Kräfte hinaus, sonst fällst du, und der Feind spottet deiner.» – «Schmeichle nie dir selbst; erkenne in dir das Gute und das Böse.» – «Richte die Welt deiner Seele so ein, daß du nie jemanden betrübst und dich von niemandem betrüben läßt, dann wird Gott dir Tränen der Reue geben.»[19] Ein anderes Mal sagte er: «Man muß seiner Seele gegenüber Nachsicht üben und ihre Fehler und Unvollkommenheiten wie die Fehler des Nächsten ertragen, ohne sich jedoch zur Faulheit und Nachlässigkeit verleiten zu lassen.»[20] – «Erringe du den inneren Frieden, und eine große Anzahl von Menschen um dich herum werden ihr Heil finden.»[21] In dieser Weise beriet Seraphim die Menschen. Aus den wenigen Sätzen spürt man seine überlegene Weisheit. Durch seine Worte vermochte er in zahlreichen Menschen eine innere Umwandlung zu bewirken, ihren Widerstreit zwischen Herz und Verstand zu versöhnen und ihr Leben in ein neues Licht zu rücken. Er hatte auch Verständnis für die menschlichen Schwachheiten: «Das menschliche Herz liegt nur vor Gott allein offen da, und Gott allein kennt es; was den Menschen betrifft, der sich ihm nähert: er sieht nur, daß das Herz eines jeden ein Abgrund ist.»[22] So mahnte er auch seinen Mitbruder im Kloster: «Vergiß niemals, daß du nur Zeuge bist, der Richter ist Gott. Welche Sünde vergäbe der Herr in seinem großen Erbarmen den Menschen nicht? Wie könnten wir sie richten!»[23] In seinen Augen hatte das menschliche Leiden größere Bedeutung als die Sünden. Er sprach niemals von der Hölle, sondern stets von den Seligkeiten des ewigen Lebens. Nach einer Beichte pflegte er das Beichtkind mit den österlichen Worten zu küssen: «Christ ist erstanden.» Über eine Seelsorgertätigkeit dieser Art kann man nicht hoch genug denken, und gewiß besteht die heutige Not darin, daß wir viel zuwenig solche Seelsorger haben.

Natürlich suchten ihn viele Menschen wegen ihrer körperlichen Leiden auf. Zwar sagte er ihnen unmißverständlich: «Ich bin kein Arzt, wer sich von irgendeiner Krankheit heilen lassen will, muß sich an einen Arzt wenden.»[24] Aber Seraphim besaß doch, was selten in der Geschichte der Christenheit vorkommt, das Charisma der Krankenheilungen, nicht anders als Johannes von Kronstadt[25]. Nicht, daß er daraus ein Wesen gemacht hätte! Der Glaube an Gott schloß nach seiner Überzeugung auch den Glauben in sich, daß Gott eine Krankheit heilen könne. Er selbst kam sich dabei nur als Werkzeug vor: «Mit Hilfe der Gnade, die mir von Gott gegeben ist, heile ich dich.»[26] Man darf diese seine Tätigkeit nicht schweigend übergehen, wie es auch nicht gestattet ist, darauf das Hauptgewicht zu legen. Im Urchristentum geschahen nach dem Vorbild des Herrn verschiedene Krankenheilungen, und man nannte die Frühkirche auch die «heilende Kirche». Bald aber erlosch diese Gnadengabe, was eine Verarmung bedeutet. Bei Seraphim flammte die Gnadengabe wieder auf, geschahen doch in seiner kleinen Zelle wunderbare Heilungen. Vor allem vermochte er die Menschen seelisch zu beraten und ihnen Mut einzuflößen. Die Menschen sind mit ihren oft bösen Erfahrungen nahe daran, mutlos zu werden, während der Christ, wie Seraphim sagt, mutig ist. Er bewertete die Mutlosigkeit sogar als eine Sünde. Das einfache Volk pflegte er mit den Worten zu begrüßen: «Christus ist auferstanden, Du meine Freude.»[27] Eine strahlende Freude lebte in Seraphim, eine Heiterkeit und Beschwingtheit, die nicht ohne Wirkung auf die Besucher blieben. Er betrachtete es als seine Aufgabe, die Menschen fröhlich zu machen. «Etwas Unanständiges in der Kirche zu sagen ist Sünde, nicht wahr, aber ein lustiges Wort, das dich aufmuntert, ist keineswegs Sünde; denn Gott sieht es gerne, daß der Mensch mit heiterem und fröhlichem Herzen zu ihm kommt.»[28] Das ist eine wichtige, viel zuwenig beachtete Äußerung, und es ist notwendig, sie noch ein wenig weiter zu verfolgen. In seiner inneren Heiterkeit sagte Seraphim: «Die Freude ist keine Sünde. Sie verjagt die Müdigkeit, aus der die tödliche Traurigkeit hervorgeht, das Schlimmste von allem, was es gibt. Als ich noch Novize war und im Chor mitsang, war ich immer fröhlich. Und sooft ich sah, daß meine Mitbrüder müde und traurig waren, begann ich sie aufzuheitern. Ein liebenswürdiges Wort sagen, das zur Fröhlichkeit mitreisst, damit wir vor das Angesicht Gottes nicht traurigen, sondern frohen Herzens hintreten, das ist ganz und gar keine Sünde.»[29] Natürlich läßt sich dies nicht künstlich machen, aber wir müssen uns doch fragen, wenn wir innerlich bedrückt sind, ob in unserer Christlichkeit etwas nicht in Ordnung sei, denn das erlebte Evangelium schenkt dem Menschen Freude und läßt ihn «fröhlich seine Straße ziehen». Die seelische Heiterkeit war bei Seraphim nicht etwa bloß eine Gemütsanlage, sondern die Freude über ein mächtig durchgebrochenes Evangelium. Der Heilige war von einer mystischen Freude erfüllt, und darum

181

liebte er es nicht, wenn man den Nächsten so herabsetzte, bis nichts Gutes mehr in ihm zu finden war.

Seraphim bewies auch tiefes Verständnis für die mannigfaltigen Regungen der weiblichen Seele und ihre oft das eigene Wesen verkennenden Gefühle. Seine Einfühlungsfähigkeit für die weibliche Seele ist vielleicht eine Nachwirkung seiner ausschließlich mütterlichen Erziehung, vielleicht auch eine Folge seiner Liebe zu Maria. Er gründete ein Kloster für Nonnen und ließ ihnen stets seine sorgende Liebe zuteil werden. Die Nonnen fühlten sich von ihm verstanden, wählten ihn zu ihrem Seelenführer und brachten ihm ein unbegrenztes Vertrauen entgegen. Natürlich gab es darüber auch ein Gerede, da ja bigotte Menschen stets etwas zu verdächtigen wissen. Aber darum kümmerte sich Seraphim gar nicht, weil der Argwohn völlig haltlos war. «Einige ärgern sich über dich», sagten rigoristisch eingestellte Menschen zu ihm, worauf er antwortete: «Nun, ich ärgere mich darüber nicht, daß viele Nutzen ziehen und einige wenige sich ärgern.»[30] In seinem feinsinnigen Verständnis für das weibliche Gemüt liegt ein bezeichnender Unterschied zu Sergius von Radonesch, in dessen Leben Frauen überhaupt keine Rolle spielten, während Seraphim von Sarows Beziehungen zu ihnen für ihn selbst bedeutsam war.

Die Menschen stellten in den seelsorgerlichen Gesprächen auch die Sinnfrage und begehrten von ihm eine konkrete Lebensanweisung. Namentlich die jungen Menschen wollten wissen, was der Sinn des Lebens sei. Wenn das Leben sinnlos ist, kann man auf die Dauer nicht leben, ohne in Zynismus und Nihilismus abzusinken. Mann wie Frau müßten im Leben einen Sinn erkennen, mag er jetzt auch noch so von bescheidener Art sein. Darin liegt der gewaltige Unterschied zwischen dem Heiligen und dem früher erwähnten Dichter Tschechow verborgen. Während Tschechows Drama «Die drei Schwestern» im Grunde ein einziger, verzweifelter Aufschrei nach der Sinnfrage ist – «wenn man es nur wissen könnte, wenn man es nur wissen könnte!» – erteilt Seraphim eine klare und unmißverständliche Antwort[31]. Er wußte um die neuzeitliche Verlegenheit in der Sinnfrage Bescheid und beklagte es tief, daß gegenwärtig niemand über den Sinn des Lebens etwas Bestimmtes mitzuteilen imstande ist. Seraphim sagte nach langem Nachdenken in der Einsamkeit ganz klar: «Jetzt werde ich, der arme Seraphim, dir erklären, worin dieser Sinn wirklich liegt. Gebet, Fasten, Wachen und alle anderen christlichen Werke sind an sich gut, dennoch liegt in ihrer Ausführung nicht der Sinn unseres Lebens, denn sie sind nur Hilfsmittel. Der wahre Sinn des christlichen Lebens ist: den Heiligen Geist zu erlangen.»[32] Das ist eine ebenso ungewöhnliche als prachtvolle Antwort, ein Bescheid, der die Nacht unserer Unwissenheit taghell erleuchtet. Alle noch so gescheiten Theorien waren mit einem Schlag unter den Tisch gewischt und die wahre Richtlinie wieder in den Mittelpunkt gerückt. Die Menschen sehen gewöhnlich im Geldverdienen und den damit verbundenen Vergnügungen den einzigen Zweck des Daseins, aber diese Auffassung hinterläßt nur einen schalen Geschmack auf der Zunge. Sie führt zuletzt unweigerlich in die Leere. Seraphim dagegen stellte den Menchen das höchste Ziel vor Augen und führte sie mit seiner Antwort ins Zentrum der religiösen Existenz hinein. Der Heilige Geist ist die Anwesenheit Gottes; er besucht den Menschen, der nimmt Wohnung in seiner Seele und ist das Licht, das ihn erleuchtet. Diese Gabe empfängt der Mensch nicht von selbst, er muß sich anstrengen und sich darum mühen, denn ohne Bitten und Flehen geht es nicht. Man darf nicht bloß sagen: «Er muß dem Christen geschenkt werden.» Das ist wohl wahr, aber doch zu bequem gedacht. Die eigene Bemühung gehört dazu; die Nichtbeachtung dieser Wahrheit hat uns die träge und faule Christenheit beschert. Seraphim ist für die Mühe und die Anstrengung eingetreten, anders kann die Sinnfrage nicht beantwortet werden. Wenn der Christ aber den Heiligen Geist erworben hat, dann hat er den Tröster bei sich und hat die Erleuchtung bekommen, dank der er den Schwierigkeiten des Lebens ganz anders zu begegnen weiß. Deshalb ist die Antwort des Heiligen der Ostkirche so ungeheuer wichtig, weil ihm die unmittelbare Beziehung zum Heiligen Geist ausschlaggebend war und er sich restlos seiner Führung anvertraute.

Seraphim hätte diese grundlegende Antwort auf die Sinnfrage des Lebens nicht zu geben vermocht, wenn er nicht beständig im Evangelium gelesen hätte. Von Turgenjew, dem westlich ausgerichteten Dichter wird gesagt, er habe das Evangelium nie aufgeschlagen. Er vermochte auch keine Antwort zu vermitteln, außer in seiner herrlichen Novelle «Die lebende Reliquie». Seraphim hat sich dauernd mit den Evangelien beschäftigt, er hat den Besuchern immer wieder den Rat gegeben, die Evangelien zu lesen und sich nicht nur damit zu begnügen, das Heilige Buch ehrfürchtig zu küssen. «Ich sage dir, daß ich, der arme Seraphim, sie jeden Tag lese... Niemals lasse ich auch nur einen Tag vorübergehen, ohne das Evangelium zu lesen; denn nicht nur meine Seele erfreut sich am göttlichen Wort, sondern es stärkt und erquickt auch meinen Körper. Ich meine mit unserem Herrn zu reden, wenn ich mir sein Leben und Leiden vergegenwärtige.» [33] Seraphim war ganz in die Atmosphäre des Evangeliums eingetaucht; von dorther strahlte der über ihm liegende Glanz. Er lebte und webte in ihm. Die ganze Bibel in sinnender Meditation durchzulesen, setzte er an Wert einer Pilgerfahrt nach Jerusalem gleich.

Seraphim wußte auch, daß der heutige Mensch nicht mehr ohne weiteres den Zugang zum Ewigen Buch hat, daß seine Augen sozusagen nicht sehen. Er war der Ansicht: «Wir haben uns so sehr von der Weite der frühchristlichen Schau entfernt und sind unter dem Vorwand der Bildung in eine so tiefe Unwissenheit hineingeraten, daß uns unbegreiflich ist, was die Alten noch ganz genau verstanden... Weil wir heute so gleichgültig in bezug auf unser Heilswerk sind, verstehen wir so viele Worte der Heiligen Schrift nicht mehr, wie wir es müßten.»[34] Wie wir dieses Dunkel, das sich zwischen die Evangelien und uns gelegt hat, beseitigen können, ist ein uns aufgetragenes, wenn auch schweres Problem. Mit der bloßen Feststellung dürfen wir uns keinesfalls begnügen. Wir müssen wieder einen Zugang zur Schrift bekommen und sie zur täglichen Lektüre machen. Seraphim kann uns dazu eine erste Hilfe bedeuten.

Der Heilige besaß auch die Gabe der Prophetie. Mehrfach hat er über die Zukunft geweissagt. Wie sehr er scheinbar abseits von allem Geschehen stand, so genau hat er doch seine Zeit beobachtet und sie schärfer erfaßt als viele, die gedankenlos in ihrem Strom mitschwimmen. «Er sprach von der Zukunft und der allgemeinen Kraftlosigkeit, die die ganze Welt gegen Ende des Jahrhunderts befallen werde.»[35] Die Weissagung hat sich erfüllt, worunter die ganze Christenheit leidet. Wir kranken in geistiger Hinsicht an einer Lähmung, die wir mit allerlei Geschrei zu übertönen suchen, und gerade dieser Lärm hindert uns daran, die Probleme des Lebens zu durchdenken und mit ihnen fertig zu werden. Schuld an dieser Kraftlosigkeit ist nach Seraphim der Abfall vom christlichen Glauben, die Lauheit und die geringe Aufmerksamkeit, die wir ihm schenken, kurz, die unaufhaltsame Entfernung vom christlichen Leben. Er sagte Hungersnöte und den Krimkrieg voraus und deutete auch schon auf die herannahende Revolution hin. «Es wird eine solche Drangsal einsetzen, wie sie seit Erschaffung der Welt noch nie dagewesen ist.»[36] Seraphim aber gab sich deswegen keiner Verzweiflung hin. Man nannte ihn schon «den Schutzengel seines Volkes»[37]. Ihm war es darum zu tun, die Ufer der Kirche zu befestigen, damit sie nicht von den feindlichen Fluten überschwemmt würden. Seine Prophezeiungen sind eingetroffen und haben seine Sendung bestätigt. Er wollte mit ihnen nicht die Menschen erschrecken, sondern sie anleiten, der dunklen Zukunft zu begegnen.

Noch größer als die prophetische Sicht war sein Charisma der Verklärung. Damit kommt ein ganz neuer Aspekt zur russischen Frömmigkeit hinzu. Die Sicht der Verklärung eröffnet eine andere Schau. Das Verklärungslicht leuchtete zuerst auf dem Berge Tabor. Seither haben es die Christen oft aus den Augen verloren. Aber es erstrahlte immer wieder bei verschiedenen Heiligen, besonders intensiv bei Seraphim von Sarow. Es war ihm selbst durch ein ungewöhnliches Erlebnis zuteil geworden. Der russische Gutsbesitzer Nikolai Motowilow hat darüber einen bemerkenswerten Bericht verfaßt. Danach befand er sich in einem Gespräch mit Seraphim, als dieser ihn plötzlich fragte: «Warum siehst du mich nicht an?» Der Gutsbesitzer antwortete: «Ich kann euch nicht ansehen, Vater, denn euer Antlitz ist heller als die Sonne geworden, und meine Augen sind davon geblendet.» Darauf fragte Seraphim: «Was fühlst du jetzt?», und der Gutsbesitzer sagte: «Ich fühle eine Stille und einen Frieden in meiner Seele, die ich mit keinem Wort ausdrücken kann.» Der Berichterstatter schrieb weiter: «Ich sah ihn also an und wurde von ungeheurem Schrecken gepackt. Stellen Sie sich vor: In der Sonnenscheibe, im lichthellsten Glanz ihrer mittäglichen Strahlen, das Gesicht eines Menschen, der zu Ihnen spricht! Sie sehen die Bewegung seiner Lippen, den Ausdruck seiner Augen, Sie hören seine Stimme, fühlen seinen Arm auf Ihrer Schulter – aber Sie sehen weder Arm noch Gesicht, sondern nur blendende Helle, die sich weithin ausdehnt.» [38] Das ist eine mystische Begebenheit seltener Art, mit der man nicht schnell fertig wird. Von diesem Taborlicht aus betrachtete Seraphim die Menschen und sah sie daher in einem einzigartigen Verklärungslicht. Es war das Licht vom unerschaffnen Licht, in dem seine Augen alle Dinge schauten. Statt hier eine unangebrachte Skepsis zu äußern, haben wir allen Grund, darüber nachzudenken, denn das Taborlicht hat etwas mit Seraphims Antwort zu tun: «Der Sinn des Lebens ist die Erwerbung des Heiligen Geistes.» Zwischen den düsteren

Weissagungen und dem Verklärungslicht besteht eine nicht zu übersehende Spannung, die man keineswegs ausgleichen darf. Seraphim selbst wird sie auch empfunden haben. Er hat den Gegensatz sein ganzes Leben lang ausgehalten, wodurch er der Erstarrung entgangen ist.

Trotz des Verklärungslichtes darf man nicht glauben, im Leben Seraphims sei alles schön und pfeilgerade verlaufen. Obschon er ein großer Heiliger der Ostkirche war, fehlte der Schatten auch bei ihm nicht. Es befand sich unter den Mönchen eine verräterische Gestalt, vom Ehrgeiz besessen und in Opposition zu Seraphim. Zunächst erkannte Seraphim den schlimmen Menschen in seiner Tücke nicht, aber als er seine Gefährlichkeit endlich durchschaute, glaubte er, ihn von der Verwerflichkeit seines Tuns überzeugen zu können. Es gelang ihm nicht. Allen Bemühungen zum Trotz setzte der Verräter sein unterminierendes Tun fort. Auch ein Heiliger vermag nicht alles; gewisse Unvollkommenheiten müssen im Leben einfach ertragen werden.

Schließlich nahmen seine körperlichen Kräfte zusehends ab. An einem Morgen wurde er, kniend in seiner Zelle, tot aufgefunden. Man begrub ihn, und seine Grabstätte wurde von vielen Pilgern aufgesucht. Die Menschen spürten, daß er nicht tot sei. Er wirkte nach. Zu seinen Lebzeiten sagte er einmal zu den Nonnen: «Kommt oft an mein Grab, kommt immer, wenn ihr Zeit habt, erzählt mir alles, was euch betrübt, sprecht zu mir wie zu einem Lebenden, denn für euch werde ich immer leben, ich werde euch hören, und euer Kummer wird vergehen.» [39] In Seraphims Worten ist jene zeitüberbrückende Haltung angezeigt, die wir zu den in die Ewigkeit eingegangenen Menschen einnehmen sollten. Wir müssen mit den Verstorbenen in einer inneren Verbindung bleiben.

Die Bedeutung Seraphims läßt sich nicht auf eine kurze Formel bringen. Rosanow, ein widerspruchsvoller Mensch, schrieb über ihn: «Kein Heiliger Rußlands hat in ähnlicher Weise, ohne vorgefaßten Plan, die großen Grundgestalten, auf denen das Christentum ruht wie eine Brücke auf ihren Pfeilern, wieder in sich hervorgebracht.»[40] Ohne Seraphim lernt man das «Heilige Rußland» nicht richtig kennen. Er war ein Heiliger, der in die Urgründe der unerschaffenen Schönheit versank. Er verkörperte das heilige Dasein sichtbar und leibhaftig. Ein Zeitgenosse sagte von ihm: «Ich habe ganz Europa bereist, aber nirgends bin ich einem so heiligen und so vollkommenen Menschen begegnet.»[42] Kurz vor seinem Tode fragte ihn ein Mönch: «Weshalb können wir nicht dasselbe strenge Leben wie die alten Asketen führen?» Der Heilige antwortete: «Weil wir nicht in gleicher Weise dazu entschlossen sind. Wenn wir dazu entschlossen wären, lebten wir wie unsere Väter.»[42] Damit hat er den Finger auf die wunde Stelle gelegt. Wir sind tatsächlich unentschlossene Menschen, weswegen wir auch die Sinnfrage nicht mehr beantworten können. Eine neue Entschlußkraft ist uns vonnöten. Seraphim hat sie aufgebracht; deswegen überragte er seine schreibenden und nichtschreibenden Zeitgenossen.

Entschlossen sprach er das gültige Wort: «Lies die Werke der Heiligen mit deinen Taten!»[43] das will heißen, begnügen wir uns nicht mit der bloßen Bewunderung, sondern lassen wir uns durch die Heiligen anspornen und aufmuntern, damit wir mit unserem Leben etwas von ihrem Wesen widerspiegeln. Wir suchen nach einer andern Hagiographie, aber wir finden sie nicht auf dem intellektuellen Weg. «Die Werke der Heiligen mit unseren Taten lesen» – das ist die neue Hagiographie, nach der wir sehnsüchtig Ausschau halten und die die frühere Heiligenbeschreibung weit übertrifft. Seraphim eröffnet die neue, im Tun bestehende Heiligenschau. Ohne die Verwirklichung im eigenen Leben, bleibt alles nur im akademischen Bereich hängen. Erst in der eigenen Realisierung gewinnt sie Geist und Leben. Dies aber gelingt nicht in einem Tag, haben wir doch eine solche Heiligenauffassung ein ganzes Leben lang zu lernen. Kein gelehrter Wissenschaftler hat uns die neue Parole, «die Werke der Heiligen mit unseren Taten zu lesen», gelehrt; wir verdanken diesen ganz anders gearteten Blick einzig und allein dem Manne, der sich selbst «der arme Seraphim von Sarow» genannt hat.

Russische Frömmigkeit

Feodossij, Sergius und Seraphim gehören zum Reigen der russischen Heiligen, aber sie schließen ihn nicht ab. Um wenigstens eine kleine Vorstellung vom inneren Reichtum des östlichen Christentums zu vermitteln, wären noch einige andere Gestalten zu beschwören. Nie hat es Rußland an eindrucksvollen Heiligen gefehlt, die das übliche Menschenmaß weit überstiegen haben und ganz der Sphäre der Heiligkeit angehörten.

Zu den Großen im christlichen Geistesleben in Rußland gehörte Nil Sorskij. Leider ist seine Vita verlorengegangen. Nach der dürftigen Überlieferung aber fühlte er sich im Kirillo-Kloster nicht zufrieden, weshalb er nach dem Berg Athos pilgerte, wo er die Hesychia-Mystik in sein Inneres aufnahm. Er lernte die mystische Versunkenheit kennen, schrieb seine Gedanken auf, und mit seinen Aufzeichnungen eröffnete Nil Sorskij einen neuen Abschnitt im russischen Mönchstum. Die Bezeichnung der «erste intellektuelle Heilige» Rußlands ist viel zu akademisch, als daß sie zutreffend sein könnte; er war selbstverständlich kein Vertreter des Rationalismus, obschon er die Schmähung des Verstandes ablehnte. «Ohne Verstand kann sogar das Gute zum Übel werden», pflegte er zu sagen. Nil Sorskij war auf das Geistige ausgerichtet, die Nahrung der Seele bedeutete ihm mehr als das Fasten. Vor allem war er «vom Tun des Herzens und dem geistigen Wachen und der Bewahrung der Sinne» durchdrungen[1]. An Stelle eines äußerlichen Formalismus war bei ihm die Vervollkommnung der Seele getreten. Sie ist nach seiner Erfahrung nur durch ein «Streiten» um das Seelenheil zu erreichen, wodurch der Mönch frei wird von den Leidenschaften und Versuchungen. Nil Sorskij hat darüber feinsinnige psychologische Beobachtungen niedergeschrieben, die heute noch der Lektüre wert sind. Immer war ihm der Aufstieg der Seele wichtig, der nur durch die «Nüchternheit des Herzens» und «das geistige Gebet» erlangt wird. Der Zeitpunkt seiner Heiligsprechung ist unbekannt – wahrscheinlich erfolgte sie erst Ende des 18. Jahrhunderts –, aber das russische Volk hat ihn immer als einen Heiligen verehrt, und er ist es auch seinem ganzen Wesen nach gewesen.

Für das russische Mönchtum erwies sich der Berg Athos als eine wahre Brunnenstube, die viel zur geistigen Erfrischung der ostkirchlichen Frömmigkeit beitrug. Der Athos wird oft ästhetisch betrachtet, wozu die gegenwärtig erscheinenden prächtigen Bildbände nicht wenig beitragen. Sie vermitteln allerdings ein bengalisch beleuchtetes Mönchstum und gehen an seiner Spiritualität achtlos vorüber. Wer den Athos als Tourist oder Reporter bereist, dem entzieht er sich; dem demütigen Pilger aber teilt er sich mit. Wohl ist der Athos von einer grandiosen Natur umgeben, die von einer beinahe unverdorbenen Schöpfung zeugt. Jeder Besucher ist davon beeindruckt. Aber man darf sich dabei nicht zu lange aufhalten, sie ist so wenig wie die reichen Kunstschätze und wundervollen Ikonen das Wesentliche des Athos. Der Mittelpunkt ist das ernsthafte Heiligkeitsstreben; seine Bewohner sind vom Wert der Einsamkeit und des Schweigens überzeugt, sie führen ein Leben der Meditation und obliegen dem geistigen Gebet, weil sie des Glaubens sind: «Wohlan, um solcher Menschen willen bewahrt Gott die Welt. Du magst sagen, daß es jetzt solche Mönche nicht mehr gibt, die für die ganze Welt beten; aber ich sage dir, daß großes Unheil hereinbricht und die Welt zugrunde geht, wenn es auf Erden keine Beter mehr gibt.» Vom Athos ist eine belebende Ausstrahlung ausgegangen, die weit bis nach Rußland hinein wirkte. Die «Philokalia» ist auf dem Athos entstanden; man hat sie schon mit einem rauchgeschwärzten Glas verglichen, durch das man unbeschadet in die sengenden Strahlen der Sonne blicken könne. Das Buch ist ein Kompendium der christlichen Mystik, die dem suchenden Menschen auf seinem inneren Weg wirklich zu helfen vermag. Es ist eine wahre Fundgrube tiefster Einsichten, die aus geistiger Erfahrung und nicht aus schriftstellerischem Ehrgeiz hervorgegangen sind. Auch die «aufrichtige Erzählung eines russischen Pilgerlebens» stammt vom Athos, es ist «das einzige Buch, welches, ganz und gar aus dem Volke kommend, von eigenartiger innerer Wärme durchpulst ist. Man meint, eine geheime Anziehungskraft zu spüren, die mehr als in manchem sogenannten Erbauungsbuch glüht. Der Pilger erlebt seine Gebetseinsamkeit mit Gott als die große Weitung des Herzens, die ihn mit allen Menschen, ja sogar mit der ganzen Kreatur vereint und ihn alles in göttlichem Lichte schauen läßt.»[2] Das Pilgerbüchlein atmet christliche Einfalt, in ihm ist eine Atmosphäre der Freude enthalten, es ist von einem gar innigen Gebetsgeist getragen, der sich dem empfänglichen Leser mitteilt, ihn anspricht und in eine höhere Region hinaufreißt.

Das Starzentum ist eine der herrlichsten Blüten am Baume der russischen Heiligkeit. Die Tätigkeit der Starzen läßt sich nicht mit der intellektuellen Beeinflussung der studierenden Jugend durch die akademischen Lehrer vergleichen; diese ist keineswegs zu unterschätzen, dringt jedoch selten bis zum ganzen Sein vor. Von den Starzen ging eine viel intensivere Wegweisung aus, wußten sie doch den Menschen klarzumachen, wie man leben muß, was unendlich viel mehr ist als jede Vermittlung theoretischer Kenntnisse. Kluge Gedanken besitzen viele Leute, aber wahrhaftig zu leben, sind nur die Heiligen fähig. In der Lebensmitteilung liegt das Charisma der Starzen, und es ist eine der tiefsten Schäden des heutigen Rußland, daß es keine solchen Männer mehr kennt, von denen derartige Lichtstrahlen ausgehen. Das Starzentum war eines der geistigen Kraftzentren des russischen Volkes; die Zellen dieser Männer standen für jedermann offen, und ungezählte Menschen haben bei ihnen Rat, Trost und Zuspruch geholt. Bei aller Abgeschiedenheit sind die Starzen doch beinahe über das Mönchtum hinausgeschritten; sie sprachen mit den Menschen unkonventionell, ehrlich und frei von jeder Schablone über alle Lebensfragen. Sie legten auf das geistige Tun das Hauptgewicht. Das Stehen der Menschen vor Gott war ihr großes Anliegen, alles andere trat gegenüber dieser Forderung zurück, weil nur in dieser geistigen Bemühung der Mensch bis ins Innerste durchsichtig wird. Vom Starez Tichon von Sadonsk gesteht Dostojewskij, er habe ihn schon lange mit Begeisterung in sein Herz geschlossen und sei betrübt, daß heutzutage so wenige Menschen ihn näher kennen. Im Unterschied zum modernen Pantheismus lehrte Tichon die Gegenwart Gottes im Weltall, die ihn mit einer allumfassenden Freude erfüllte. Die Starzen vermittelten den Menschen eine unvergleichliche, nie veraltete Weisheit. Statt dem Besucher auf der Seele zu knien, leiteten sie ihn an, alles im Licht der Verklärung zu betrachten: «Überhaupt kommt mir in den Sinn, daß die Menschen nur so, aus Versehen, nicht ganz gut sind, in Wahrheit aber sind sie gut. Darum ist es besser und richtiger, alle für Heilige zu halten. Letzteres kann man selbst einer richtigen Verurteilung vorziehen. Es liegt darin eine rühmliche Tat, und sie ist nicht vergeblich. Damit wird die Regel erfüllt: das Antlitz des Nächsten immer rein zu schauen. Wir haben ein Sprichwort: das unsrige ist auch ungewaschen weiß. Das ist sündhaft. Im Gegenteil: das unsrige ist auch gewaschen schwarz, das fremde aber ungewaschen weiß.» [3] Das russische Kloster war der fruchtbarste Nährboden, aus dem viele Heilige der Ostkirche hervorgegangen sind. Die klösterliche Gemeinschaft hat eine äußere und eine innere Seite, trotzdem bilden sie ein unteilbares Ganzes. Stets gilt es, beide Aspekte zu sehen, weil nur dann das Kloster als eine heilige Stätte und als ein Ort der Besinnung richtig verstanden wird.

Schon von außen lenkt das russische Kloster die Aufmerksamkeit des Menschen auf sich. Es ist in die Natur hineingebaut und bietet beinahe einen romantischen Anblick. «So entstehen diese neuen Klöster, meistens auf den hohen Ufern der unzähligen Flüsse und Seen, von wo aus unser Auge die bezaubernd ruhige Schönheit Nordrußlands erblickt... Die silbernen Wasserflächen wechseln mit dunklen, schlummernden Tannen- und Fichtenwäldern ab, deren Strenge am Rande des Wassers durch weiße, lockige Birken gemildert wird. Stundenlang kann man dastehen und das herrliche Bild schauen, wenn im Frühherbst unter den Strahlen der untergehenden Sonne die weißen Baumstämme und die goldenen Blätter der Birken glänzen auf dem rötlichen Hintergrund der Stämme des Hochwaldes, der still und bewegungslos in dunkelgrünem Kleide dasteht und träumt. Die Farben werden düster, aber die Luft ist rein und weithin durchsichtig. Das Läuten der Klosterglocke kommt nicht plötzlich, sondern allmählich und geht in die Weite. Die Klosterbrüder kommen zum Abendgottesdienst zusammen.»[4] Die aus heiliger Wehmut herausgeflossene Schilderung hat sich unzähligen Menschen eingeprägt. Die landschaftliche Schönheit und die darin stehenden russischen Klöster sind ein Spiegelbild des religiösen Strebens, denn für das russische Empfinden gehören das Schöne und das Göttliche noch unzertrennlich zusammen. Die wahre Schönheit ist ein Symbol, das den Menschen zum Ewigen hinleitet, und die Form eines Gebäudes ist nie bloße Form, sondern bringt immer etwas von dem Geist zum Ausdruck, der in ihm wohnt.

Noch überwältigender als der äußere Anblick ist die von den Klöstern ausgegangene innere Kraft. Man hat zwar vor den russischen Mönchen mit ihren wallenden Haaren auch schon einen Schauder empfunden und behauptet, es sei für eine Frau oder ein Mädchen nicht ratsam, in der Dämmerung in der Nähe eines Klosters zu spazieren. Josef Kallinikow hat mit seinen lüsternen

Romanen viel zur Verbreitung der Ansicht von der erotisierten Atmosphäre der Klöster beigetragen. Solche Verdächtigungen entsprangen jedoch der verdorbenen Phantasie eines dekadenten Zeitalters und tun dem Sein der russischen Klöster unrecht. Über die Spiritualität urteilte Trubetzkoy viel sachgemäßer: «Die Klöster sind das beste Kleinod unseres Lebens, sein Stolz, mögen sie auch mit hochmütiger Verachtung betrachtet werden von denen, die das geistige Leben nicht kennen und die so gar nicht nachdenken wollen über die mächtigen Beweggründe, die so viele Menschen zu diesem schweren Opfer drängen. Man möge auch von der Lauheit der Sitten einiger Klöster reden, von der Trägheit und dem Müßiggang der Mönche und von ihren Lastern – wir wissen, daß nirgends der Widerspruch zwischen Ideal und irdischer Wirklichkeit stärker zu sein vermag, obgleich nirgends er auch qualvoller und tiefer empfunden wird. Wir schätzen das Kloster als eine Anstalt, in der lebendigerweise die Lehre der Kirche zum Ausdruck kommt. Wir schätzen die Klöster, ungeachtet auch ihrer Schwächen, für die heiligen Perlen, die aus ihren Mauern emporleuchten.»[5] Im wahren Mönch ist eine lebendige Geistigkeit vorhanden, und mit seiner Entfernung vom irdischen Dasein ergibt er sich dem universalen Leben. Begreiflich, daß russische Denker beim Herannahen des Todes, sich des Gewandes des Philosophen entledigend, ausgerufen haben: «Die Mönchskutte her, die Mönchskutte, rasch...»[6]

Großartig ist diese Sehnsucht nach dem Kloster, und trotzdem genügt auch sie noch nicht. Das Kloster darf nicht zu buchstäblich verstanden werden, es will im Geist und in der Wahrheit begriffen sein. Die Mönche selbst haben tiefer gesehen und die innere Wahrheit des Klosters anders geschaut. Das Erhellendste darüber schrieb Theophanes der Einsiedler: «Es ist besser, nicht darüber nachzusinnen, ob einem das Kloster beschieden ist oder nicht, denn darauf kommt es nicht an. Man soll sein Inneres aufstacheln und beunruhigen, damit man nicht einschlafe. Im

Schlafe wurde Simson gebunden, geschoren und seiner Kraft beraubt. Wenn man das Kloster im Herzen hat, dann ist es gleichgültig, ob das Klostergebäude vorhanden ist oder nicht. Das Kloster im Herzen ist: Gott und die Seele.»[7] Wahrhaftig, dies ist eine tiefsinnige Sicht: ein Kloster in seinem Herzen aufzubauen, das ist eine der möglichen Lösungen des Lebens. Sie verwehrt zugleich, die Heiligkeit mit dem Mönchtum zu identifizieren. Dies käme einer unerlaubten Einschränkung gleich. Es gab in Rußland auch heilige Narren, heilige Fürsten, sie trugen nicht das Mönchsgewand, aber sie alle befanden sich in einer inneren Gebetszelle, welche die immerwährende Verbundenheit mit Gott symbolisiert.

Die Heiligen waren die religiösen Erzieher des Volkes und brachten es in Beziehung zum Evangelium. All die liebenswerten Eigenschaften des russischen Volks, wie das erbarmende Mit-Leiden, das Teilen mit dem Nächsten, das demütige Verneigen usw., sind Früchte, die in vielen Jahrhunderten am Baum der russischen Christenheit reiften. Westliche Gelehrte haben oft harte Urteile über das russische Christentum gefällt: sie beschuldigten es einer heidnischen Haltung mit christlichem Einschlag, bezichtigten es des Synkretismus und behaupteten, in seinen Gottesdiensten werde das Evangelienbuch bloß von außen geküßt und nicht aufgeschlagen und dem Volk vorgelesen. Das ist natürlich eine verständnislose Auffassung, über die man sich freilich nicht allzusehr verwundern kann, weil es sogar Russen gegeben hat, die mit Turgenjew das mystische Knien «vor dem russischen Schafpelz» verhöhnten. Derart uneinsichtige Urteile sind von der westlichen Aufklärung eingegeben. Auch das russische Christentum hat ein Anrecht darauf, von seinen eigenen Voraussetzungen aus betrachtet zu werden, es ist vor allem so zu verstehen, wie es sich selbst verstanden hat; dann enthüllt sich auch seine tiefe Christusinnigkeit. Das östliche Christentum ist nicht *das* Christentum, diese Aussage käme einer unstatthaften Verabsolutierung gleich; aber es ist eine bedeutsame Brechung des christlichen Lichtes im Prisma des russischen Volkes.

Das russische Christentum bedarf keiner Idealisierung. Jede sentimentale Schwärmerei führt notwendig zu einem falschen Bild. Auch die Ostkirche leidet an unverkennbaren Schwächen. Oft war sie von einem viel zu starken Mißtrauen gegenüber dem westlichen Christentum erfüllt und kannte deren Heilige und Mystiker zuwenig. «Unsere Kirche verharrt seit Peter dem Großen in einem Zustand der Lähmung», schrieb Dostojewskij[8]. Kein Wunder, daß die Popen überall schliefen, was nicht wenig zum Niedergang des religiösen Lebens beitrug. Die Ostkirche nahm von der sozialen Not im vergangenen Jahrhundert keine oder nur geringe Kenntnis, sie erhob nicht protestierend ihre Stimme für die Erniedrigten. Darum fühlten sich in ihr der «reuige Adel», die Intellektuellen und die Arbeiter nicht mehr heimisch. Ein moderner Sohn des russischen Christentums meinte: «Die orthodoxe Kirche stillt in wunderbarer Weise die Bedürfnisse einer harmonischen, aber nicht die Nöte einer verwirrten Seele.»[9] Verhängnisvoll wirkte sich für die russische Kirche ihre völlige Abhängigkeit vom Staate aus. Durch die Verkettung mit dem regierenden System wurde sie in den Sturz des Zarismus hineingerissen und drohte im Strudel der Vernichtung unterzugehen. In der Gegenwart wird die Ostkirche vom Christus hassenden Kommunismus nur äußerst notdürftig geduldet. Die russischen Kirchenführer müssen beteuern, kein anderes Ziel zu kennen, als «friedliebende Sowjetbürger» zu sein. Ihnen aus diesem schiefen Bekenntnis einen Vorwurf zu machen, ist angesichts ihrer bedrängten und ungeheuer schwierigen Situation unangebracht, wenn auch die aufgezwungene Doppelexistenz eine furchtbar quälende Angelegenheit ist. Doch erschöpfte sich das Verhältnis der Kirche zum Staat nicht zu allen Zeiten in einem kriechenden Servilismus. Es gab auch russische Christen, die den ungerechten Taten der Fürsten mutig entgegengetreten sind, und es wird die Zeit kommen, wo sie wieder mit tapferer Unerschrockenheit den modernen Machthabern die gleisnerische Larve vom Gesicht reißen.

Es wäre sehr ungerecht, wollte man das russische Christentum nur nach seinen Fehlern und nicht auch nach seinen vorbildlichen Leistungen beurteilen. Es ist zwar in seinem Wesen nicht leicht zu bestimmen; bei seiner Erfassung hat man der Worte Florenskijs eingedenk zu bleiben: «Die Undefinierbarkeit der orthodoxen Kirchlichkeit ist der beste Beweis ihrer Lebendigkeit.»[10]

Das russische Christentum zeigt sich besonders eindrucksvoll in seinen Gottesdiensten. Die Predigt ist ihm keineswegs unbekannt, sie steht aber nicht an erster Stelle. Dominierend ist die Liturgie, die mit ihren prächtigen Kirchengesängen wohl jeden aufgeschlossenen Besucher ergreift. Wer dem liturgischen Gottesdienst nicht zugänglich ist, dem bleibt das russische Christentum immer fremd. Die Liturgie ist im orthodoxen Christentum nicht nur eine Erinnerung an Christi Leben, Sterben und Auferstehen, sondern eine unmittelbare Vergegenwärtigung des evangelischen Geschehens, eine Aktualisierung der biblischen Ereignisse, ihre Wiederinkraftsetzung auf Erden. Es lebt viel Urchristliches im östlichen Christentum, und noch heute ist es für die Menschen von befruchtendem Einfluß. Vom Kultus ist der Gedanke der Verklärung des Alltages ausgegangen, der für das russische Christentum so charakteristisch ist. Gewiß scheint in den orthodoxen Kirchen oft nicht viel zu geschehen, doch ist dies eine Täuschung. Es wird im östlichen Christentum ein Glaube bekundet, der den Menschen die Kraft verleiht, dem Nächsten in Liebe näherzukommen und den grauen Alltag mit einem höheren Licht zu durchdringen.

Die russische Christlichkeit erstreckt sich jedoch nicht nur auf den liturgischen Raum. Sie erweist ihre Kraft in gar vielen Beziehungen des Lebens, nicht zuletzt auch in der Liebe zum sündigen

Menschen. «Der Geist der russischen Rechtgläubigkeit läßt sich nicht an Hand der theologischen Traktate, an Hand der offiziellen Lehre der Kirche aufweisen, welche überhaupt schwer zu fassen ist. Dieser Geist erfüllt vielmehr die ganze Atmosphäre, welche das russische Volk atmet, in welcher es lebt. Diesen Geist verspürt man im Gottesdienst, in der heiligen Bildmalerei, in den Lebensschilderungen der russischen Heiligen, im russischen Starzentum, dieser einzig in ihrer Art dastehenden Erscheinung, in der russischen Frömmigkeit, in den russischen Pilgern aus dem einfachen Volk, sogar in einigen Besonderheiten des russischen Sektenwesens.»[11] Im russischen Volk lebte einst eine Inbrunst und eine Gläubigkeit, wie man ihr nur noch in Spanien und Irland begegnete, und es waren die Feinde der Kirche, die mit Belinskij behaupteten, es sei das unreligiöseste Volk der Welt. Dies ist die Verleumdung eines Literaten, dem die Tiefe der russischen Religiosität unbekannt geblieben ist. Das russische Volk als solches darf nicht ein heiliges Volk genannt werden. Das käme einer mit dem Evangelium unvereinbaren, chauvinistischen Volksvergötzung gleich. Es war wie alle Völker ein sündhaftes Volk. Aber trotz all seiner Verfehlungen lebte eine Gläubigkeit in ihm, und inmitten der Sünde verehrte es das Vorbild der Heiligkeit.

Einen starken Eindruck vom russischen Christentum empfängt man auch aus den großen Schöpfungen der russischen Literatur. Die Seele des russischen Menschen begann in ihr zu sprechen; mit ihrem Ausblick nach der metaphysisch formenden Kraft überschritt sie den bloßen Ästhetizismus. Die russischen Dichter haben stets die Kunst um der Kunst willen verneint und wollten vielmehr mit ihren Werken eine Anweisung zum Leben vermitteln. Es geht in der russischen Literatur um Wahrheit, um Lebensgestaltung, um ein Suchen nach der transzendenten Welt. Sie ist vom prophetischen Geist inspiriert, ist voller Ahnungen und Visionen der kommenden Katastrophen, ist ein Ausdruck des schöpferischen Geistes. Seit Gogols erschütterndem Schöpfertum ist sie von religiösen Kräften bewegt. Was Dostojewskij, Leskov, Tolstoj geschrieben haben, ist vom Geist Christi angehaucht; es gehen noch heute von ihr unmittelbare Impulse auf den Leser über. Auch wo sie scheinbar rein weltlichen Charakter aufweist, wie bei Gontscharow, ist sie dem Religiösen benachbart, weil es in Rußland nichts gab, das nicht von Gott kam. Die mächtige Literatur Rußlands entfaltet das ganze Leben, sie dringt bis zu den letzten Abgründen des Daseins vor und hebt sich hinauf zu den höchsten Lichtvisionen. Sie hat so unendlich tief in das menschliche Leben hineingeleuchtet und ist vom lebhaften Gefühl durchdrungen, daß es der Mensch mit den Mächten und nicht mit bloßen Ideen zu tun hat. Sie flüstert dem Leser rätselhafte, unfaßliche und beunruhigende Worte zu, lehrt den Menschen die Wirklichkeit sehen und das, was mehr ist als die Wirklichkeit. Auch die Dichter des alten Rußland legten direkt und indirekt ein beredtes Zeugnis für die östliche Christlichkeit ab.

Ebenso groß ist die Bedeutung des religionsphilosophischen Schrifttums für die Ostkirche. Es hat fast ausschließlich Laien als Verfasser, die aber den meisten russischen Theologen an Lebendigkeit und Aufgeschlossenheit überlegen sind. Wie stark ist das Pathos Kirejewskijs für die Ganzheit, und wie aufschlußreich ist sein Eintreten für das innere Wissen des Glaubens: «Weder Gott, noch Christus, noch die Kirche sind die Autorität, da die Autorität etwas Äußerliches ist. Sie sind die Wahrheit, sie sind das Leben, das innere Leben des Christen, sie sind lebendiger in ihm als das Herz, welches in seiner Brust schlägt, und als das Blut, welches in seinen Adern fließt; aber sie sind es nur insofern, als er selbst an dem allgemeinen Leben der Liebe und Eintracht, welches eben das kirchliche Leben ausmacht, teilhat.» [12] Zwar besteht zwischen der russischen Religionsphilosophie mit ihren oft kühnen Spekulationen und der orthodoxen Kirchenlehre keine fugenlose Übereinstimmung, gleichwohl sind die religiösen Denker von der Ostkirche geboren, genährt und großgezogen und sind bewußt oder unbewußt durch ihre Spiritualität weitgehend bestimmt.

Trotz der Tiefe der ostkirchlichen Frömmigkeit kann man heutzutage nicht nur im Tone der ungetrübten Heiterkeit von ihr sprechen. Eine düstere Vision überkam Theophan den Einsiedler, der in seinen «Briefen vom christlichen Leben» in der zweiten Hälfte des 19. Jahrhunderts schrieb: «Ich schließe daraus, daß nach einer, im günstigsten Fall nach zwei Generationen unsere Rechtgläubigkeit versiegen wird.» [13]

Die prophetische Aussage des heiligen Mannes ging in Erfüllung. Die Wellen des Atheismus zerschlugen sich nicht am rechtgläubigen Rußland, vielmehr überflutete der Bolschewismus mit seiner Gottlosigkeit das ganze Land. Nach Lenin muß der Kampf gegen Gott, «den Erzfeind der kommunistischen Gesellschaft», mit aller Energie geführt werden, da jede religiöse Idee eine unaussprechliche Gemeinheit sei. Diese Direktive wurde sklavisch befolgt. Eine furchtbare Verfolgung versuchte alles Christliche auszurotten. Die Ostkirche erduldete eine der schwersten Heimsuchungen; keiner anderen Konfession ist in der modernen Zeit ein so entsetzliches Schicksal widerfahren. In der Notzeit der russischen Christenheit bezeugten viele Märtyrer den Glauben mit ihrem Blut, die Zahl der Gläubigen dezimierte sich erschreckend, und heute besuchen vorwiegend ältere Leute die Kirche. Profane Beurteilung betrachtet die Weiterexistenz des Christentums in Rußland als ein bloßes Generationenproblem.

Ein westlicher Schriftsteller faßte nach seiner Rußlandreise das Ergebnis seiner Eindrücke in die Worte zusammen: «Seit das Christentum in Rußland ausgerottet und andererseits säkularisiert ist, scheint es keinen Schlüssel mehr zu geben zum Herzen dieses Volkes, und ich glaube: die Russen empfinden dies und leiden daran.»[14] Da der Schlüssel verlorengegangen ist, wurde der russische Mensch zu einem Rätsel, auch für den Russen selbst und nicht nur für den Westeuropäer. Die russische Seele – die modische Bezeichnung wurde zum Schlagwort erniedrigt und kann doch nicht als bloßer Gemeinplatz abgetan werden – ist voller Widersprüche und tiefklaffender Gegensätze. Sie erscheint oft als ein undurchdringliches Labyrinth. Die Rätselhaftigkeit des russischen Menschen ist unausdeutbar. Einzig im russischen Christentum beginnt sie sich aufzulösen, es ist in seiner reinen Verkörperung klar wie ein Bergsee. Auch die alte Frage, ob Rußland zu Europa oder zu Asien gehöre, hat sich, seitdem es keinen Schlüssel zum Herzen dieses Volkes mehr zu geben scheint, zu einem unlösbaren Problem gesteigert. Gingen die Meinungen über dieses Thema schon früher in Rußland wie in Europa weit auseinander, so ist die Frage heutzutage geradezu unbeantwortbar geworden. Das christliche Rußland jedoch gehört ganz entschieden zum Abendland, darüber kann es keine ernsthafte Diskussion geben. Zwischen dem christlichen Rußland und der westlichen Christenheit besteht ein inneres Verstehen, das um so mehr wächst, als das kommunistische Rußland die Trennungslinie vergrößert. Die Beziehungen zwischen den östlichen und westlichen Christen können nie genug gepflegt werden; Christen sind Brüder in Christo. Wenn es auch eine Simplifizierung bedeutet, die Ostkirche kurzerhand mit dem johanneischen Christentum zu identifizieren, ein Körnchen Wahrheit ist daran, jedenfalls bedürfen wir des russischen Christentums genauso, wie es unser bedarf. Die Ostkirche ist allezeit der Dritte, der auch angehört werden muß, sagte schon Franz von Baader; sie ist vor allem auch in das Gebet des Herrn eingeschlossen, «daß alle eins seien».

In der Gegenwart erlebt das russische Christentum seinen Karfreitag. Es ist in den Sarg seiner Kirchenmauern eingeschlossen, und die geringste Ausstrahlung nach außen ist ihm untersagt.

Endlos scheint die Karfreitagsnacht zu sein, voll Trauer und voll Dunkel, und in dieser Finsternis voll Bangigkeit ist es angebracht, die Christen immer wieder an die Worte Bernanos' zu erinnern: «Ich stelle mir vor, daß das russische Volk ein elendes Volk, ein Volk von Elenden gewesen ist, daß es die Trunkenheit des Elends und dessen Besessenheit kennengelernt hat. Wenn die Kirche ein Volk auf die Altäre erheben könnte, und wenn sie gerade dieses Volk dazu ausersehen hätte, dann hätte sie aus ihm den Schutzheiligen des Elends gemacht, den besonderen Fürsprecher der Elenden... Es genügt, einmal die Klage eines Volkes gehört zu haben oder zu glauben, man hätte sie gehört, eine Klage, die der keines anderen Volkes gleicht, nicht einmal der des jüdischen, das in seinem Stolz einbalsamiert ist wie ein Toter in seinen Wohlgerüchen. Es ist übrigens keine Klage, es ist ein Gesang, ein Hymnus! Oh, ich weiß wohl, es ist kein Kirchenhymnus, man kann es kein Gebet nennen. Es ist alles darin, wie man so sagt. Das Jammern des Muschik unter der Knute, der Schrei der geprügelten Frau, das Aufstoßen des Trunkenboldes und dieses Grölen wilder Freude, dies Brüllen der Eingeweide, denn das Elend und die Üppigkeit suchen ja leider einander und rufen einander zu in der Finsternis wie zwei hungrige Tiere. Das müßte mir wirklich Schauer erregen. Dennoch glaube ich, ein solches Elend, das sogar seinen Namen vergessen hat, das nicht mehr sucht und nicht mehr überlegt, das sein verstörtes Antlitz auf gut Glück niederlegt, wird eines Tages an der Schulter Jesu Christi erwachen.» [15]

Obschon die Ostkirche gegenwärtig eine nicht enden wollende Karfreitagsnacht erlebt, galt in ihr von jeher Ostern als das größte Fest. Wer schon an einem ungemein erregenden Ostergottesdienst in einer russischen Kirche teilgenommen hat, der kennt nur den einen Wunsch, noch einmal eine solche Osterfeier mitzuerleben und daß ihn diese Gläubigkeit durchs Leben hindurch begleite. Unbeschreiblich ist der österliche Jubel, der in der Morgendämmerung durch die Kirche braust: Christus ist auferstanden. Der Auferstehung harrt auch das russische Christentum; wenn seine Zeit der Katakomben vorbei ist, werden sich seine Bande lösen, und es wird das universale Ostern erleben, in dem die östlichen Christen die westlichen Christen mit dem Osterkuß begrüßen: Er ist wahrhaftig auferstanden!

Heilige der Gegenwart

Der unbekannte Heilige
Maximilian Kolbe

«Als die Unbekannten und doch Bekannten» bezeichnete sich Paulus im zweiten Korintherbrief[1]. Die Formulierung klingt paradox. Sie bildet die Melodie, nach der das Leben von Maximilian Kolbe komponiert ist. Zunächst im wörtlichen Sinn: Pater Kolbe ist für die meisten Menschen unbekannt; sie haben über ihn höchstens in den Zeitungen die kurze Notiz von seiner Seligsprechung gelesen. Für Polen trifft dies natürlich nicht zu, aber er wird dort nach dem Klischee der früheren Hagiographie dargestellt, das den heutigen Menschen mehr abstößt als anspricht. Noch mehr ist er im geistigen Sinne unbekannt. Pater Kolbe war ein verhüllter Bote, dessen Heiligkeit unter einem gewöhnlichen Kleide bis zur Unkenntlichkeit verborgen war. Es bedarf einer seelischen Anstrengung, um den Glanz hindurchschimmern zu sehen. Die Heiligen haben ihr Geheimnis, das sie zu hüten verstehen; ihr innerstes Anliegen ist in ein Schweigen gehüllt; das man ihnen nicht entreißen kann. Die Verborgenheit gehört zum Wesen des unbekannten Heiligen. Pater Kolbe sprach es deutlich aus: «Unbemerkt möchte ich mich verzehren, ohne eine Spur zu hinterlassen.»[2] Diese Äußerung steht im Gegensatz zum Bestreben des heutigen Menschen, der von Ehrgeiz und Ruhmsucht geplagt, sich ins Rampenlicht setzen möchte und sich unglücklich fühlt, wenn es ihm nicht gelingt. Von all dem ist bei Pater Kolbe nichts, aber auch gar nichts vorhanden. «Kolbe im Verschwinden» ist die entsprechende Überschrift für den unbekannten Heiligen. Gottes Freunde sind vom Verlangen erfüllt, möglichst unbemerkt auf dieser Erde vorüberzugehen. Ihre wunderbare Seelengeschichte spielt sich in einer unergründlichen Sphäre ab, die dem angeblich gesunden Menschenverstand verschlossen bleibt und deshalb mit keiner rationalen Methode erfaßbar ist.

Man muß sich Pater Kolbes zweifacher Herkunft erinnern, um von ihm eine erste Ahnung zu bekommen.

Es liegt nahe, ihn aus seinem Polentum zu erklären, aus jener melancholischen Landschaft mit den vielen Wäldern und den brennenden Sonnenuntergängen. Polen ist das Land zwischen Osten und Westen; jahrhundertelang empfand es sich als die «Vormauer der Christenheit». Mehrfach mußte die unglückliche Nation eine Teilung über sich ergehen lassen, weswegen sie bis zum heutigen Tag an einem Trauma leidet. Das polnische Volk hat von all seinen Nachbarvölkern nichts als Unterdrückung erfahren, und dabei lebt in ihm eine leidenschaftliche Sehnsucht nach Freiheit. Des öftern mußte sich das Land gegen die Russifizierung zur Wehr setzen, und die gegenwärtige Generation erlebte einen beispiellosen deutschen Vernichtungsfeldzug. Dies waren schwere Leiden, die sich tief in die Seele eines Volkes einprägen. Polen vertritt einen slavischen Katholizismus. Tschenstochau ist das nationale Heiligtum. Freilich gibt es noch keine Darstellung über die Spiritualität des polnischen Katholizismus mit seiner Glaubensfreudigkeit und seiner Opferbereitschaft – wahrscheinlich weil diese Christen in anderen Worten andere Dinge denken als die westlichen Menschen. Das trifft auch auf Pater Kolbe zu, war er doch trotz seiner österreichischen Abkunft mit Leib und Seele Pole, der selbst in der größten Gefahr nicht auf seine polnische Nationalität verzichten wollte. Ungeachtet seiner emotionalen Verbundenheit mit der polnischen Heimat bat er seine Mutter, dafür zu beten, daß «seine Liebe immer mehr wachse, bitte vor allem, daß sie ohne Grenzen sei»[3]. Er wollte nicht an den geographischen Zaunpfählen stecken bleiben und dachte immer daran, daß es unter der über Gute und

Böse aufgehenden Sonne noch andere Länder gibt. Pater Kolbe ist kein bloß nationaler Heiliger, sondern steht, wie alle Heiligen, für die ganze Christenheit ein.

«Das größte Gift in unseren Tagen ist die Gleichgültigkeit. Sie findet ihre Opfer nicht nur unter Weltleuten, sondern auch in unseren Reihen, freilich in je verschiedener Weise»[4], sagte der allem Chauvinismus fernstehende Pater Kolbe zu seinen Landsleuten. Offensichtlich schmeichelte er weder ihrem Nationalbewußtsein noch ihrer Eitelkeit und ließ sich auch nicht durch die überfüllten Kirchen täuschen. Die Anklage trifft die Polen und uns in gleicher Weise, da dieses Übel wie ein Krebs am Mark der ganzen Christenheit frißt. Der unbekannte Heilige hat mit der Signalisierung der Indifferenz den Finger auf die Wunde gelegt, und wir können sie unmöglich als eine Fehldiagnose bezeichnen. Auch Tichon sagte zu Stawrogin, «reiner Atheismus ist wertvoller als weltliche Gleichgültigkeit»[5]. Die Indifferenz verursachte die Paralyse der Kirche; der laue Christ findet sich in allen Nationen – er ist die tödliche Krankheit der Christenheit.

Der andere Hinweis geht dahin, Kolbe als Arbeitersohn zu sehen. Während man es früher liebte, die Heiligen als Kinder vornehmer und gottesfürchtiger Eltern zu schildern, ist es heute Mode, ihre proletarische Abkunft zu unterstreichen. Die erbauliche Literatur über Kolbe bezeichnet ihn als ein vorbildliches, artiges Knäblein, das nach jedem Bubenstreich die Rute selbst holte und sie der Mutter reichte! So verlangt es das unnatürliche Schema der frommen Heiligenliteratur, die einmal Julien Green zu der wütenden Äußerung veranlaßt hat: «Diese Bücher sind in einem Stil geschrieben, den offenbar der Teufel aufgebracht hat, um möglichst stark vom Glauben abzuschrecken.»[6] Die Zornesworte des französischen Dichters sind nicht abzuweisen. Vermutlich erfuhr auch die Aussage über Kolbes Jugendzeit eine schönfärberische Übermalung, und ich kann mir denken, daß dieses Bild nicht ganz stimmt, zumal wir vieles über Kolbe nicht wissen, was wir gerne wissen möchten. Sollte die erbauliche Schilderung zutreffen, macht sie uns erst recht Mühe, weil sie unserem Lebensgefühl widerspricht; denn kleine Schlingel sind uns lieber als allzu brave Musterkinder.

In Wirklichkeit war Kolbe kein leicht erziehbares Kind. Der Seufzer der Mutter «Was soll aus dir werden?» verrät deutlich den Eigensinn des Knaben. Im geistlichen Gymnasium war er das «enfant terrible»; leidenschaftlich liebte er Mathematik und Naturwissenschaft, während ihn die Theologie gar nicht interessierte. Außerdem war er von Skrupeln und Zweifeln geplagt, so daß ihm der Novizenmeister einen Beistand geben mußte. Die Zweifel verbinden Kolbe mit uns, denn auch wir werden von ihnen heimgesucht. Sein älterer Bruder trat während des Noviziates wieder aus, und auch der junge Kolbe fragte sich, ob er wohl am richtigen Ort sei. Er war eben im Begriffe, sich beim Rektor abzumelden, als ihn seine Mutter besuchte und ihn zum Bleiben überredete. Es fehlte im Leben Kolbes nicht an harten Auseinandersetzungen, denn auch der Heilige steckt in einem beschwerlichen Werdeprozeß. Pater Kolbe konnte hart und unnahbar erscheinen, sagten die einen, während andere seine besorgte Hilfe gegenüber depressiv veranlagten Mitbrüdern hervorhoben. Sicher war er ein eigenwilliger Mensch, der sich von den ihm als richtig erscheinenden Bestrebungen nicht abbringen ließ und durch keine Argumente zu überzeugen war. Jedenfalls war Kolbe nicht so einfach gebaut, wie es in der Propagandaliteratur geschrieben steht. Heilige sind mehrschichtiger und hintergründiger, als wir gewöhnlich annehmen, und lassen sich deshalb nicht auf eine Formel bringen. Kolbe erkrankte später an einer schweren Tuberkulose, die ihm fatale Rückschläge bereitete. Niemand weiß, was ihm während der langen Liegekuren durch den Kopf gegangen ist.

Die bisherigen Ausführungen sind zum Verständnis Pater Kolbes nicht nebensächlich, aber sie verbleiben im Vorhof. Wer ihm nahekommen will, muß an die Geschehnisse denken, die das Leben des unbekannten Heiligen geprägt haben.

Nach Beendigung seiner Vorbereitungszeit trat Pater Kolbe bei den Minderbrüdern ein. Man zeigt der Nachwelt das Bild eines schmächtigen Mannes in der geflickten Kutte mit dem an der Seite baumelnden Rosenkranz. Mutet seine äußere Aufmachung nicht etwas anachronistisch an? Auch die Gruppenbilder, die Kolbe mit seinen Mitbrüdern zeigen, bekunden weder eine photogene Persönlichkeit noch das geringste photographische Können. Harmlos wie sie sind, verdecken sie Pater Kolbes Gestalt bis zur Unkenntlichkeit, jedenfalls darf man nicht an ihnen hängen bleiben. Man muß schon durch diese traditionalistische Hülle hindurchschauen, um das erschütternde Leben des Heiligen und seine unabweisbar drängende Botschaft wahrzunehmen.

Vorerst müssen wir ganz schlicht betonen: Pater Kolbe ist ein Sohn des Franziskus. Dieses unscheinbare Sätzlein schließt eine erregende Wahrheit in sich und zeigt uns den Weg zum Einstieg in Pater Kolbes geistigen Lebensraum. Damit ist auch eine Verbindung mit Reinhold Schneider angedeutet. Der Dichter schrieb eine Schrift «Die Stunde des heiligen Franz von Assisi», die das gemeinsame Poverello-Verständnis bezeugt: «Das Einzigartige, das wirklich Franziskanische liegt in dem Mut zur Unbedingtheit und Folgerichtigkeit, es liegt keineswegs in einem neuen Gedanken oder einem neuen Gefühl, sondern darin, daß mit dem äußersten Ernste von Christus her, im Gehorsam gegen Christus ein Leben gelebt wurde; in der unerhörten Kühnheit des Verlangens, auf dem Wege demütiger Nachfolge in Christus verwandelt zu werden.» [7] Die Deutung trifft Wort für Wort auf Pater Kolbe zu: er war ein echter Sohn des Franziskus, und sein ungewöhnlicher Einsatz ist allein von dort her zu begreifen. Die Armut war für ihn ein besonderer Weg zum Heil, war er doch fähig, auf allen Besitz zu verzichten. Pater Kolbe wußte auch um das ärgerniserregende Geheimnis des Gehorsams und zog aus der

Unterwerfung seine Kraft. Die Freude begleitete ihn wie eine stumme Musik durch das Leben. Er sprach zwar wenig davon, weil die gewöhnlichen Ohren sie doch nicht hören. Wie tief Pater Kolbe den Poverello verstanden hatte, zeigt sich darin, daß bei ihm Patres und Brüder wieder zusammen lebten wie zur Zeit des Franziskus. Pater Kolbe setzte sich schon für den bedeutsamen Rückgriff auf den Ursprung ein, als bei uns noch niemand an der unfranziskanischen Rangunterscheidung Anstoß nahm und sie im Gegenteil mit dem Hinweis auf die Feudalzeit rechtfertigte. Pater Kolbe bekannte sich zu einem franziskanisch aufgefaßten Christentum und war überzeugt, daß ein armes, wehrloses, in der Mystik verwurzeltes, aber innerlich auf die Freude eingestelltes Evangeliumsverständnis auch heute noch Eindruck macht. Wir dürfen Franziskus nur nicht in ein starres Ordensgehäuse einsperren, sondern müssen ihn wieder in seiner ursprünglichen Geistesgewalt sehen, die, äußerlich unscheinbar, doch von einer unvergleichlichen Christus-Ähnlichkeit durchpulst war. Den kleinen, durch Umbrien wandernden Mann kann man nicht totschweigen, ohne die größte Gestalt aus der Geschichte der Christenheit herauszubrechen. Der Stifter der franziskanischen Gemeinschaft war dem Herrn so nahe gekommen, wie ihm seit den Tagen der Apostel niemand mehr nahe gekommen ist. Vom Poverello übernahm Pater Kolbe die Einsicht, daß es auf das Tun des Wortes ankommt, weshalb er in seiner Nachfolge den letzten Einklang zwischen Botschaft und Leben, zwischen Außen und Innen erstrebte. Die Wahrheit erschließt sich nur in der Verwirklichung. Das Interesse für Dichtung, Kunst und Kultur trat bei Pater Kolbe zugunsten der franziskanischen Seinshaltung ganz zurück.

Ein weiteres, wesentliches Zeichen im Leben Pater Kolbes ist seine Beziehung zur Immaculata. Auch sie scheint zunächst einem tieferen Verständnis des unbekannten Heiligen hemmend im Wege zu stehen. Dabei denken wir nicht an die kitschige Maria-Statue, die er aufzustellen pflegte, sondern überhaupt an seine mit der polnischen Spiritualität zusammenhängende, ausgeprägte Mariologie, die an eine gemütsorientierte, um nicht zu sagen, rührselige Frömmigkeit grenzt. Die Polen fallen in den Kirchen auf die Knie, küssen den Boden und blicken voller Andacht zur Gottesmutter empor. Ihre manchmal hyperbolische Marienverehrung, die Christus kaum erwähnt, ist dem heutigen Christen fremd geworden, der weiß, daß die Marienbeziehung in einen größeren Zusammenhang einzuordnen ist, damit niemals das ewige Vaterbild verdunkelt werde. Doch ist es geboten, bei Pater Kolbe zu unterscheiden zwischen dem, was er sagte, und dem, was er meinte. Er bediente sich noch der alten Begriffssprache, die seiner Intention nicht adäquat ist und leicht zu einer simplifizierten Interpretation verführt.

Pater Kolbes innerem Verhältnis zur Immaculata lag ein Marienerlebnis zugrunde, das ihm in seiner Jugend zuteil geworden war. Die Einzelheiten der Erscheinung sind ungenau oder ausgeschmückt überliefert – an der Wirklichkeit des Erlebnisses selbst ist nicht zu zweifeln. Es veranlaßte ihn, während seiner Studienzeit in Rom eine Miliz für die Makellose zu gründen, deren Mitglieder sich durch ein Ritterwort verpflichteten. Pater Kolbe strebte ein marianisches Rittertum an, dem der Wert eines Zeichens zukommt. Das Wort «Ritter» weist auf eine geistig kämpferische Vereinigung hin – die Herrin seines Herzens war eine kriegerische Jungfrau, mochte er sie zuweilen auch seine «süße Mutter» nennen. Ein sentimentaler Marienkult hätte zu seiner nüchternen und sachlichen Veranlagung gar nicht gepaßt. «Im Gehorsam tut die Immaculata ihren Willen kund», pflegte der von einem marianischen Charisma durchglühte Pater Kolbe zu sagen[8]. Charakteristisch für ihn ist seine personalisitische Auffassung des Mariengeheimnisses: Es ist ein Anruf, die Haltung Marias im eigenen Leben nachzubilden!

Die Beziehung Pater Kolbes zur Immaculata schließt die Aufforderung in sich, unser Verhältnis zu der Mutter des Herrn besonnen und mit allem Wahrheitssinn neu zu überdenken. Es handelt sich dabei nicht um eine Angelegenheit der Kontroverstheologie. Pater Kolbe hat sich nie daran beteiligt, weil ihm Maria nie ein wissenschaftliches Kolleg gelesen hat. Er war der Ansicht: «Im Gebet auf den Knien lernt man über die Muttergottes mehr als aus den gelehrtesten Büchern.»[9] Wir denken dabei an die weit zurückreichende Tradition der Marienverehrung im katholischen, im ostkirchlichen und im ursprünglich reformatorischen Raum und vergegenwärtigen uns, mit welch großartigen Schöpfungen die Künstler früherer Zeiten der Mutter des Herrn gehuldigt haben. Für das christliche Denken ist jede Beziehung zu Maria durch das Evangelium bestimmt. In ihrer Gehorsamstat liegt der Zugang zu ihrer Existenz, denn sie zeigt die Wechselwirkung zwischen der göttlichen Anrede und der menschlichen Antwort. Wer sich stur gegen jegliche Marienverehrung ausspricht, der beteiligt sich nach der Ansicht einer weisen Frau, ob er es weiß oder nicht weiß, am Aufstand gegen das Weibliche in der Welt, das sich noch verhängnisvoller auswirkt als der Aufstand gegen die leiblichen Väter. Denn Maria ist eindeutig *die* Erscheinung des Weiblichen in der Welt, die mit ihrem heiligen Schweigen die gotteigene Bewahrung des ewigen Wortes bekundete.

Noch ein drittes Ereignis aus Pater Kolbes Leben ist zu nennen, das sich aus seiner Zugehörigkeit zu Franziskus und zur Immaculata erklären läßt. Es ist seine Schau der Zeit, die er unter den Aspekt eines Kampfes gegen den modernen Unglauben rückte. Er sah die Kirche durch die Tätigkeit der Freimaurer gefährdet und rief zu einem Kampf gegen das Antichristentum der Neuzeit auf. In Pater Kolbes Zeitkonzeption finden sich wertvolle Anknüpfungspunkte: «Wir müssen die religionsfeindlichen Bewegungen unserer Zeit, ihre Methoden und Erfolge genau studieren. Vor allem sollen wir das Gute und Böse darin genau auseinanderhalten. Im Kampf gegen eine verwerfliche Bewegung gilt es in erster Linie, ihre guten Elemente zu entdecken, herauszuschälen und sie uns zu eigen zu machen.»[10]

Um der Aufgabe der Zeit nachkommen zu können, gründete Pater Kolbe die schon erwähnte Miliz im Dienste der Immaculata, eine geistliche Kampftruppe, die sich zu einem neuen Kreuzzug bereit erklärte. Pater Kolbe umschrieb ihr Ziel wie folgt: «Sich einsetzen für die Bekehrung der Sünder und der Häretiker, für die Heimholung der Schismatiker und der Juden, besonders aber für die Bekehrung der Freimaurer.»[11]

Pater Kolbes Miliz vergrößerte sich rasch, und nun sah er seinen Auftrag darin, ihr ein Zentrum zu geben. Er gründete Niepokolana, eine Barackenstadt, die sich unter seiner Leitung zu einer franziskanischen Ordensstadt entwickelte, von der ein Jude gestand: «Ich bin Kommunist, doch muß ich zugeben, daß hier der echte Kommunismus zu Hause ist. Es ist wahr, daß in Niepokolana das wirkliche Leben der Gemeinschaft gelebt wird.»[12]

Pater Kolbe hegte den kühnen Plan einer Eroberung der Welt für die Immaculata. Das war nicht nur eine Idee, mit der er gelegentlich spielte, im Gegenteil, in leidenschaftlichem Missionseifer gründete er eine Zweigstation in Japan, die übrigens noch heute existiert, und plante weitere Niederlassungen. Trotz finanzieller Schwierigkeiten und trotz dem mangelnden Verständnis seitens des Ordens schuf er aus dem Nichts ein ansehnliches Werk. Er bejahte vorbehaltlos auch die moderne Technik, kaufte die leistungsfähigsten Druckmaschinen und stellte alle technischen Errungenschaften, wie Presse, Radio und Film, in den Dienst seiner Sache. Man liebt es heute, seine großen Erfolge mit rühmenden Worten herauszustreichen und preist ihn als «einen modernen Apostel der Massenmedien». Kolbes betriebsames Tun wird gegenwärtig besonders hochgespielt und als Aushängeschild für Propagandazwecke verwendet.

Bedenken melden sich gegenüber Pater Kolbes Tätigkeit, doch

jeder Einwand wird seiner Persönlichkeit keinen Abbruch tun, noch unsere Ehrfurcht vor ihm vermindern. Die Hagiographie ist so langweilig geworden, weil sie den Problemen ausgewichen ist. Um der Wahrheit willen müssen wir deshalb sagen, was wir denken. Pater Kolbes Beurteilung der Freimaurerei vereinfacht das Problem zu stark und übersieht die Schuld der kirchlichen Vertreter an der Wendung der ursprünglich humanitär eingestellten Logen gegen das Christentum. Die Vorschriften für seine Miliz mit der Verpflichtung, «die wunderbare Medaille stets bei sich zu tragen», sind nicht frei von gewissen Primitivismen. Seine kleine Zeitung war gewiß nicht nach unserem Geschmack. «Sie stieß mich denkbar stark ab», erzählte ein polnischer Priester. Pater Kolbes Gedanken waren in der gewöhnlichen Volksfrömmigkeit verwurzelt, die sicher ihre Berechtigung hat und trotzdem manchmal ein Unbehagen verursachen kann. Die Eroberungsidee ist nicht im Evangelium enthalten, da Christus seinen Jüngern die Aufgabe übertrug, nur Salz der Erde zu sein. Der Erfolg ist kein Beweis für die Wahrheit einer Sache. Unser Herr konnte auf keine erfolgreiche Tätigkeit zurückblicken. Auch bleibt Pater Kolbes unbedenkliche Bejahung der modernen Technik fragwürdig. Die Technik hat ihre Eigengesetzlichkeit, und nur allzu leicht gerät der Mensch in die Rotation ihrer Räder. Solche Einwände waren Pater Kolbe selbst nicht ganz fremd; er machte sich Gedanken darüber, ob der Lärm der Maschinen das Gebet nicht übertöne, denn dieses stand bei ihm am ersten Platz, weil er die Kontemplation über die Aktion stellte. Der Verfall beginnt in dem Moment, wo die Aktion nicht mehr aus der Kontemplation herauswächst, sondern sich in einer atemlosen Betriebsamkeit verliert. Pater Kolbe warnte seine Mitarbeiter vor dem hektischen Aktivismus, der schlimmer als eine Irrlehre sei, aber er zog daraus die Konsequenzen nicht klar genug. Die Stiftungen der Heiligen, selbst wenn es sich um begnadete Werke handelt, nehmen in dieser oder jener Form die Farbe der Erde an, und nicht immer stehen sie in allen Teilen über ihrer Zeit. Wie alle Dinge im Raume, stoßen auch hier Rede und Widerrede hart aufeinander. Wer hat recht und wer unrecht?

Mitten im Streite der Meinungen, an dem wir nur einen geringen Anteil haben, brach der Zweite Weltkrieg aus und fegte das Werk Pater Kolbes hinweg. Warum? Wir wissen es nicht, wir sehen es nur und können es nicht leugnen. Die Katastrophe war nicht nur ein durch den Krieg bedingtes Unglück. Der dramatische Untergang hätte nicht geschehen können, wenn er von Gott nicht zugelassen worden wäre. Auch Pater Kolbe war des Glaubens, daß es keinen Zufall gebe und daß jedes Ereignis seinen Sinn in sich trage, über den wir uns Rechenschaft geben sollten, auch wenn wir ihn oft nicht verstehen.

Gewöhnlich besteht die Bedeutung eines Heiligen in seiner Lebensführung und seinem erbaulichen Tod. Bei dem unbekannten Heiligen dagegen bildet überraschenderweise sein Ende den unbegreiflichen Höhepunkt. Pater Kolbe ist von seinem Tode her zu verstehen. Was vor seiner letzten Station geschah, zeigt das Leben eines eifrigen Priesters. Es ist jedoch nicht einmalig, weil es viele einsatzbereite Priester gibt, die um so höher zu bewerten sind, als zahlreiche laue Priester dem Christentum schweren Abbruch tun. Pater Kolbe wuchs in seinem Ende über sich hinaus, sein außerordentliches Sterben ist der krönende Abschluß, der zugleich seinen tieferen Hintergrund enthüllt. Vor allem empfing sein Antlitz jenen Ausdruck, der sich unserer Seele einprägt und den wir nicht mehr vergessen. Auf den letzten Bildern blickt er uns so traurig entgegen, und doch ist es nicht die Traurigkeit der Welt, sondern jene göttliche Traurigkeit, die noch niemand gereut hat[13].

Der letzte Weg führte Pater Kolbe ins Konzentrationslager, über das man sich nachträglich nur eine schwache Vorstellung machen kann. Sie bleibt ohnehin weit hinter der erlebten Wirklichkeit zurück. Ernst Wiechert verlor während seines Konzentrationslageraufenthaltes den Glauben, weil er die grausige Realität nicht mehr mit der Vorsehung zusammenbringen konnte und ferne sei uns, ihm daraus einen Vorwurf zu machen. Wir wissen nicht, wie wir diese leibhaftige Hölle bestanden hätten. Man geht auch am entscheidenden Problem vorbei, wenn man aus dem Schreckensregiment in Auschwitz eine empörte Anklage gegen die Nationalsozialisten schmiedet. Das Unfaßbare und Nicht-zu-Bewältigende besteht darin, daß Menschen andern Menschen allen Schilderungen spottende Unmenschlichkeiten antun konnten. Die psychologischen Erklärungen über den Aggressionstrieb im Menschen fallen in ihrer Oberflächlichkeit in sich zusammen, weil hier einzig eine metaphysische Deutung am Platze ist: Das apokalyptische Tier aus dem Abgrund ist in Auschwitz leibhaftig heraufgestiegen.

Pater Kolbe wurde nach einem Gefängnis- und Lageraufenthalt im Jahre 1941 nach Auschwitz überführt. Nun senkte sich die Nacht auf sein Leben, und es begann jenes namenlose Leid, wie es in der Geschichte mehrfach geschehen ist. Hier aber nahm es Formen an, die keinen Sinn mehr erkennen ließen. Man ist versucht zu denken: «Mein Gott, mein Gott, warum hast du mich verlassen?» Im Konzentrationslager wurde der Priester um seines Glaubens willen brutal mit Faustschlägen und Fußtritten traktiert, was er mit den leisen Worten entgegennahm: «Für Jesus Christus bin ich bereit, auch noch mehr zu leiden.» [14] Er ertrug die Qualen mit der Überzeugung: «Was wäre denn das für eine Liebe zu Gott ohne Leiden?» [15] Die slawische Leidensbereitschaft wird sichtbar, wenn sie auch zur Erklärung nicht ausreicht. Der Einbruch von oben ereignete sich, und es leuchtete inmitten von Pater Kolbes grausiger Umgebung ein beinahe urchristliches Licht auf. Wenn die Finsternis sich auf das Lager herabsenkte und die Insassen erschöpft in ihren Blockhäusern lagen, pflegte Pater Kolbe seine Leidensgefährten zu trösten: «Nein, nein, sie werden nicht unsere Seelen töten, da wir Gefangene uns doch sehr von unseren Peinigern unterscheiden; sie werden in uns nicht die Würde eines Katholiken antasten können. Wir geben nicht auf. Und wenn wir sterben, dann sterben wir rein und ruhig, ergeben in Gottes Fügungen.»[16] Viele Lagerinsassen krochen im Dunkeln – trotz strengem Verbot – zu Pater Kolbes Pritsche hin, baten ihn im Flüsterton, ihnen die Beichte abzunehmen, weil sie der Gnade in dieser Situation bedurften. Pater Kolbe wuchs mit seiner seelsorgerlichen Tätigkeit in einer verhängten Lage vollends in die Heiligkeit hinein, und zwar in eine Heiligkeit, im Sinne von Ida Friederike Görres, als Urgestein verstanden, als jene Heiligkeit, die in der Gebundenheit an Gott besteht[17].

Über Pater Kolbes Aufenthalt in Auschwitz liegt der Zeugenbericht eines Häftlings vor, der als Dolmetscher tätig war und demzufolge alles miterlebt hatte. Eines Tages entwich ein Häftling aus dem Block vierzehn, und Pater Kolbe bat Gott, es möge dem Flüchtling die Flucht gelingen. Er war vom natürlichen Verlangen erfüllt, aus dem Konzentrationslager wegzukommen, während der Sohn des Franziskus insgeheim wünschte, bei seinen Leidensgenossen zu bleiben. Die Lagerleitung verhängte eine Kollektivstrafe und befahl zehn Mann in den Hungerbunker. Unter den völlig willkürlich ausgesuchten Männern befand sich ein junger Familienvater, der im Gedanken an seine Frau und seine Kinder laut aufschrie. Pater Kolbe kannte den Familienvater nicht, aber in diesem Moment trat er vor, küßte zum Entsetzen der übrigen Sträflinge dem Kommandanten die Hand und sagte: «Ich bin ein katholischer Priester aus Polen; ich möchte seine Stelle einnehmen, weil er Frau und Kinder hat.»[18] Die heutigen Priesterkandidaten sagen oft: «Wir haben kein Priesterbild mehr.» Das ist ein unüberlegtes Gerede. Bei Pater Kolbes Äußerung: «Ich bin ein katholischer Priester», ist das wahre Priesterimage mit Händen zu greifen. Was wollen wir noch mehr? Es ging ihm in erster Linie nicht nur darum, den Familienvater zu retten, er wollte vielmehr die übrigen Todeskandidaten nicht allein lassen, sondern sie bis zum letzten Augenblick trösten. Er hat damit die stärkste Solidarität verwirklicht, die bis in die unergründlichste Tiefe, bis in den Tod hinein reicht. Wider Erwarten stimmte der Lagerleiter in seiner Verwirrung zu, und Pater Kolbe marschierte im schönen Abendrot mit den andern neun Männern in den unterirdischen Hungerbunker, der ein Symbol für die unausgetragene Schuld ist, die sich in den Kellern der Geschichte angesammelt und von Generation zu Generation weiter vererbt hat. Die Nachricht von der freiwilligen Opferung Pater Kolbes verbreitete sich wie ein Lauffeuer im Lager. Eine solche Tat hatte sich noch nie ereignet. Jetzt war der unbekannte Heilige in Auschwitz plötzlich bekannt geworden. In einem Nu war es geschehen.

Pater Kolbe setzte sich im Hungerbunker mit seinen Leidensgefährten zusammen, tröstete sie, so gut er es vermochte, und forderte sie auf, mit ihm ein Marienlied zu singen. Er stimmte an, und überraschend ertönte de profundis ein Gesang, wie er noch nie in Auschwitz zu hören war. Der Gesang der drei Männer aus dem Feuerofen im Alten Testament war unheimlich gegenwärtig geworden. Dort wie hier befanden sich Menschen im Ofen des Elendes und bestanden die schwerste Feuerprobe des Glaubens. Jegliche Speise und jeglicher Trank war den völlig nackten Gestalten entzogen. Das Stöhnen dieser zum grauenhaften Hungertod verurteilten Menschen wurde immer schwächer, und nach tagelangen furchtbaren Qualen verstummte auch ihr Röcheln.

Merkwürdigerweise vermochte Pater Kolbe am längsten zu widerstehen. Nach vierzehn Tagen hatten auch die letzten Schicksalsgefährten ihr Bewußtsein verloren – nur Pater Kolbes Martyrium dauerte weiter und schien nicht enden zu wollen. Er saß an die Wand gelehnt, den Kopf leicht zur Seite geneigt, die Augen weit offen auf einen Punkt gerichtet, das Gesicht seltsam erhellt.

«Während die andern Leichen beschmutzt waren und die Gesichter verzerrt, war sein Körper sauber und rein. Man meinte fast, es gehe ein Licht von ihm aus. Nie werde ich diesen Anblick vergessen», berichtet der erwähnte Augenzeuge[19]. Was sah Pater Kolbe mit seinen weitgeöffneten Augen in dieser bestürzenden Todesvision? Löste sich das satanische Konzentrationslager wie ein Nebel plötzlich auf, und leuchtete ihm die Wirklichkeit Gottes entgegen? Wir wissen nicht, was sich ihm in seiner Agonie kundgetan hat, und es ist unmöglich, das Geheimnis auch nur anzudeuten. Schließlich benötigte man den Raum für andere Elendsgenossen, weshalb ein Arzt mit der tödlichen Phenolspritze in Pater Kolbes Arm stach.

Nach dem Tode des Siebenundvierzigjährigen schaffte man die Leiche fort und verbrannte sie. «Ich möchte und wünsche es, für die Sache der Immaculata, für die Sache Gottes zu Staub zerrieben zu werden. Und möge der Wind diesen Staub in die Welt hinaustragen, damit nichts von mir übrigbleibe. Erst dann wird das Opfer an die Immaculata vollkommen erbracht sein», hatte Pater Kolbe früher geschrieben, Äußerungen, die Gott beim Wort zu nehmen pflegt. Der Wunsch ging buchstäblich in Erfüllung. Der unbekannte Heilige hatte sich im wörtlichen Sinn aufgelöst, hatte nicht die kleinste Spur von einer Reliquie hinterlassen, nichts als das heilige Zeugnis war übriggeblieben.

Wir aber sind verpflichtet, über diesen Tod weiter nachzudenken und das, was wir dabei empfinden, zusammenzufassen, indem wir im Sterben Pater Kolbes die Antwort auf die Not unserer Zeit sehen. Pater Kolbe hat wie viele andere Menschen die Todesmühlen von Auschwitz bis zum bitteren Ende durchgelitten. Ihn deswegen den Helden von Auschwitz zu nennen ist ebenso ungenügend, wie von einem Überhelden zu sprechen. Held ist ein weltlicher Begriff; es müßte schon heißen «der Glaubensheld» oder noch besser «der Heilige in extremis». In Auschwitz kochte ein maßloser Haß. Die Folterung von Millionen

Menschen erzeugte nur das Gefühl einer ohnmächtigen Rache, und es ist erstaunlich, daß Pater Kolbe den verhängnisvollen Teufelskreis durchbrochen und den Haß überwunden hat. «Ich hasse niemanden», sagte er, Worte, die in der Hölle von Auschwitz einen andern Klang haben, als wenn man sie in einem frommen Traktat liest. Das versteht sich nicht von selbst. Und doch ist die Überwindung des Hasses das schwerste Problem, das unserer Generation aufgegeben ist. Ihm gegenüber erscheinen alle politischen Fragen sehr klein. Die Welt erstickt an Haß, weswegen die Lage der Nationen immer auswegloser wird. «Der Haß ist keine schöpferische Kraft»[20], flüsterte Pater Kolbe seinen Schicksalsgefährten zu, womit er klar ausgesprochen hat, daß die Menschen unbedingt über den Rassen-, den Völker- und den Klassenhaß hinausgelangen müssen. Dies ist nur durch die schreckenerregende Liebe möglich. Die christliche Liebe allein besiegt den Haß und ist zur Vergebung aller Missetaten fähig. Pater Kolbe forderte seine Glaubensbrüder auf, auch «die Männer der Besatzungsmacht zu lieben». Dieser Heilige hat den endlosen Kreislauf von Schlag und Gegenschlag, von Schuld und Vergeltung durchstoßen und hat einen neuen Anfang erreicht. Was Pater Kolbe durch seinen freiwillig auf sich genommenen Tod im Hungerbunker vollbracht hatte, geht weit über alle Kameradschaftlichkeit hinaus, die in schweren Situationen Menschen verbindet und oft auch entzweit. Das Martyrium ist den Christen stets ein Kennzeichen der Heiligkeit. Pater Kolbes Martyrium war ein stellvertretendes Leiden, das er auf sich genommen hatte. Es war der reinste Opfertod, der nicht nur dem geretteten Familienvater galt, sondern als Sühne für die Peiniger und die Gepeinigten zu begreifen ist. Nach Kolbes eigener Auffassung kann der Mensch sich nur durch aufrichtige Hingabe selbst finden, seine Todesbereitschaft war die grenzenlose Hingabe seiner selbst an Gott und die Nächsten, eine Tat, die in ihrer Vollkommenheit nicht mehr übertroffen werden kann. Er hat auf seine Weise mitgeholfen, daß Polen überstehen durfte – das ist ein Geheimnis, das man nicht rational zu verstehen vermag. Es muß immer wieder Menschen geben, die sich für die Sünden der andern darbieten. Wer von uns weiß heute noch, was ein christliches Opfer ist? Es scheint gegenwärtig von einer öden, theologischen Rabulistik völlig verschüttet zu sein. Bei Pater Kolbe liegt die christliche Opferbereitschaft jedoch in einem strahlenden Glanz vor uns, und seine Tat hat den Weg in die Zukunft geöffnet. Man kann die Ungläubigen nicht durch Diskussionen bekehren – das zu glauben ist naiv –, aber man kann sich wortlos für sie opfern. Aller Widerspruch gegen das Christentum wird dann von selbst verstummen, und auch die heutige Jugend wird sich zuletzt vor den echten Opferzeugen verneigen. Pater Kolbes Opfer ist keine alte Legende, sondern eine gegenwärtige Realität. Es ist ein unwidersprechliches Zeugnis, das wir nicht in die ferne Vergangenheit abschieben können und das sich auch nicht wie die Heiligenbilder aus den Kirchen entfernen läßt. Der Opfertod des heiligen Paters hat sich vor unseren Augen vollzogen, er prägt sich gleich einem unauslöschlichen Siegel in unser Herz ein. Pater Kolbe zählt zu jenen Menschen unserer Zeit, die eindeutig von Gott gezeichnet worden sind.

Es wäre naheliegend, mit dem Wort von Pater Kolbe zu schließen: «Niemand auf der ganzen Welt vermag die Wahrheit zu verändern. Wir können nur eines: sie suchen, finden und ihr dienen.»[21] Wenn die Christen der Unveränderlichkeit der Wahrheit eingedenk geblieben wären, hätten wir nicht die bedrückende Verwirrung innerhalb der Christenheit. Pater Kolbes Sendung bestand nicht darin, der Welt neue Erkenntnisse zu vermitteln. Wer darauf erpicht ist, kommt nicht auf die Rechnung. Ihm war aufgetragen, den Vollzug der Wahrheit in seinem Leben darzustellen. Darum ist er bei aller Klugheit nicht zu den Intellektuellen zu zählen. In seinem Tun leuchtete das Mysterium des Christlichen wieder auf; die gelebte Existenz und das unwandelbare Zeugnis sind das Große an ihm.

Eine Äußerung des Ordensstifters von Pater Kolbe soll uns helfen, diese Wahrheit in unser Leben hineinzunehmen. Franz von Assisi sprach einmal von den im Kampfe für Gott gefallenen heiligen Märtyrern und fügte hinzu: «Heute jedoch gibt es viele, die allein durch die Erzählung dessen, was jene vollbracht haben, zu Ehre und Menschenlob gelangen wollen. So gibt es auch unter uns viele, die nur durch Vorlesung und Verkündigung der Werke, welche die Heiligen vollbrachten, Ehre und Lob empfangen wollen.» [22] Die Worte des Franziskus schweben auch in dieser Stunde wie ein Richtschwert über uns. Wehe uns allen, wenn wir als solche Menschen erfunden werden, denen es nur um Ehre und Lob zu tun ist, und die gar nicht daran denken, dem beispielhaften Leben Pater Kolbes nachzueifern. Wir würden dann nach Christi Worten zu jenen gehören, denen ein Mühlstein an den Hals gehängt werden sollte, damit man sie ertränke im Meer, da wo es am tiefsten ist [23].

Edith Stein spricht:
Dies ist die Wahrheit

«Weil ihr die himmlischen Urbilder verachtet habt, müßt ihr vor ihren teuflischen Zerrbildern erzittern», schrieb der immer noch viel zu wenig gelesene Franz von Baader vor mehr als hundertfünfzig Jahren. Die Aussage weist auf einen oft übersehenen ursächlichen Zusammenhang hin, der heute von geradezu unheimlicher Aktualität ist. In den Worten des tiefsinnigen Religionsphilosophen ist eine der bedrückendsten Nöte der Gegenwart beim Namen genannt, an der ein jeder von uns beteiligt und mitschuldig ist.

Die gegenwärtige Generation erfuhr am eigenen Leibe, was es heißt, vor den teuflischen Zerrbildern zu erzittern. Im nationalsozialistischen und auch im kommunistischen Terror standen sie in leibhaftiger Form vor den Menschen. Aber auch die Tagesgötzen des geistentleerten Westens, die wir in ihrer getarnten Dämonie gar nicht durchschauen, gehören zu den Zerrbildern, die die Christen dem Nichts ausliefern und ihre Welt in eines jener gespenstischen Bilder von Hieronymus Bosch verwandeln. Die Tagesgötzen gewinnen eine erdrückende Macht über die Seelen und unterjochen sie, weil sie den ewigen Leitbildern den Rücken zugekehrt haben. Die Verachtung dieser Leitbilder hat sich bitter gerächt. Eine neue, von Sehnsucht und Verantwortung getragene Besinnung auf die himmlischen Urbilder würde wieder einen Lichtstrahl in unser verdunkeltes Dasein hineinbringen.

Ja, es ist Zeit, sogar höchste Zeit, daß wir uns der himmlischen Urbilder ganz neu erinnern, wohl wissend, daß nur anschauliche Bilder, und nicht abstrakte Ideen, den Menschen helfen, den

Weg zu finden. Freilich dürfen die Urbilder nicht im antiquarischen Sinn aufgefaßt werden. Ein Heiliger aus der christlichen Frühzeit, dessen blasse Überlieferung gar keine richtigen Konturen annimmt, wird schwerlich das gespannte Interesse des heutigen Menschen finden. Auch «der Heilige der Zukunft» kann nicht das gesuchte Richtbild sein, da alle Ausführungen darüber im Bereich der phantasiemäßigen Vermutung verebben[1]. Vielmehr hungert der christliche Mensch nach einem Leitbild von heute; er möchte eine Gestalt aus der Gegenwart sehen, die in unserer Situation den Weg des Heils gegangen ist. Der zeitgenössische Heilige erregt unsere Leidenschaft, sein Vorbild hat für uns verpflichtenden Charakter, während alles andere einem Ausweichen ins Unverbindliche gleichkommt. Durch das Erleben des Heiligen von heute bekommt vielleicht auch die reifere Jugend wieder ein Verständnis für die Heiligen von gestern und bemerkt, daß in ihnen beiden die Urbilder in einem unbeschreiblichen Glanz vor uns aufleuchten.

Im Heiligen von heute begegnen sich die höchste Gnade und der alltäglichste Alltag. Sie stehen einander gegenüber und sind doch stets zu unterscheiden. Zwischen diesen beiden Polen spielt sich das Leben der wahren Urbilder ab. Wer nur die höchste Gnade unter Vermeidung aller schattenhaften Züge unterstreicht, malt an einem toten Bilde, und wer einzig den alltäglichsten Alltag auswalzt, ohne an die göttliche Huld zu glauben, endet bei einem banalen Naturalismus. Beide Pole stehen im Verhältnis einer unerhörten Spannung zueinander; eine undialektische Dialektik waltet zwischen ihnen und verleiht dem himmlischen Urbild eine geradezu bestürzende Lebendigkeit. Den Heiligen von heute zu erfassen, ist keine leichte Aufgabe, erfordert sie doch eine bewußte Konzentration auf das Wesentliche und eine beständige Abwehr gegen das zerstreuende Vielerlei, das sich leicht in die Seele einschleicht. Ein Heiligenleben umreißen bedeutet, «der Spur Gottes im Leben eines Menschen» nachgehen, wozu es eines divinatorischen Sensoriums bedarf[2]. Die verwehten Spuren findet man nur, wenn man sich entschlossen von der vergoldenden Stilisierung der Hagiographie von gestern loslöst und auch die zersetzende Thematik der Moderne, «der Heilige in der Kritik der Psychiatrie», bewußt ablehnt. Die neue Begegnung mit den Heiligen von heute vollzieht sich in einer viel härteren, nüchterneren Atmosphäre. Sie bekundet sich in einem leisen, fast unhörbaren Ton, der von der Erkenntnis getragen ist, daß man von den Urbildern nur reden kann, wenn man von einer brennenden Liebe zu ihnen erfüllt ist. Andernfalls endet alles im Gegurgel eines theologischen Journalismus, der gegenwärtig weithin das Feld beherrscht und der vom Geheimnis des Einbruchs der höchsten Gnade im alltäglichsten Alltag nichts ahnt. Diese prinzipielle Überlegung bildet die Voraussetzung für eine Erfassung von Edith Stein. Statt den Lebenslauf dieser ungewöhnlichen Frau nochmals zu schildern, erwähne ich nur einige Stationen ihres Daseins und frage mich dabei stets: Was hat Edith Stein dem heutigen Christen in seinen Bedrängnissen zu sagen? Worin besteht ihr Wort an unsere Zeit? Zur Klärung des Problems bedarf es eines inneren Ringens, um das auszudrücken, was man bis zur Qual fühlt, und dennoch ist es beinahe unmöglich, die religiösen Gedanken in Worte zu fassen.

Als Edith Stein am jüdischen Versöhnungstag vor mehr als achtzig Jahren in Breslau geboren worden war, hat niemand auch nur von entfernt an eine zukünftige Heilige gedacht. Glücklicherweise ist bei ihr nichts von der rosaroten Farbe wahrzunehmen, mit der man früher die Jugendbildnisse der Heiligen übertüncht hat. Bei ihr war alles in den alltäglichsten Alltag getaucht, wie es der «merkwürdigen Zickzacklinie ihres Lebens entspricht»[3]. Sie wurde in einer deutschen Familie israelitischer Konfession geboren, in der nur noch die Starre einer Gesetzestreue übriggeblieben war, gleichsam die Gräte des Fisches, während vom tieferen Wesen des Judentums, vom Prophetismus des Alten Testamentes, vom Talmud, von der Kabbala, vom Chassidismus nichts vorhanden war. Doch fühlte sich die kleine Edith in ihrer Häuslichkeit wohl; sie war ein aufgewecktes, sensibles und wohl auch etwas verwöhntes Kind. Sie träumte «von Glück und von Ruhm» und war überzeugt, «zu etwas Großem bestimmt zu sein»[4]. Edith war von Ehrgeiz erfüllt, war stolz auf ihre Klugheit und «entzückend boshaft», indem sie auf «Schwächen, Irrtümer und Fehler anderer Menschen schonungslos den Finger legte»[5]. In jungen Jahren «tadellos gekleidet», hatte sie auch «große Freude am Tanz»[6]. Die realistische Darstellung der Alltagssituation ist ein wesentlicher Baustein für die Erfassung ihres Wesens. Ida Friederike Görres nannte sie einmal «Hagiographie von unten», wohl wissend, daß «wir einen solchen Schatz in irdenen Gefäßen haben».

Mit dreizehn Jahren fiel Edith vom Glauben ihrer Väter ab. Sie gab ihren Kinderglauben auf, verzichtete freiwillig auf das Gebet und glaubte fortan nicht mehr an die Existenz eines persönlichen Gottes. Das junge Mädchen nannte sich Atheistin und hielt sich von aller Religiosität bewußt fern. Diese Abkehr war eine Pubertätserscheinung; es war die Form ihrer Auflehnung gegen ihre Familie. Seltsamerweise vollzog sich der Übergang in eine Welt ohne Gott ohne jede Erschütterung, ein Zeichen dafür, daß er wie bei vielen jungen Menschen von keiner tieferen Reflexion begleitet war. Die selbstverständliche Bejahung des Atheismus war für Edith nur möglich, weil das assimilierte Judentum ihres Elternhauses ohne bestimmenden Einfluß auf sie war. Sie hatte sich nur gewohnheitsmäßig daran beteiligt und empfand deshalb den Abschied vom jüdischen Glauben nicht als Verlust. Das wortlose Abgleiten in den Unglauben ist ein typischer Ausdruck der modernen Zeit. Unzählige Menschen lassen heute den Glauben fahren und ergeben sich dem Atheismus, ohne zu merken, wie sie vom Sog des Nichts aufgeschluckt werden. Es dürfte der Jugend nicht schwer fallen, sich in der jungen Edith wieder zu erkennen, denn der Sturz in die Leere verbindet beide. Statt uns über die Verneinungssucht zu entrüsten, ist es angebracht, die Psychologie des Unglaubens anzuwenden. «Wer sich in den Nicht-Glauben nicht ernsthaft versetzt, kann ihn nicht bestreiten, heute jedenfalls nicht», schrieb Reinhold Schneider und fügte die tröstliche Wahrheit hinzu: «Es gibt einen Unglauben, der in der Gnadenordnung steht.»[7] Eine ähnliche Überlegung ist gegenüber Edith am Platz, die später um dieser Erfahrung willen in einem Brief bemerkte: «Die heutige Generation ist durch so viele Krisen hindurch gegangen – sie kann uns nicht mehr verstehen, aber wir müssen versuchen, sie zu verstehen, dann können wir vielleicht mal ein bißchen helfen.»[8] In der erwähnten Briefstelle ist die geistige Not der modernen Jugend angedeutet: die großen Werte der christlichen Tradition sind ihr durch die Zeitgeschehnisse aus den Augen entschwunden, und sie vermag sie gar nicht mehr zu begreifen. Die vielen Diskussionen enden gewöhnlich nur in gegenseitigen Anklagen. Das neue Verstehen müßte einen andern Weg einschlagen: wir müßten ihr die religiöse Existenz wieder ernsthaft vorleben, das heißt, echt christlich, und nicht bloß bürgerlich. Erst in diesem Moment werden die jungen Menschen wieder ansprechbar.

Während ihrer Studienzeit erlebte Edith fröhliche Freundschaften und auch eine unerwiderte Liebe. Langsam begann sie zu spüren, daß ihr etwas Wesentliches fehle, aber sie war nicht fähig, den Mangel zu beheben. Wohl machte ihr das Verhalten einiger gläubiger Protestanten Eindruck; trotzdem führte diese Wahrnehmung, so wenig wie eine flüchtige Kierkegaardlektüre, keine Änderung herbei. Sie war sich der Wirklichkeit jenseitiger Welten noch nicht bewußt geworden.

Ihre atheistische Periode fand durch ein Erlebnis, ein ganz gewöhnliches Geschehen im alltäglichsten Alltag, ein unerwartetes Ende. Edith Stein brachte einst einige Tage bei ihrer Freundin Hedwig Conrad in Hinterzarten zu und stand vor deren Bücher-

schrank, um sich einen Lesestoff für den Abend auszusuchen. Aufs Geratewohl, ohne längere Überlegung, griff sie nach der Autobiographie der Theresia von Avila, ging damit auf ihr Zimmer und begann zu lesen. Edith Stein war dermaßen gefesselt, daß sie, ohne eine Müdigkeit zu spüren, mit fieberhaftem Interesse während der ganzen Nacht las und erst mit der Lektüre fertig war, als die Morgendämmerung das Zimmer zu erhellen begann. Mit tonloser Stimme sprach sie in die Stille hinein: «Das ist die Wahrheit.»[9] Es gibt schlaflose Stunden, von denen man nur sagen kann: «Das ist die Nacht, die mich vernichtet oder glücklich macht!» Jedenfalls war es die entscheidende Nacht ihres Lebens, in der sich mehr ereignet hatte, als in all ihren Studienjahren. Die große Spanierin hatte sie zum Glauben zurückgeführt, denn während der nächtlichen Lektüre erfolgte mit plötzlicher Gewalt der Einbruch der höchsten Gnade. Mit Sturmesmacht zerstob ihr atheistisches Gedankengebäude. Sie war ein in ihrem tiefsten Personkern getroffener Mensch. Nachdem ihr in den Entwicklungsjahren der Glaube völlig gleichgültig geworden war und sie ihn wie ein veraltetes Kleid abgelegt hatte, erstand nun die erkannte Wahrheit mächtig in ihr. Sie ist nicht durch eine philosophische Erkenntnis zum Glauben hindurchgedrungen, sondern nach eigenem Geständnis durch ein inneres Berührtwerden von Gott, ohne Wort und Bild. Tatsächlich ereignet sich nur in der persönlichen Begegnung das wirkliche Kennenlernen Gottes. Man begreift durchaus das umwandelnde Erlebnis durch das Buch, denn Theresia ist eine der erstaunlichsten Frauen der Christenheit. Der spanische Philosoph Unamuno schrieb von ihr: «Die heilige Theresia wiegt eine jede Einrichtung, eine jegliche ‹Kritik der reinen Vernunft› auf.»[10]
Edith Stein hat die bedeutungsschwere Nachtlektüre nicht durch ein neues Buch überdeckt, wie dies bei der wahllosen Bücherflut oft geschieht, die alles Lesen wirkungslos macht. Sie zog alle Konsequenzen aus dem Erlebnis und empfing bald hernach

die Taufe, bei der ihre evangelische Freundin die Patenstelle übernahm. Edith Stein mußte dem jüdischen Glauben abschwören, was eine ungemein dramatische Auseinandersetzung mit ihrer Mutter zur Folge hatte. Sie hat auf Ediths Mitteilung ganz unerwartet reagiert[11]. Die tüchtige Geschäftsfrau brach in Tränen aus – eine Tragödie spielte sich zwischen den beiden Frauen ab. Edith versuchte ihr die Konversion zu erklären, aber alle Worte nützten ihr nichts. Die Mutter verstand es nicht und konnte es nicht verstehen. Sie sah darin nur eine Apostasie, über die sie tief unglücklich war. Ein Abgrund trennte fortan Mutter und Tochter, den Edith auch später durch alle kindliche Liebe zu der entfremdeten Mutter nicht zu überbrücken vermochte. Bis zu ihrem Tod empfand die Mutter die Handlung ihrer Tochter als einen Schlag ins Gesicht, der sie verbitterte. Konversionen haben immer ein zweifaches Gesicht: Was der eine Teil als Heimkehr erlebt, bedeutet dem anderen Teil Verrat, eine Gegensätzlichkeit, die nicht aus der Welt zu schaffen ist. Für Edith war es der größte Schmerz ihres Lebens, den man nicht mit schönen Worten überspielen darf. Er findet einzig in den Worten des Evangeliums über die eigenen Hausgenossen die notwendige Erläuterung. Es gibt keine Erkenntnis der Wahrheit, die nicht mit Schmerz verbunden ist.

Nach ihrer Taufe führte Edith fortan ein zurückgezogenes Leben in der Welt; sie reduzierte auch ihre Bedürfnisse auf das Notwendigste. Eine spürbare Änderung war in ihr vorgegangen. Sie war Lehrerin an der dominikanischen Mädchenschule in Speyer und eine beliebte Vortragsrednerin an katholischen Tagungen[12]. Ihre Ausführungen über die Frau zeichneten sich durch eine große Bestimmtheit aus und machten auf die Zuhörerschaft einen starken Eindruck. Sie war eine in sich geschlossene Persönlichkeit und überzeugt davon, daß man nicht über Probleme reden sollte, wenn man nicht in allen Prinzipienfragen klar sehe.

Etliche Jahre später verwirklichte sie ihren sehnlichsten Wunsch, indem sie in den Kölner Karmel eintrat, erfüllt von der paulinischen Entschlossenheit: «Ich will nichts mehr wissen außer Christus.»[13] Dieses Gefangennehmen der «Vernunft unter den Gehorsam Christi»[14] war der zweite große Entschluß ihres Lebens, denn damit legte sie ihr ganzes Wissen zu Füßen Christi. Das Bekenntnis zu der «Wolke des Nichtwissens», wie sich ein unbekannter englischer Mystiker des 14. Jahrhunderts ausdrückte, bildet einen der Kulminationspunkte im Dasein Edith Steins. In einsamer Höhe hat sie damit die moderne Wissensvergötzung bezwungen. Daß sie später innerhalb des Ordens aufs neue die philosophische Arbeit aufgenommen hat, ändert an ihrer Bereitschaft zum christlichen Nichtwissen nichts, weil sie damit einer Anordnung ihrer Oberen entsprach. Sie wählte den Namen Schwester Theresia Benedicta vom Kreuz und sollte die Wahrheit der Segnung durch das Kreuz an sich selbst erfahren.

Keineswegs war Edith Stein durch den Eintritt in den Karmel aller Schwierigkeiten enthoben, zumal es keine absolute Sicherheit auf dieser Welt gibt, auch nicht hinter Klostermauern. Damals gelangte der Nationalsozialismus mit seiner Herrschaft der teuflischen Zerrbilder zur Macht und tobte sich in einer höllischen Judenverfolgung aus. Edith Stein empfand mit ihrem weiblichen Scharfsinn sofort, was die Abgesandten des Satans ins Werk setzten, und ihr Antlitz nahm einen leiddurchfurchten Ausdruck an. Sie war inzwischen nach dem Echter Karmel nach Holland übersiedelt – eine Weiterreise nach der Schweiz scheiterte an der Langsamkeit der bürokratischen Maschinerie –, als eines Nachmittags SS-Männer in das stille Kloster eindrangen und in schnauzigem Befehlston ihre sofortige Festnahme verfügten. Beim Anblick der Schergen stieß Edith Stein keinen Schrei aus. Gefaßt sprach sie in leisem Ton zu ihrer leiblichen Schwester Rosa: «Komm, wir gehen für unser Volk.»[15] Mit diesen inhaltsschweren Worten ist sie dem Entsetzlichsten direkt entgegengeschritten. Wohin ist sie gegangen? Sie wurde in die Gaskammern von Auschwitz gefahren, von wo bekanntlich alle Züge leer zurückkamen. In Auschwitz fand Edith Stein vor mehr als dreißig Jahren ihren namenlosen Tod, der sich aller Ausmalung entzieht.

Die zurückgebliebenen Schwestern im Echter Karmel schauten sich bei der Verhaftung betroffen an. Wir wissen nicht, was sie in ihrem Schrecken zueinander gesagt haben. Auch wir gehören zu den Zurückgebliebenen, und ebenso ersterben uns zunächst alle Worte auf den Lippen. Doch dürfen wir uns auch wiederum nicht mit dem bloßen Verstummen begnügen. Nachdem wir uns vom lähmenden Entsetzen ein wenig erholt haben, versuchen wir, uns über das Geschehene klar zu werden. Angesichts eines davonfahrenden Überfallautos verbietet sich jedes geistreichelnde Literatengerede von selbst. Wir wissen um den Rang von Edith Stein und zählen sie in aller Besonnenheit mit Bernadette, der kleinen Thérèse und Elisabeth von Dijon zu den Urbildern von wegweisender Bedeutung. Sie haben sich nicht bloß mit einem intellektuellen Gerede begnügt, sondern stellten eine Verleiblichung des Evangeliums in Leiden und Sühne dar.

Seit dem Tode von Edith Stein hat sich die geistige Situation stark gewandelt. Die Welt befindet sich gegenwärtig in einer schwindelerregenden Rotation; die Schlagworte überstürzen sich und sind, kaum ausgesprochen, schon wieder überholt. Die betäubende Hektik hat auch die Christen erfaßt, die dadurch jeden festen Standort verloren haben. Zur Zeit des Nationalsozialismus hielten die Christen zusammen, standen beinahe wie ein Block da, weil sie wußten, daß sie alle vom gleichen Ungeist bedroht waren. Heute aber, verführt durch die trügerische Wohlfahrtsgesellschaft, denken sie nur daran, bequem zu leben und sich die modischen Gedanken anzueignen, was eine geistige Knochenerweichung ohnegleichen zur Folge hat. Nur wenn wir die Verschlimmerung der geistigen Lage nicht übersehen, wird eine Begegnung mit Edith Stein uns helfen.

Die Sendung dieser Frau besteht nicht darin, sie als Philosophin hervorzuheben. Gewiß war sie eine fleißige Schülerin von Husserl, erfüllt von einer starken «Sehnsucht zurück zum Objektiven, zur Heiligkeit des Seins, der Reinheit und Keuschheit der Dinge, der Sache selbst»[16]. Mit Recht schätzte Martin Buber «die philosophische Klarheit Edith Steins»[17], und man wird immer wieder im Kreise der phänomenologischen Schule auf ihre Werke zurückgreifen. Doch war Edith Stein, trotz ihres beachtlichen Hauptwerkes «Endliches und Ewiges Sein», keine schöpferische Philosophin. Zudem blieb ihren philosophischen Arbeiten wegen der abstrakten Schreibweise eine Wirkung auf breitere Kreise versagt. Auch wo sie über ihren Lehrer Husserl hinausgegangen ist und einen Brückenschlag zwischen der Phänomenologie und der Scholastik versucht hat, verharrte sie in der akademischen Fragestellung, die keinen Frühling innerhalb der katholischen Philosophie herbeiführte. Ihre Bedeutung ist nicht in dieser Richtung zu finden, weshalb der Auffassung von Pater Nota zuzustimmen ist: «Edith Steins Persönlichkeit ist wichtiger als ihr Werk.»[18]

Trotzdem enthalten ihre philosophischen Arbeiten ein vorbildliches Element. Durch die Beschäftigung mit der Philosophie wurde Edith Stein schon als Studentin zu einer ernsthaften Wahrheitssucherin. Sie selbst gestand einmal: «Meine Sehnsucht nach der Wahrheit war ein einziges Gebet.»[19] Niemand gelangt an das Ziel, wenn nicht das Suchen nach der Wahrheit in ihm wach geworden ist. Das temperamentvolle Forschen nach der Wahrheit bewahrt den Menschen vor dem dumpfen Dahinvegetieren. Wir suchen und werden nicht aufhören zu suchen, denn nur wer sucht, findet auch. Der Christ findet nur, um weiter zu suchen, weil wir suchend und findend zur objektiven Wahrheit gelangen, die jeden bloßen Subjektivismus überragt. Das leidenschaftliche Suchen und Fragen nach der Wahrheit muß auch heute wieder an die Stelle des Nihilismus und des Zynismus treten. Durch einen neuen Wahrheitsdurst überwinden wir die auslaugenden Ideologien, von denen wir gegenwärtig umgarnt sind.

Dem unermüdlichen Suchertum ebenbürtig ist das denkerische Bemühen Edith Steins. Sie war zeitlebens ein denkender Mensch und nach Hedwig Conrad «hatte der ungewöhnlich lautere Verstand etwas radikal Durchlässiges, etwas Translatorisches in der Urbedeutung des Wortes» [20]. Auch der heutige Mensch vermag die Probleme der modernen Zeit nicht ohne starkes Nachdenken zu bewältigen. Die Vernunft ist nicht die letzte Instanz im Leben; aber man kann auch nicht auf ihren Gebrauch verzichten. Der Mensch ist zum Denken geschaffen, das Denken macht seine Größe und Würde aus. Denken ist nicht dem Rationalismus gleichzusetzen, aber auch die Schmähung der Vernunft ist falsch, und es wäre ein Unglück, würde der Mensch ein Verächter des Logos. Denken ist Überlegen, Denken ist Prüfen, Denken ist Ordnen, und alle drei dürfen nicht preisgegeben werden. Wir benötigen keine neue Schulphilosophie, wohl aber ein viel ernsthafteres Nachdenken über die geistige Situation unserer Zeit. Das Fehlen eines intensiven Nachdenkens macht sich nachteilig geltend. Die Menschen befreien sich nur von den Slogans und dem noch törichteren Nachahmungstrieb, wenn sie wieder selbständig denken lernen und sich nicht vorschnell mit den Antworten der Massenmedien zufriedengeben. Aus dem sauberen Denken ergibt sich eine wegweisende Funktion. Bei aller Freude am scharfsinnigen Denken dürfen wir nicht vergessen, daß unsere Erkenntnis aufhören wird und unser Wissen Stückwerk bleibt. Letztlich kommt es doch mehr auf die Intuition, auf die Erleuchtung von oben, auf die Fühlkraft des Herzens, auf die Einfalt des Neuen Testamentes, als auf unseren armen Verstand an. Edith Stein besaß diese Einsicht, und wir übernehmen bewußt den doppelten Ansporn von Suchen und Denken von ihr. Schwester Theresia Benedicta vom Kreuz war eine Tochter des

Karmels. Peter Wust nannte ihren Eintritt «symbolisch für die geistige Bewegung der beiden letzten Jahrzehnte»[21]. Gewöhnlich bedauert man es lebhaft, daß die hochbegabte Frau sich in einen kontemplativen Orden zurückzog; doch verrät das Bedauern eine Unkenntnis der karmelitischen Spiritualität, die im totalen Verzicht und im totalen Opfer besteht. Wer eine Vorstellung von der Wesenseigentümlichkeit des Karmels bekommen will, ohne sich eingehender in die Werke der spanischen Ordensreformatorin zu vertiefen, lese Gertrud von le Forts Novelle «Die Letzte am Schafott», Reinhold Schneiders Erzählung «Die dunkle Nacht des Johannes vom Kreuz» und Georges Bernanos' Schauspiel «Die begnadete Angst». In all diesen Dichtungen lebt und webt etwas von der außerordentlichen Geistigkeit des Karmels, deren Kern die spanische Mystik bildet, von der ein Kenner sagte: «Vielleicht wird man eines Tages noch auf sie zurückgreifen müssen, wenn die Völker, denen Helena die Seelen durch ihren Kuß geraubt, die Seele wieder suchen gehen.»[22] Die Mystik des Karmels hat die äußerste Not der Seele, die Karfreitagsnacht und den Blick in den Abgrund bestanden; das Leben des Glaubens wird als ein immerwährendes Sterben aufgefaßt. Die heroische Spiritualität des Karmels pflegt in ihrer gotterfüllten Einsamkeit «die Nachfolge Christi auf dem Wege des Kreuzes; Anteil am Kreuz Christi sollte das Leben der Unbeschuhten Karmeliter sein», führte Edith Stein in ihrem letzten, nicht ganz vollendeten Buch «Kreuzeswissenschaft» aus[23]. Die spanische Mystik stellt eine Verbindung von tiefster Innerlichkeit, von Schauen und Beten mit dem klaren, zielbewußten Handeln dar. In ihr lebt der Mut zum Unbedingten, zum Alles oder Nichts, zu den Grenzen der Welt, wo nichts anderes mehr ist als der unendliche Gott. Die ausstrahlende Kontemplation des Karmels ist ein rational nicht zu erklärendes Geheimnis, das einzig der Christ ein wenig versteht, der weiß, daß in der gotterfüllten Einsamkeit dieser Klöster nur gebetet wird.

Schwester Benedicta sagte, der Karmel sei «ein hoher Berg, den man von unten an heraufsteigen muß», und jene, die sich auf diesem Aufstieg befinden, «stehen für die ein, die draußen wirken müssen»[24]. In diesem Einstehen für die Draußenstehenden liegt das Wesentliche. Zu den Menschen, die in der Welt ihre Arbeit verrichten, gehören auch wir. An einen jeden von uns richtet sich denn auch die wörtliche Aufforderung Edith Steins, «im Innern eine wohlverschlossene Zelle zu bauen und uns so oft wie nur möglich dahin zurückzuziehen, dann kann uns an keinem Ort der Welt etwas fehlen»[25]. Das ist kein bloß erbaulicher Gedanke, sondern eine unbedingte Notwendigkeit, denn wer keine solche «wohlverschlossene Zelle» hat, wird vom Sturm der Zeit einfach hinweggefegt werden. Doch ist es keine Kleinigkeit, inmitten des heutigen Trubels eine solch wohlverschlossene Zelle zu bauen. Dies ist für den Menschen in der Welt nur durch eine bewußte Wendung nach innen möglich. Ohne eine verborgene Zitadelle aber erlebt er nicht die Gegenwart Gottes in der Seele.

Diese Andeutungen muten seltsam und fremd an; sie scheinen überhaupt nicht in die so ganz anders eingestellte Zeit zu passen, die von kontemplativen Orden als überholte Institutionen ohne Zukunft redet. Das Christentum, vom aktivistischen Geist erfüllt, hat sich ganz der Welt zugewandt. Den Christen von heute mangelt größtenteils das tiefere Verständnis für die Gottesburgen, die dem Ansturm der Feinde trotzen. Sie wollen mit Synoden, Konferenzen, Kommissionen, mit organisatorischen Maßnahmen dem heutigen Leben so viel als möglich entgegenkommen, wollen sich anpassen und betonen gerne, daß der Christ von heute modern geworden sei. Er marschiert jetzt mit dem Zeitgeist in Reih und Glied, indem er aus vollem Hals schreit: Podiumsgespräche, Information, Mitspracherecht usw. Doch huldigt diese abgeschmackte Zeitdienerei einem verhängnisvollen Irrtum, aus dem es früher oder später ein böses Erwachen geben wird. Wir dürfen uns durch den verführerischen Sirenengesang nicht täuschen lassen. Das Wort von Schwester Benedicta besteht nach wie vor zu Recht: «Nicht die menschliche Tätigkeit kann uns helfen, sondern das Leiden Christi. Daran Anteil zu haben ist mein Verlangen.»[26] Die Entscheidungen fallen nicht an der äußeren, sondern an der inneren Front. Die dringlichste Aufgabe ist die Konzentration auf das Wesentliche; wir müssen uns dem Einen, was not tut, öffnen und vor allem von der Wurzel her wieder gesunden. Wenn wir an die in den Raum der Kirche eingedrungene Verwirrung denken und an die sich auswirkenden zentrifugalen Kräfte, so richtet sich unsere Hoffnung einzig und allein auf Gott und auf die von seinem Geist erleuchteten Christen, die der hektischen Betriebsamkeit Bollwerke der Kontemplation entgegenzustellen versuchen. Im inneren Raum muß Ordnung herrschen, auf die innere Substanz kommt es in erster Linie an; das innere Gebet muß lebendig sein, und erst nachher kann überhaupt etwas Neues gewagt werden. Ich vermag diese Überzeugung nicht zu beweisen, denn in Glaubensfragen gibt es kaum Beweise, aber ich bin von der unbeirrbaren Gewißheit erfüllt, daß an dieser Stelle sich die Geister scheiden und wir jetzt unmittelbar vor dem Wort des Herrn stehen: «Gehet ein durch die enge Pforte. Denn die Pforte ist weit, und der Weg ist breit, der zur Verdammnis führt; und ihrer sind viele, die darauf wandeln. Und die Pforte ist eng, und der Weg ist schmal, der zum Leben führt; und wenige sind ihrer, die ihn finden.»[27] Das Allerweltschristentum befindet sich stets in Auflösung, und die bewußten Christen sind allezeit eine kleine Herde. Allein vom Gebet, von der Besinnung auf das Evangelium, vom stellvertretenden Leiden, vom Opfer können wir Rettung erwarten; wir glauben an die geheime Geschichte des Gottesreiches, die quer durch alle Welt- und Kirchengeschichte hindurchgeht. Edith Stein leistet uns noch einen weiteren Dienst. Vor und nach dem Eintritt in den Karmel wurde sie unaufhörlich vom Judenproblem bedrängt. Nach der Kristallnacht schaute sie auch die mit ihr befreundeten Deutschen mit einem fast fremden Blick an. Sie sah in den grauenhaften Judenpogromen eine «Verfolgung der Menschheit Jesu Christi»[28]. Nun ersuchte sie um eine persönliche Audienz beim Papst, um ihn auf den Knien um eine Enzyklika über die jüdische Frage zu bitten. Der Wunsch wurde ihr nicht gewährt. Schon früh fürchtete sie, wegen der Judenhetze und Judenausmerzung würde ein bitteres Strafgericht über das deutsche Volk kommen. Nach ihrer religiösen Auffassung hatte Gott wieder einmal seine Hand schwer auf das auserwählte Volk gelegt. Das Schicksal dieses Volkes war auch ihr eigenes, unentrinnbares Schicksal. In ihr Gebet versunken, sagte sie zu Christus: «Ich wußte, daß es Sein Kreuz sei, das jetzt auf das jüdische Volk gelegt wurde. Die meisten verstunden es nicht; aber die es verstunden, die mußten es im Namen aller bereitwillig auf sich nehmen. Ich wollte es tun, Er sollte mir nur zeigen wie. Als die Andacht zu Ende war, hatte ich die innere Gewißheit, daß ich erhört sei.»[29] Die gelobte Bereitschaft erfüllte sich, als sie die Worte sprach: «Komm, wir gehen für unser Volk.»

Schwester Benedicta mußte in jener verhängten Zeit immer wieder an die von ihr besonders verehrte, schöne biblische Gestalt der Königin Esther denken, die ihrem Gemahl versicherte, niemals zusehen zu können, wie ihr ganzes Volk vernichtet werde[30]. Edith Stein deutete die alte Geschichte so, daß Esther «gerade darum aus ihrem Volk herausgenommen wurde, um für das Volk vor dem König zu stehen»[31]. Die Überlegung ist paradox, daß man aus einer Volksgemeinschaft heraustreten müsse, um gerade dadurch sein Volk zu retten. Aber das Paradox ist nun einmal die Wahrheit; die alttestamentliche Erzählung enthält den Schlüssel für Edith Steins tiefere Sendung. Symbolisch gesprochen war sie die neue Esther unserer Zeit, ein Bild, unter dem allein sie zu begreifen ist. Wir kommen den biblischen Figuren nur nahe, wenn wir ihre Wahrheit in unserer Seele neu gestalten. Zwar vermochte Edith Stein nicht wie die biblische Esther «durch ihre schöne Gestalt und durch ihr liebreizendes Aussehen»[32] die Verfolgung von ihrem Volk abzulenken, aber als Esther des Neuen Bundes hat sie für ihr Volk gelitten und die Gnade empfangen, die Kraft des Alten Testamentes auf dem Boden des Christentums neu zu entfalten.

Es ist nicht leicht, sich über das jüdische Problem zu verbreiten. Eigentlich kann es nur mit biblischen Worten geschehen. Schwester Benedicta lehrt uns das Lied vom leidenden Gottesknecht neu verstehen: «Verachtet war er und verlassen von Menschen, ein Mann der Schmerzen und vertraut mit Krankheit, wie einer, vor dem man das Antlitz verhüllt, so verachtet, daß er uns nichts galt. Doch wahrlich, unsere Krankheit hat er getragen und unsere Schmerzen auf sich geladen; wir aber wähnten, er sei gestraft, von Gott geschlagen und geplagt.»[33] Die Christen haben diese Prophetie stets auf den Herrn bezogen, und man kann den Karfreitag nicht begehen, ohne an diese Worte zu denken. Die Juden dagegen haben immer diese prophetischen Worte auf das ganze Volk gedeutet. Der ergreifenden Leidensgeschichte Israels steht Gott besonders nahe, denn immer wo Leiden ist, da ist Gott anwesend. Für uns ergibt sich daraus eine primäre Einsicht: Jeder offene oder latente Antisemitismus ist Sünde vor Gott, die in ihren Konsequenzen unfehlbar zum Verderben führt.

Als Christen sehen wir den unablösbaren Zusammenhang mit dem Judentum. Das Alte Testament ist nun einmal die Wurzel, aus der das Neue Testament herausgewachsen ist. Synagoge und Kirche stehen in einer geheimen Verbindung miteinander bis an das Ende der Welt; wir wissen umeinander, wenn auch in verschiedener Weise. Wir sind gehalten, uns viel intensiver mit Israel zu beschäftigen, als wir es bisher getan haben, nicht um die Juden zur Konversion zu bewegen – dies ist uns nach Auschwitz für lange Zeit verwehrt –, sondern weil wir nach der Formulierung von Hans Urs von Balthasar begriffen haben: «Mögen Juden und Katholiken kaum je ein Wort miteinander wechseln, einander den Rücken zudrehn durch die Jahrhunderte in feindseliger Gleichgültigkeit: sie sind mitten in der Weltgeschichte doch, Rücken an Rücken, aneinandergebunden, und bilden zusammen einen einzigen Schandpfahl, als das alte und das neue Gottesvolk ein einziges, zusammengehöriges Ärgernis.»[34] Dieses Bekenntnis legte die neue Esther ab, die zum Christentum übergetreten war und dabei ihr Judentum nie verleugnete, während Simone Weil nicht übertrat und dabei Israel stets verkannte.

Das letzte Wort Schwester Benedictas an unsere Zeit ist kein Wort mehr, sondern eine stumme Tat, ein Martyrium, dessen Schilderung uns versagt ist, weil es sich in einer trostlosen Anonymität vollzogen hat. Schwester Benedicta ist nicht etwa einem unglücklichen Zufall zum Opfer gefallen, sie starb für ihr Volk und behielt bis zur letzten Stunde ihren Glauben. Es gibt nicht nur Blutzeugen in der fernen Vergangenheit – Schwester Benedicta hat das Purpurkleid des Martyriums in unserer Zeit getragen. Sie erlitt den Tod als Zeugin Israels und als Zeugin Christi zugleich. Im Wort «zugleich» liegt ihre Sendung. Sie band damit erneut Israel und Christus zusammen. Nur eines können wir erschüttert sagen: im Moment von Schwester Benedictas Martyrium hat sich der Zusammenprall der höchsten Gnade mit dem alltäglichsten, nein, grauenhaftesten, nicht vorstellbaren Alltag vollzogen. Von jeher haben die Christen im Martyrium eine Gnade gesehen, deren nur wenige Menschen gewürdigt werden. Es gibt auch nichts Höheres, als sein Leben für den Glauben hinzugeben, eine Tat, die nicht mehr überboten werden kann. Schwester Benedicta selbst hat ihr Ende in dieser Erkenntnis verstanden. Es muß auch immer wieder Märtyrer geben, die in der äußersten Verlassenheit die Vereinigung mit dem Herrn erleben. Ohne sie würde die Christenheit ein salzloses Salz werden. Die Kirche bedarf der Blutzeugen, die das Letzte für das Höchste geben. Die Wahrheit des stellvertretenden Sterbens bekundet sich in Schwester Benedictas Tod. Sie starb für das jüdische Volk, sie starb für die Deutschen, und sie starb für den Karmel. Gewiß gab es neben ihr noch viele andere Märtyrer im Dritten Reich und im kommunistischen Rußland, die wir nicht vergessen. Wer hätte in unserer modernen Zeit gedacht, daß es so viele Menschen geben werde, die ihren Glauben mit ihrem Leben und ihrem Sterben bezeugen? Sie haben uns den ewigen Christus aufs neue vor Augen gerückt, und sie bilden eine unserer größten Hoffnungen.

Seit frühester Zeit hat man die Märtyrer in der Christenheit hoch verehrt. Doch darf man sich nicht damit begnügen, ihr Andenken nur gebührend zu pflegen; man muß auch den darin verborgenen Ansporn spüren. Ein Zeuge ist jeder, der unwandelbar bis zum letzten Augenblick seinem Glauben treu bleibt und ihn nicht den Zeitumständen anbequemt. Die Blutzeugen sind ein Impuls, uns zu den geistigen Widerstandskämpfern zu gesellen. Es ist stets feige, die Waffen zu strecken. Eindruck macht nur der mutige Glaubensritter. Es geht nicht an, die Märtyrer unverbindlich zu bewundern; die Verehrung muß uns verpflichtend beeinflussen. Wie Schwester Benedicta im Kölner Karmel ihre Mitschwestern beschwor: «Wählt nicht Hitler», so geht noch heute ein unsichtbares Drängen von ihr aus: «Lauft nicht dem großen Haufen nach» [35], werdet nicht Knechte des modernen Zeitgeistes, bleibt eurem Glauben treu, koste es, was es wolle.

Mit der feierlichen Beschwörung richtete die neue Esther wieder das wahre Urbild auf, das den Menschen einen Maßstab vermittelt und ihnen hilft, sich im gegenwärtigen Chaos zu orientieren. Sie ist ein lebendiges Leitbild und pflanzt das Kreuz auch in unseren Herzen auf, wo es stehen muß. Die Verlebendigung der Urbilder bildet eine der vordringlichsten Aufgaben, denn die Richtbilder sind es, die uns den wahren Weg zeigen, damit wir nicht völlig irre gehen, sondern mit klarem Kopf und feurigem Herzen auf die Fragen unserer Zeit die richtige Antwort zu geben imstande sind.

Die philosophisch gebildete Schwester Benedicta, als neues Urbild verstanden, formulierte ihre Antwort zuletzt in ganz schlichter Christlichkeit: «Es ist im Grunde immer eine kleine, einfache Wahrheit, die ich zu sagen habe: wie man es anfangen kann, an der Hand des Herrn zu leben.»[36] Ist uns dies bewußt geworden? Um eine kleine, einfache Wahrheit handelt es sich; alles komplizierte, hochtrabende Getue lenkt uns nur ab. Gott hat, nach den Worten des Predigers Salomo, den Menschen einfach gemacht, sie aber suchen viele Künste. Die kleine, einfache Wahrheit lehrt uns, wie man es anfangen muß. Auf den Anfang kommt es an, man muß endlich auch anfangen und darf nicht länger zögern und zuwarten. Es gilt, den ersten Schritt zu tun. Wer nie anfängt und es immer hinausschiebt, verwirkt zuletzt das Heil; man muß anfangen, heute, in dieser Stunde. Und zwar lehrt sie uns, wie man es anfangen kann, an der Hand des Herrn zu leben. Das ist die größte Kunst. Leben wollen alle Menschen, aber die Frage ist, wie. Meistens verhaspeln sie sich in eine blindwütige Lebensgier und manövrieren sich in eine schiefe Situation. Es geht darum, «an der Hand des Herrn zu leben», von ihm gehalten und auf ihn ausgerichtet zu sein. Das allein bedeutet Seligkeit in aller Unseligkeit. Wiederholen wir noch einmal mit Nachdruck das Wort Schwester Benedictas an unsere Zeit: «Es ist im Grunde immer eine kleine, einfache Wahrheit, die ich zu sagen habe: wie man es anfangen kann, an der Hand des Herrn zu leben.»

Eine letzte Besinnung

Die einsam dastehende Maria-Figur

Seltsam, höchst seltsam ist der Eindruck, wenn man eine moderne Betonkirche betritt. Kahle Wände starren dem Besucher entgegen, und der nackte Stein verursacht beinahe ein seelisches Frösteln. Für den Erbauer scheint der Lichteinfall oft das einzige Problem gewesen zu sein, das ihn interessierte. Von Geborgenheit ist in den nüchternen Mauern nicht viel zu spüren, dazu sind sie zu kühl. Der rationale Eindruck läßt nicht die geringste mystische Atmosphäre aufkommen, die man oft in den kleinen romanischen Kirchen empfindet, in denen man unwillkürlich an die Worte denkt: «Mein Name soll daselbst wohnen.»[1] An die Stelle des Bewußtseins der unsichtbaren Gegenwart Gottes ist im modernen Raum eine Sachlichkeit getreten, die jedes Gefühl für das sakrale Geheimnis ausschließt.

In einer Ecke, etwas abseits vom Altar, steht gewöhnlich noch eine einsame Maria-Figur. Sie scheint allein übriggeblieben zu sein. Von den Heiligen nimmt man keine Spur mehr wahr. Sie sind dem blindwütigen Bildersturm zum Opfer gefallen. Nur Maria hat ihn überstanden.

Die Leere, die dem Besucher einer Betonkirche entgegengähnt, veranlaßt uns, in einer Bank Platz zu nehmen und über die einsam dastehende Maria-Figur nachzudenken. Hat sie wirklich allein den Kahlschlag überstanden? Wagte man es nicht, sie ebenfalls zu entfernen, weil sie vielleicht in der Kirche eine zu bedeutsame Stellung einnimmt? Oder ist es nur eine Frage der Zeit, bis auch sie stillschweigend hinausgetragen wird, weil angeblich das Bild vom zornigen Gott sich in den liebenden Vater gewandelt hat, so daß sich jetzt die Marienverehrung erübrigt? Ist die Wahrnehmung richtig, daß man nur noch ganz selten eine Marienpredigt zu hören bekommt? Hat man nicht auch in der Liturgie Veränderungen vorgenommen, aufgrund deren es fraglich ist, ob nun die heilige Jungfrau während des Gottesdienstes anwesend ist? Was bedeutet mir persönlich Maria? Unsere Meditation beginnt mit all diesen Fragen, und es ist angebracht, lange nachzudenken, weil sich gar viele Gesichtspunkte darbieten und nur alle zusammen eine Antwort ermöglichen.

Bevor wir mit unserem Nachdenken beginnen, erinnern wir uns an die Klage der kleinen Thérèse über die sentimentale Verfälschung der Maria: «Alle Predigten, die ich über Maria gehört habe, ließen mich kalt... Wie gerne wäre ich Priester gewesen, um über die Muttergottes zu predigen! Ich glaube, schon eine Predigt hätte mir genügt, um zu zeigen, was ich meine. Ich hätte zuerst gezeigt, wie wenig das Leben der Muttergottes bekannt ist. Man sollte nicht unwahrscheinliche Dinge über sie erzählen, oder Dinge, die man einfach nicht weiß.»[2] Der Heiligen von Lisieux war es nicht um Kritik zu tun; die wirkliche Maria lag ihr am Herzen. Anstelle der Unnahbarkeit sollte die Mutter des Herrn nachahmbar geschildert werden, vor allem so, daß die Menschen sie lieben. Um diese Liebe, um diese starke und zarte Liebeskraft geht es auch uns in erster Linie. Wenn keine Wärme, keine Freude spürbar wird, sind alle Worte nur ein tönend Erz und eine klingende Schelle.

Bei unserer Meditation in der Kirchenbank fragen wir zuerst nach dem Zeugnis der Bibel über Maria. Dabei sehen wir vom Alten Testament ab, obschon die Berufung auf die Genesisstelle[3], auf die Weissagung des Jesaja[4] und die Übertragung des Hohenliedes auf Maria eine lange Tradition hat, die freilich der Diskussion unterstellt bleibt. Wir beschränken uns auf das Neue Testament.

An erster Stelle steht die wundersame Verkündigungsszene, in deren einzigartiger Atmosphäre die Zeit stillezustehen scheint. Aus ihr geht hervor, daß Maria der von Engeln besuchte Mensch ist. Marias Haltung ist von daher bestimmt. Der Engel Gabriel tritt in ihr Gemach und spricht sie mit den Worten an: «Sei gegrüßt, du Holdselige.» Dieser zartsinnige Gruß ist von einmaliger Schönheit. Maria selbst erschrak; «welch ein Gruß ist das!» dachte sie. Sie nahm die Anrede nicht als eine Selbstverständlichkeit hin. Das unvergleichliche Gespräch zwischen Maria und dem Engel schloß mit den berühmten Worten Marias: «Siehe, ich bin des Herrn Magd; mir geschehe nach deinem Wort.»[5] In dieser entscheidenden Aussage ist schon die ganze Maria enthalten. Sie ist der hingebende Mensch, der sich als des Herrn Magd fühlte und sich bereitwillig dem göttlichen Wort unterwarf, mochte die Mitteilung noch so befremdlich sein. Deswegen wird sie hernach von Elisabeth gelobt: «O selig bist du, die du geglaubt hast.»[6] Während die Jünger später vom Herrn wegen ihrer Kleingläubigkeit gescholten wurden, ist Maria der im Glaubensgehorsam stehende Mensch, der keine Zweifel kennt. Ihr «fiat» ist eines der ganz großen, stellvertretenden Worte der Menschheitsgeschichte, dessen Gültigkeit aller Zeiten Wechsel überdauert. Der Christ hat sein ganzes Leben lang damit zu tun, es für seine eigene Existenz nachsprechen zu lernen, weil er nur durch die seelische Bereitschaft Anteil am Göttlichen gewinnt. Nach diesem Geschehen trat sie, ein Beispiel der Demut gebend, den Besuch bei Elisabeth an; die Begegnung der beiden Frauen im Hause des Zacharias diente der gegenseitigen Stärkung ihres Glaubens. Bei dieser Gelegenheit brach Maria in das bekannte Magnificat aus, das ungemein bewegte Worte enthält. Kein Kommentar kann ihm auch nur von entfernt gerecht werden. Der hellklingende Lobgesang ist von überraschender Kühnheit. Wohl frohlockte ihr Geist, weil der Allmächtige die Niedrigkeit seiner Magd angesehen hat; dann aber sprach Maria jene umstürzenden Worte, nach denen Gott die Gewaltigen vom Thron stoßen werde und dafür die Niedrigen erhebe. Diese Aussage schließt ungeahnte Perspektiven in sich, erscheint doch das Leben des Menschen in einem völlig neuen Licht. Dieses herrliche Lied hat Maria zuerst gesungen, und wir sollten es ihr immer wieder nachsingen.

Ferner berichtet Lukas im zweiten Kapitel seines Evangeliums die Weihnachtsgeschichte, die kein Dichter der ganzen Welt hätte schöner erzählen können. Ein unnachahmlicher Duft liegt über dieser Erzählung, den der Leser beglückt einatmet, so oft er sie nachliest; er empfindet dabei immer wieder eine unsagbare Freude. Die göttliche Poesie überdeckt keineswegs die wirkliche Inkarnation, die nichts mit einer lieblichen Idylle zu tun hat. Der Bericht vermerkt ausdrücklich, Maria habe keine Herberge bei den Menschen gefunden, und sie habe ihr Kindlein in einem Stall in Windeln wickeln und in eine Futterkrippe legen müssen. Auch der ewig junge Engelsgesang «Friede auf Erden» hat sich dem Gedächtnis der Menschheit eingeprägt. Er hat, trotz der vielen Kriege, eine unstillbare Sehnsucht geweckt. Die Himmelsbotschaft wurde zuerst ganz einfachen Hirten mitgeteilt, die darüber erschrocken zusammenfuhren. Das Matthäusevangelium ergänzt den Bericht des Lukas noch mit dem Besuch der drei Weisen aus dem Morgenland, der unbedingt zum Weihnachtsereignis gehört, rückt er uns doch die sich gebührende Haltung vor Augen: Man muß niederfallen und anbeten.

Wer bei Jesu Kindheitsgeschichte die Frage nach der Geschichtlichkeit anmeldet, dem ist einfach ein Brocken in den falschen Hals geraten. Darf man das Weihnachtsgeschehen geringschätzend als eine bloße Legende abwerten? Was heißt denn schon Legende? Nach dem Wortsinn doch das, was immer neu zu lesen ist! Man mag meinetwegen Jesu Kindheitserzählung eine Legende nennen, aber sie müßte als wirkliche Legende aufgefaßt werden, hinter der eine Realität steht, die wahrer ist als unsere armselige, empirische Wirklichkeit. Die Legende ist die einzig entsprechende Einkleidung der ewigen Wahrheit; sie ist die adäquate Form der biblischen Sprache.

Es folgt die Darstellung im Tempel, bei welcher Gelegenheit der alte Simeon zu Maria sprach: «Es wird ein Schwert durch deine Seele dringen.»[7] Maria ist nicht nur die Holdselige und Makellose, die an Weihnachten in traumverlorenem Glück ihr Kindlein in den Armen wiegt, sie ist auch die schmerzensreiche Frau, und gerade ihre Tränen haben auch die starke Verbundenheit zwischen ihr und den Menschen geschaffen. Maria litt unter dem Schwertstoß; darum versteht sie auch unsere Leiden viel tiefer als wir alle.

Das Lukasevangelium erzählt noch die Geschichte vom Zwölfjährigen, als Maria ihren Sohn im Tempel mitten unter den Schriftgelehrten fand. Bestürzt und erregt sagte sie: «Warum hast du uns das angetan, siehe, dein Vater und ich suchten dich mit Schmerzen.» Damit hatte sie den Weg angedeutet, der durch das Leid zu Christus führt. Der Bericht schließt: «Seine Mutter behielt alle diese Worte in ihrem Herzen»[8], Worte, die auch in der Weihnachtsgeschichte erwähnt werden[9]. Diese Aussagen über Jesu Kindheit sind für das Herz und nicht für den Verstand bestimmt; es kommt auf das erwägende Bewegen im Herzen an. Von Maria läßt sich das Denken mit dem Herzen erlernen. Der Grund des Herzens ist unauslotbar und allem begrifflichen Denken weit überlegen. Der Mensch des verborgenen Herzens ist ein Geheimnis, das der Verstand der Verständigen nie begreift.

Nicht unerwähnt darf in diesem Zusammenhang die Hochzeit zu Kana bleiben. Maria sah mit weiblichem Spürsinn den fehlenden Wein und machte ihren Sohn darauf aufmerksam. Man hielt sich über die beinahe schroff klingende Antwort Jesu an seine Mutter auf: «Frau, was habe ich mit dir zu schaffen.» Bedeutsamer noch ist Marias Bemerkung zu den Dienern: «Was er euch sagen wird, das tut.»[10] Offensichtlich war Maria die Erfüllung des eigenen Wunsches nicht wichtig, vielmehr wollte sie, daß man den Worten Christi stets nachkomme. Damit stimmte sie ganz mit Christus überein, der die überschwängliche Lobpreisung des Leibes, der ihn getragen hatte, mit den Worten berichtigte: «Selig sind vielmehr die, welche das Wort Gottes hören und bewahren.» [11]

Schließlich ist noch auf die Kreuzigung Jesu hinzuweisen, während der sich eine Finsternis über das ganze Land legte, eine Dunkelheit, unter der noch heute die Christenheit leidet. Bekanntlich flohen zunächst die Jünger und überließen Jesus seinem Schicksal. Einsam hing der Herr zwischen den beiden Schächern am Kreuz auf Golgatha. Im johanneischen Bericht heißt es jedoch: «Beim Kreuz Jesu aber stand seine Mutter» [12], wodurch das unzertrennliche Verhältnis zwischen Christus und Maria erneut unterstrichen wird. Welche Festigkeit! Sie brach unter der Wucht der Schmerzen nicht zusammen. In der schwersten Stunde hielt sie bei ihm aus, und Jesus schenkte ihr seine letzten Worte. Gespräch kann man es nicht nennen, denn Maria erwiderte nichts. Jesus sagte: «Frau, siehe dein Sohn», und fügte als letzte Fürsorge für sie zu Johannes gewendet hinzu: «Siehe, deine Mutter» [13], wodurch er den Lieblingsjünger zum geistigen Sohn Marias machte. Dann trat das große Schweigen ein, das auch uns verpflichtet, uns überflüssiger Worte zu enthalten.

Die Apostelgeschichte erzählt, daß Maria zu der ersten Gemeinde gehörte, «die einmütig im Gebet verharrte» [14]. In der Offenbarung Johannes' ist nochmals in rätselvollen Ausführungen von Maria die Rede [15]. Grandios ist die Bildersprache, in der Maria als das mit der Sonne bekleidete Weib in kosmischer Sicht gesehen wird, in der sie ihr individuelles Schicksal weit überschritt. Hinter diese endgeschichtliche Schau können wir nicht mehr zurück, und die Perspektive ist eröffnet, in welcher Weise wir fortan über die Gottesmutter denken sollen: Sie ist in den Plan des großen Heilsgeschehens einzuordnen und muß mystisch in jedem Christen anwesend sein.

Das ist in knappen, allzu knappen Worten das biblische Zeugnis von Maria, und es ist in ein beinahe rembrandthaftes Helldunkel getaucht; ihre Verborgenheit ist zugleich in ein tiefes Schweigen gehüllt. Die Behauptung, die Texte würden nicht viel hergeben, ist weit mehr ein Armutszeugnis für verlegene Exegeten als für die Evangelien. Die Aussagen der Schrift sind gewichtig. Es ist ebenso falsch, sie vorschnell zu übergehen, als sie phantasievoll auszuschmücken, weil man dann Dinge zu erzählen beginnt, die man nicht weiß, wie Thérèse von Lisieux sagte. Im biblischen Zeugnis ist eine Kraft beschlossen, die die Eigentümlichkeit besitzt, Maria dem Leser als die Auserwählte Gottes lieb zu machen. Wie man jeder Frau ritterlichen Respekt entgegenbringt, so tut man es der Mutter des Herrn doppelt gern. Maria wächst dem Christen ans Herz, weshalb man nicht gut beraten ist, wenn man ihr Bildnis in der Kirche in eine Ecke abschiebt, statt sich immer wieder daran zu erinnern, daß sie die glaubende Frau war, die Christus mit der ganzen Bereitschaft des Herzens empfing und ihn unseren Herzen weitergeben möchte.

Aber unsere Meditation in der Kirchenbank ist noch nicht beendet. Maria ist eine Gestalt, die nicht mit den Evangelien abgeschlossen ist, sondern das Denken der Christen immer weiter beschäftigt hat. Es führt uns zum Zeugnis der Tradition, das besonders der geschichtlich denkende Christ empfindet, der sich beständig mit der christlichen Vergangenheit konfrontiert fühlt und der nicht gewillt ist, das Erbe der Christenheit preiszugeben, sondern versucht, sich über dieses Vermächtnis Rechenschaft zu geben.

Das Zeugnis der Tradition beginnt mit den Apokryphen, besonders mit dem aus dem zweiten Jahrhundert stammenden «Jakobus-Evangelium», das von Anna und Joachim berichtet und von Marias Tempelaufenthalt, wo das Kind «vor Freude mit seinen Füßchen tanzte» und die Nahrung aus der Hand eines Engels empfing[16]. Obschon Hieronymus aufgebracht war über «den rasenden Unsinn der Apokryphen», wie er sich wörtlich ausdrückte, ist das Jakobus-Evangelium ein Beweis für die frühzeitige Entwicklung der Maria-Verehrung. Auch wenn beachtenswerterweise die Kirche diese apokryphe Schrift nicht in den Kanon aufgenommen hat, gehen trotzdem einzelne Mitteilungen auf eine wahre Überlieferung zurück. Es würde zu weit gehen, auch nur von entfernt die Geschichte der Mariologie anzuführen[17]. Bedeutsam sind die drei Mariendogmen: die Entscheidungen für die Gottesgebärerin auf dem Konzil zu Ephesus (im Jahre 431), für die Unbefleckte Empfängnis (im Jahre 1854) und schließlich für die leibliche Himmelfahrt Marias (im Jahre 1950). Die theologische Beschäftigung mit der Gestalt Marias hat zu diesen Ergebnissen geführt. Dogmen sollten uns nicht zum voraus kopfscheu machen, weil es notwendige Abgrenzungen sind. Wie es nicht anders möglich ist bei der intellektuellen Entfaltung einer Offenbarungswahrheit, haben sich auch hier Thesen und Antithesen, Gründe und Gegengründe ergeben, die mit unerfreulichen Streitigkeiten verbunden waren. Das christliche Anliegen besteht darin, Formulierungen für den Glauben zu finden, die nicht mit Verdammungsurteilen verbunden werden dürfen, weil diese nicht dem Evangelium gemäß sind.

Besonders in den romanischen Ländern überbordete zuweilen die Mariologie, indem Maria sogar Christus übergeordnet wurde, in der Meinung, sie allein vermöge den Zorn des Vaters zu besänftigen[18]. Das sind rhetorische, sentimentale Auswüchse, ganz zu schweigen von den isolierenden Andachten, wie zum Beispiel zum linken Fuß Marias[19]. Bischöfe haben darauf hingewiesen, daß «Maria aus unserer Mitte ist, eine von uns, darum gehört sie zu uns und wir zu ihr»[20]. Damit ist sie zu einem Vorbild geworden, das Liebe und Wärme im Herzen der Christen erwecken soll. Das katholische Anliegen kann nach Guardini kein anderes sein, «als das Geheimnis, welches Maria heißt, rein und groß herauszuheben»[21].

Doch ist damit nicht das kirchengeschichtliche Zeugnis erschöpft. Es sind noch die Marienwallfahrtsorte zu erwähnen, zu denen das Volk pilgert, um vor den streng stilisierten und beinahe unpersönlich wirkenden Gnadenbildern zur «Mutter von der immerwährenden Hilfe» zu flehen. Es will etwas heißen, wenn sich Menschen aufmachen und kilometerweit zu Fuß gehen, um zuletzt vor einer Schutzmantelmadonna niederzuknien und dort ihre Sorgen vorzubringen und um Stärkung zu bitten. Aus diesem Glauben lebt vielfach das einfache Volk und empfängt die Kraft für sein schweres Dasein. Wenn ein Volk keine solchen Heiligtümer mehr kennt, zu denen es gläubig pilgern kann, geht Unersetzliches verloren. Die zärtliche Bezeichnung «Unsere Liebe Frau» verrät etwas von dem, was die Männer und Frauen dort suchen. Ein solcher Ausdruck der Liebe sind auch die vielen im Mittelalter entstandenen Maria-Legenden, die oft von entzükkender Naivität sind. Es läßt sich wenig Stichhaltiges gegen und sehr viel Begründetes für den einfachen Volksglauben sagen.

Ähnlich einzustufen sind die Maria-Erscheinungen von Lourdes, La Salette und Fatima. Man kann gegen diese Maria-Visionen seine Einwendungen vorbringen, aber Roger Schütz, der Prior von Taizé, schrieb in sein Tagebuch: «Weshalb sollte, ungeachtet allen politischen Mißbrauchs, den man nachträglich damit getrieben haben mag, die Mutter des Herrn nicht tatsächlich drei Kindern aus Fatima erschienen sein, um die Armen eines Volkes zu trösten, das soviel zu leiden hat? Daß das Bild, wie es die Kinder beschrieben haben, nicht unserem Geschmack entspricht, tut nichts zur Sache. Eine Erscheinung läßt sich nie in Bildern wiedergeben.» [22] Das Merkwürdige an diesen Erscheinungen ist, daß sie armen, ganz unvorbereiteten Kindern zuteil geworden sind, die sich dabei unbeholfen und doch überaus vornehm verhalten haben. Warum hat Maria gerade zu unwissenden Kindern geprochen? Wahrscheinlich doch nur, weil die Erwachsenen keinen Platz, keine Zeit und kein Verständnis mehr für Maria haben. Der moderne Unglaube hat diese Visionen als Schwindel verlästert, während man unwillkürlich an das Schriftwort denken muß: «Aus dem Munde von Kindern und Säuglingen hast du dir eine Macht gegründet.»[23]

Auch in der Ostkirche wurde Maria von jeher stark verehrt – ihre herrlichen Ikonen sind dafür ein überaus beredtes Zeugnis. Der heilige Seraphim von Sarow erlebte mehrfach Maria-Erscheinungen, die somit keineswegs ein Sondergut des Katholizismus sind. Die Ostkirche kennt jedoch keine Dogmatisierung der Maria, dafür aber eine um so innigere Verehrung. Ihre Gläubigen gründen ihre Hoffnung auf die Muttergottes und sie flehen inbrünstig: «Gewähre uns deinen Schutz».

Zum Zeugnis der Tradition gehört auch die Stellungnahme des Protestantismus. Gewöhnlich spricht man von der rätselvollen Abneigung der evangelischen Kirche gegen Maria und sagt, sie habe die Mutter des Herrn vergessen. Derart summarisch gesprochen, stimmt das Urteil nicht.[24] Luther hatte ein Marienbild in seinem Zimmer hängen; er predigte an den Maria-Festen und schrieb eine feinsinnige Auslegung über das Magnificat, in der er «das heilige Lied der hochgebenedeiten Mutter Gottes» sang[25]. Die evangelische Kirche war ursprünglich bestrebt, nicht mehr von Maria zu sagen, als was von ihr in der Bibel berichtet wird. Man wollte nicht über die Glaubensregel hinausgehen. Erst im Neuprotestantismus trat ihre Gestalt in den Hintergrund, so daß er heute keine einhellige Auskunft mehr zu geben imstande ist. Trotzdem legte sich die erste weibliche Ordensgründung auf evangelischer Seite den Namen «Marienschwestern von Darmstadt» zu. Auch schrieb der evangelische Theologe Max Thurian ein anerkennenswertes Maria-Buch, und Hans Asmussen stellt in seiner Schrift über Maria fest: «Man kann nicht nach Jesus Christus fragen, ohne seine Mutter ins Auge zu fassen. Man hat Jesus Christus nicht ohne Maria.»[26] Jedenfalls ist es nicht dem Evangelium gemäß gedacht, wenn man Maria zu einem Thema des Ge-

gensatzes werden läßt, das die Konfessionen voneinander trennt. Überblickt man die Zeugnisse der Tradition, läßt sich schwerlich bestreiten, daß die Geschichte am Bild der Maria gearbeitet hat, wie nur an Erscheinungsformen ganz weniger großer Gestalten. Nach den Worten von Reinhold Schneider ist «Maria die geschichtsmächtigste Gestalt überhaupt, die die Menschheit hervorgebracht hat; nur der Herr ist geschichtsmächtiger gewesen als sie»[27].

Schließlich ist noch kurz das künstlerische Zeugnis zu erwähnen[28]. Die Künstler fühlten sich immer wieder gedrängt, Maria in Plastiken und in Gemälden darzustellen. Wollte man von ihren Schöpfungen absehen, würde man etwas vom Schönsten unterschlagen. Natürlich gab es Künstler, die mit ihren Mariadarstellungen nur ihrer Sehnsucht nach einer schönen Frau Ausdruck gaben. Von ihnen reden wir nicht, da man vor solchen Bildern nie gebetet, sondern sie nur schöngeistig angeschwärmt hat. Schon die romanischen Madonnen stellen Maria in hoheitsvoller Gebärde dar.[29] Mit der Schilderung der Maria, die das Jesuskind innig an sich preßt, kam eine Note der Vermenschlichung in die Kunst hinein, und damit wurden die Maria-Bilder zu Existenzbildern. Besonders die nordische Kunst liebte es, das Frauliche in der Umwelt des begnadeten Mutter-Mädchens auszumalen. Man würde auch Botticellis Madonnen verkennen, würde man in ihnen die transzendentale Beziehung nicht wahrnehmen. Ebenso hat die Spätgotik in ihren Pietà-Darstellungen einzigartige Schöpfungen hervorgebracht. Die Mater dolorosa drückt Trauer und Tränen aus, und die einsame Zwiesprache zwischen Maria und dem toten Sohn zeigt die ergreifendste Schmerzversunkenheit, die es gibt. Die Maler haben mit sichtbarer Liebe und Andacht ihre Marienbilder geschaffen, in die sie ihre ganze Seele hineingelegt haben, weshalb die seelische Intensität stärker wirkt als jede professorale Dogmatik. Albrecht Dürer und Albert Servaes vertieften sich mit einer seelischen Einfühlung in ihre Bilderfolge «Marienleben». Man wird selten in der Geschichte der Malerei Bildern von gleicher Gemütsinnigkeit begegnen. Persönliche Ergriffenheit hat diese Wunderwerke zustande gebracht, faßten doch die Künstler Maria als das heiligste Zeichen auf. Man kann sich an einem Weihnachtsbild von Grünewald nicht satt sehen; jedenfalls möchte man sich wegen der Ausstrahlung dieses vor Seligkeit erglühten Antlitzes stets in seiner Nähe aufhalten. Etwas vom Geheimnis Marias ist in all diesen Bildern angedeutet, und weil es nicht zergliedert wird, gereicht es den Menschen zur Stärkung ihres Glaubens.

Den vielen Marienbildern ebenbürtig sind die zahlreichen Maria-Dichtungen. Auch sie gehen auf die alte Kirche zurück. Damals schon schrieb Ephraim der Syrer viele Gedichte zu ihrer Ehre. Ergreifend hört sich Jacopone da Todis «Stabat mater» an:

«Stand die Mutter voller Schmerzen
Weinend unterm Kreuz von Herzen,
Wo ihr Sohn im Sterben hing.
Durch die Seele voll Verzagen,
Trauernd tief mit Seufzerklagen
Ihr das Schwert des Leidens ging.» [30]

Diese Dichtungen lassen sich bis in die Neuzeit hinein verfolgen, über Hölderlins schwerblütiges Lied «An die Madonna» bis zu Rainer Maria Rilkes «Marienleben» [31].

Schließlich hat auch die Musik Maria mit wundervollen Klängen verherrlicht. Johann Sebastian Bachs Vertonung des Magnificat kann man so wenig vergessen wie Telemanns und Vivaldis Interpretationen. Aus dem Regina coeli von Mozart glaubt man, die Stimme Marias zu hören. Die marianische Musik vertreibt alle Verstandeszweifel und dringt mitten in die Seele des Menschen hinein.

Es wäre ein fatales Mißverständnis, in den Werken der Maler,

Dichter und Musiker den Übergang zu einer ästhetischen Betrachtungsweise zu sehen. Auch die Kunst verkündet; sie ist mit den Evangelien verwandt, wo es auch immer wieder heißt: sehen, hören und berühren. Die Schöpfungen der Künstler stehen in einem größeren Zusammenhang. Die moderne Kunst arbeitete unwillentlich-willentlich an einer Zerstörung des Menschenbildes; sie hat deswegen eine schwere Schuld auf sich geladen, während uns die marianischen Schöpfungen die wahre Imago Dei vor Augen führen. Da ist nichts von dem zweideutigen Lächeln einer Mona Lisa zu bemerken, sondern es sprechen sich darin die absolute Schönheit und die absolute Reinheit aus. Die Liebe zur geistigen Schönheit leuchtet aus den Madonnenbildern. Sie setzen dem Ideal von Sodom und Gomorra, das die Menschen in den Abgrund hinabreißt, bewußt das Ideal der Madonna entgegen – das höchste Bild hat nicht gleichzeitig neben der niedrigsten Gemeinheit in ein und derselben Seele Platz. Mit der Betonung der Maria als dem Vorbild der inneren Schönheit ist ein bedeutsamer Beitrag zum Problem der Anthropologie geleistet, über das in der Gegenwart so eifrig ergebnislos diskutiert wird, während die Madonna dem Menschen schweigend eine wirksame Hilfe leistet. Gerade deswegen sind die Marienbilder so liebenswert; sie zu beseitigen käme einer nicht wieder gutzumachenden Verarmung der Christenheit gleich. Maria ist die andere Eva, ist die ewige Frau, die alles menschliche Denken übersteigt und die den Mann anleitet, auch seiner irdischen Frau richtig zu begegnen.

Noch immer sind wir mit unserer Meditation in der Kirchenbank nicht zu Ende gekommen. Wir versuchen, Marias Bedeutung für uns zusammenzufassen, indem wir das biblische, das geschichtliche und das künstlerische Zeugnis summieren, um dadurch zu einer Klarheit über das Geheimnis der Maria zu gelangen, das ein Geheimnis des Empfangens ist. Es ist notwendig, auf die Frage von Johann Gottfried Herder, «gibt es eine sittlichere Grazie, als das Gemälde der mütterlichen Liebe, verschmolzen mit jungfräulicher Unschuld?»[32], eine Antwort zu finden. Sie kann nur darin bestehen, das Magnificat in einer übertragenen Weise aufs neue zu singen.

Maria isoliert zu betrachten, würde zu einer einseitigen Bewertung führen. Die christliche Frömmigkeit denkt immer in großen Zusammenhängen, weswegen sie Maria in das Gesamtbild einordnet und die Mutter des Herrn vorwiegend auf Christus bezieht. Sie ist die Frau, die Christus geboren hat, Gott würdigte sie, das Gefäß zu sein, das den Erlöser zur Welt brachte. Maria trug den Herrn in sich, und ihr christliches Leitbild fordert uns auf, daß auch wir Christus in uns tragen. Wenn Christus nicht in uns ist, so ist unsere Seele leer. Bei aller Liebe zu Maria darf man nicht bei ihr stehenbleiben, sondern muß unbedingt von ihr den Schritt zu Christus tun. Das allein entspricht auch ihrer Absicht. Sie ist die Frau, die den Menschen das Christus-Kind entgegenhält, und wer es von ihr entgegennimmt, kann auch sie niemals übersehen. Zwischen Christus und Maria besteht ein lebendiges Band, das Birgitta von Schweden nach ihren Offenbarungen visionär formuliert: «Wie Adam und Eva die Welt sozusagen für einen Apfel verkauft haben, so haben mein Sohn und ich die Welt sozusagen mit *einem* Herzen erlöst.»[33]

Die Christuszugehörigkeit Marias eröffnet noch eine weitere Perspektive. Im «Römerbrief» nennt Paulus Abraham «einen Vater aller, die da glauben»[34], und in ähnlicher Weise ist Maria die Mutter aller Christgläubigen. Maria ist der Urtypus des neutestamentlichen Glaubens. Sie ist der erste Mensch, der ohne Vorbehalt und ohne den geringsten Zweifel an Christus geglaubt hat, damals, als der Engel ihr die Botschaft überbrachte; aber auch in der schwersten Stunde ist sie in ihrem vorbildlichen Glauben nicht irre geworden. Damit zählt sie zu den Heiligen und ist die größte unter ihnen. Als Mutter des Glaubens ist sie das Abbild der Kirche geworden.

Schließlich vertritt Maria das Frauliche in der Kirche; ihr ist das Meditative eigen, das allem Aktivismus überzuordnen ist. Selbstverständlich darf man das Geschlechtliche nicht in die Gottheit hineintragen; schon die frühchristliche Kirche hat sehr darauf geachtet, Maria weder zu einer Göttin zu erheben noch sie zu einer Muttergottheit im Christentum werden zu lassen. Die Möglichkeit dieser Gefahr bestand, aber sie ist gebannt. Über das Mütterliche der Maria haben sich einige glaubenserfüllte Laien ausgesprochen, deren dichterische Worte den theologischen Definitionen vorzuziehen sind. Dostojewskij legte einer seiner Gestalten die Frage in den Mund: «Was ist das, die Gottesgebärerin, wie dünkt es dich?» – «Das ist die große Mutter», antworte ich, «die große Hoffnung, die ewige Zuversicht des Menschengeschlechtes.» «Ganz recht», sagte sie, «die Gottesgebärerin, das ist die große, feuchte Mutter Erde selbst, und darin liegt eine große Freude für den Menschen.»[35] Das sind ungewohnte Worte, die nicht gleich als paganischer Hauch verdächtigt werden dürfen, sonst gelangen wir zu keinem neuen Gesang. Leopold Ziegler dachte ähnlich, als er von der «Mutter leuchtendem Inbild» redete[36]. Ebenso tief über die geheimnisvolle Verbindung von Jungfrau und Mutter schrieb Georges Bernanos: «Betest du zur Muttergottes?» – «Aber sicher.» – «So etwas sagt man... Betest du aber auch richtig und gut? Sie ist unsere Mutter, das ist bekannt. Sie ist die Mutter des Menschengeschlechtes, die neue Eva. Aber sie ist auch dessen Tochter... Die alte Welt, die schmerzensreiche Welt, die Welt vor dem Stande der Gnade, hat sie lange Zeit – Jahrhunderte und aber Jahrhunderte lang – an ihrem verstörten Herzen gewiegt, in dunkler, unbeschreiblicher Erwartung einer gebärenden Jungfrau...»[37] Marias Magdtum deutet auf das Weibliche und auf das Mütterliche in Gott hin, Tersteegen nennt sie Gottes Mutterherz, welches die Barmherzigkeit und die Liebe ist. Es ist mehr als eine schrille Dissonanz, wenn man bei dieser Gelegenheit mit den Psychologen von einer verdrängten oder sublimierten Sexualität redet – der Himmel bewahre uns vor solchen Plattheiten! Wenn die Christenheit auf das Marianische verzichtet, so wird sie zu einer ausschließlichen Männerkirche, in der Intellekt, Wille und Tatkraft den Ausschlag geben. Dann wird es wohl in ihrem Raum noch kälter, genau wie in einer Wohnstube, in der die Seele fehlt, nachdem die Mutter des Hauses gestorben ist. Wenn die Liebe und die Wärme bleiben sollen, dann dürfen wir das weiblich-mütterliche Element nicht preisgeben, das in Marias Ja zur Engelsbotschaft den strahlenden Ausdruck findet. Es ist durchaus notwendig, daß wir eine Kirche bleiben, in der Männer und Frauen sich geborgen fühlen und ehrfürchtig zu dem marianischen Gefäß aufblicken, in dem Gott Wohnung nahm.

Ich schließe mit einer Anekdote. Mein Namenspatron, der heilige Walter, war im elften Jahrhundert ein benediktinischer Abt in Cluny, der sich seiner Wahl aus Bescheidenheit durch Flucht zu entziehen versuchte. Es soll jetzt nicht das Leben dieses Heiligen erzählt, sondern nur eine Begebenheit daraus erwähnt werden. Einmal wurde dem Abt eine Maria-Erscheinung zuteil. Am darauffolgenden Tag zweifelte Walter ernstlich, ob Maria ihm auch wirklich erschienen sei oder ob er es sich bloß eingebildet habe – ein typisch männliches Verhalten! Da erschien ihm Maria zum zweiten Male. Diesmal aber gab sie ihm um seiner Zweifelssucht willen eine schallende Ohrfeige. Diese war so heftig, daß man ihre Spuren noch tagelang auf seiner Wange feststellte, was von seinen Mitbrüdern auch eifrig bemerkt wurde. Mit dieser Tat offenbart sich Maria von einer neuen, uns gänzlich ungewohnten Seite: die kämpferische Jungfrau ist nicht weniger eindrücklich als die süße Mutter. Der Backenstreich aus der Legende des heiligen Walter hat für uns die Bedeutung eines Zeichens. Treiben wir es nicht zu weit mit der einsam dastehenden Maria-Figur. Wenn wir weiter so unbekümmert an Maria vorübergehen, könnte es unerwartet eine neue Ohrfeige von anderem Ausmaße absetzen. Ohne Bild gesprochen, es könnte die Christenheit ein Schlag treffen, der die Form einer Katastrophe, eines Zusammenbruchs, einer Heimsuchung annimmt. Der Anfang ist in der sich ausbreitenden Verwirrung im Raum der Kirche schon zu erkennen.

Ich möchte meine Ausführungen jedoch nicht mit einer Drohung schließen, da es mir um die Liebe zu Maria geht. Wir erheben uns deshalb von der Kirchenbank, treten wieder in das helle Tageslicht hinaus und nehmen Marias Bild im Herzen mit uns, indem wir beglückt leise die Verse von Novalis vor uns hinsprechen:

«Ich sehe dich in tausend Bildern,
Maria, lieblich ausgedrückt,
Doch keins von allen kann dich schildern,
Wie meine Seele dich erblickt.

Ich weiß nur, daß der Welt Getümmel
Seitdem mir wie ein Traum verweht
Und ein unnennbar süßer Himmel
Mir ewig im Gemüte steht.» [38]

Quellen-Nachweis

Der Heilige in einer unheiligen Zeit

[1] F. M. Dostojewskij; Rodion Raskolnikoff, 1964, S. 22

[2] 1. Clemensbrief, 46,2

[3] G. Bernanos, Die großen Fried-
höfe unter dem Mond, 1969,
S. 221

[4] Heinrich Seuse, Deutsche Schriften, ed. Lehmann, 1922, Bd. II,
S. 47

[5] Pred. Sal. Kp. 7, 11

Der liebe Herr Sankt Ulrich

[1] Reinhold Schneider, Las Casas
vor Karl V., o. J., S. 94

[2] Wilhelm Hausenstein, Licht unter dem Horizont, 1967, S. 43

[3] Gerhard, Vita sancti Udalrici,
1891, Kp. I

[4] Vgl. Hilpisch, In Zellen und
Klausen, 1936, S. 42, und Wolf-
ram von den Steinen, Menschen
im Mittelalter, 1967, S. 78

[5] Spr. Sal., 3, 11

[6] Hilpisch, Heilige Jungfrauen,
1940, S. 32

[7] Alte deutsche Legenden, 1910,
S. 58;

[8] Vita Kp. 1

[9] Vita Kp. 3

[10] Vita Kp. 3

[11] Vita Kp. 3

[12] Vita Kp. 3

[13] Vita Kp. 17

[14] Vita Kp. 12

[15] Jean Steinmann, Pascal, 1954,
S. 234

[16] Vita Kp. 26

[17] H. U. von Balthasar, Reinhold
Schneider, 1953, S. 41

Merkt auf, der Seuse will sausen

[1] Angelus Silesius, Cherubinischer
Wandersmann, 1924, I. Buch II,
289

[2] Heinrich Seuses Deutsche Schriften, hrsg. von W. Lehmann, Jena
1922, II, S. 50

[3] Das Leben der Schwestern zu Töß, hrsg. von M. Weinhandl, München, 1921, S. 135

[4] Ebd., S. 203

[5] H. Wilms, Geschichte der Deutschen Dominikanerinnen, 1920, S. 91

[6] F. Vetter, Ein Mystikerpaar des 14. Jahrhunderts, 1882, S. 41

[7] Schwestern zu Töß, a. a. O., S. 121

[8] W. Muschg, Die Mystik in der Schweiz, 1935, S. 219

[9] C. Greith, Die Deutsche Mystik im Predigerorden, 1861, S. 365

[10] Schwestern zu Töß, S. 139

[11] Ebd., S. 223

[12] Ebd., S. 173

[13] Ebd., S. 226

[14] Ebd., S. 230

[15] Ebd., S. 157

[16] Ebd., S. 158

[17] Ebd., S. 235

[18] Ebd., S. 123

[19] Ebd., S. 123

[20] Ebd., S. 125

[21] Ebd., S. 125

[22] Ebd., S. 127

[23] Ebd., S. 129

[24] Vetter, a. a. O., S. 25

[25] R. Senn, Die Echtheit der Vita Heinrich Seuses, 1930, S. 138, und C. Gröber, Der Mystiker Seuse, 1941, S. 125

[26] Schwestern zu Töß, a. a. O., S. 130

[27] Ebd., S. 131

[28] Tob 3, 17–18

[29] Seuse, I, S. 145

[30] Deutsche Mystikerbriefe des Mittelalters, hrsg. von Oehl, 1931, S. 384

[31] Seuse, II, S. 7

[32] Seuse, I, S. 8

[33] Seuse, I, S. 9/10

[34] Seuse, I, S. 19

[35] Seuse, II, S. 3

[36] Seuse, II, S. 10; vgl. J. Bühlmann, Christuslehre und Christusmystik des Heinrich Seuse, 1942, S. 43

[37] J. Klug, Ringende und Reife, 1949, S. 189

[38] P. Wilms, Der selige Heinrich Seuse, 1914, S. 90

[39] Seuse, I, S. 77

[40] Heinrich Seuses Leben und Schriften, hrsg. von M. Diepenbrock, 1837, XXXI.

[41] Nix-Oechslin, Meister Ekkehard der Prediger, 1960, S. 148

[42] Seuse, II, S. 73

[43] Seuse, II, S. 121

[44] Seuse, II, S. 34

[45] Seuse, I, S. 20

[46] W. Muschg, a. a. O., S. 243

[47] Seuse, I, S. 20

[48] F. Görres, Aus der Welt der Heiligen, 1955, S. 20

[49] Seuses Deutsche Schriften, hrsg. von N. Heller, 1926, S. 333

[50] Ebd., S. 332

[51] Ebd., S. 332 und 333

[52] Ebd., S.ß349

[53] Ebd., S. 334

[54] P. Wilms, a. a. O., S. 204

[55] Seuse, I, S. 72

[56] Deutsche Mystikerbriefe, a. a. O., S. 330

⁵⁷ Seuse, II, S. 80

⁵⁸ G. Tersteegen, Ausgewählte Lebensbeschreibungen heiliger Seelen, 1784, III, S. 55

⁵⁹ Seuse, II, S. 131

⁶⁰ Seuse, II, S. 136

⁶¹ Seuse, I, S. 146

⁶² Seuse, I, S. 150

⁶³ Seuse, II, S. 88

⁶⁴ Seuse, II, S. 120

⁶⁵ Seuse, II, S. 171

⁶⁶ Seuse, II, S. 193

⁶⁷ Seuse, I, S. 29

⁶⁸ Seuse, II, S. 54

⁶⁹ Seuse, II, S. 10

⁷⁰ Seuse, II, S. 27

⁷¹ Seuse, II, S. 32

⁷² Seuse, II, S. 35

⁷³ Seuse, II, S. 117

⁷⁴ Seuse, II, S. 119

⁷⁵ Seuse, II, S. 90

⁷⁶ Seuse, II, S. 36

⁷⁷ Seuse, I, S. 28

⁷⁸ Seuse II, S. 50

⁷⁹ Seuse, I, S. 55

⁸⁰ Seuse, II, S. 150

⁸¹ Seuse, I, S. 49

⁸² Seuse, I, S. 126

⁸³ Seuse, II, S. 73

⁸⁴ Seuse, I, S. 101

⁸⁵ Seuse, Horologium, I, c. 1

⁸⁶ W. Preger, Geschichte der Deutschen Mystik, 1881, II, S. 370

⁸⁷ U. Weymann, Die Seusesche Mystik und ihre Wirkung auf die bildende Kunst, 1938

⁸⁸ Seuse, II, S. 7

⁸⁹ Seuse, II, S. 90

⁹⁰ Seuse, II, S. 5

Ein Heiliger aus schlechtem Holz:
Johannes von Gott

¹ Gertrud von Le Fort, Hymnen an die Kirche, S. 29

² José Cruset, Das heilige Abenteuer des Johannes von Gott, 1967, S. 19

³ Goordier, Sünder und Heilige, 1937, S. 58

⁴ Cruset, a. a. O., S. 88

⁵ 1 Kor. 4, 10

⁶ Unanumo, Don Quijote, 1926, Bd. I, S. 184

⁷ 1 Kor 3, 18

⁸ Hebr 10, 31

⁹ 2 Kor 9, 7

¹⁰ Cruset, a. a. O. S. 225

¹¹ Ludwig Ruland: Ein Armseliger Mensch, ein Heiliger, 1947, S. 136

¹² W. Schamoni, Das wahre Antlitz der Heiligen, 1967, S. 152

¹³ Lk 3, 8

¹⁴ Ps 47, 11

¹⁵ Coordier, a. a. O., S. 73

¹⁶ Cruset, a. a. O., S. 68

Eine Meditation
unter dem Blutgerüst des Thomas Morus

[1] Marie Noël, Erfahrungen mit Gott, 1961, S. 152

[2] ibid., S. 17

[3] Piero Bargellini, Heilige als Menschen, o. J., S. 208

[4] Die Briefe des Sir Thomas More, ed. von Blarer, 1949, S. 13

[5] R. W. Chambers, Thomas More, 1946, S. 222

H. Bremond, Thomas Morus, 1935, S. 146

[7] Chambers, a. a. O., S. 237

[8] Bremond, a. a. O., S. 98

[9] vgl. Francis Hackett, Heinrich VIII, 1932

[10] R. Schneider, Macht und Gnade, 1940, S. 51

[11] Bremond, a. a. O., S. 251

[12] Daniel Sargent, Thomas More, o. J., S. 253

[13] Bremond, a. a. O., S. 266

[14] Sargent, a. a. O., S. 222

[15] Chambers, a. a. O., S. 419

[16] Die Briefe, S. 206

[17] Josef Bernhard, Holbein d. J., 1923, S. 48

[18] Chambers, a. a. O., S. 438

[19] Mathias Claudius, Werke, 1924, Bd. II, S. 367

[20] Briefe, a. a. O., S. 146

[21] ibid., S. 196

[22] ibid., S. 185

[23] ibid., S. 193

[24] Mt 18, 20

[25] Chambers, a. a. O., S. 426

[26] Briefe, a. a. O., S. 212

[27] Dostojewskij, Tagebuch eines Schriftstellers, 1963, S. 266

[28] 1 Kor 15,42; 29

[29] Chambers, a. a. O., S. 427

[30] Briefe, a. a. O., S. 215

[31] G. Bernanos, Unter der Sonne Satans, 1927, S. 355

Die alten Heiligenviten

[1] W. Rosanow, Solitaria, 1963, S. 201

[2] Dostojewskij, Tagebuch eines Schriftstellers, 1963, S. 49/50

[3] Reinhold Schneider, Macht und Gnade, 1940, S. 122

[4] Tschizewskij, Das Heilige Rußland, 1959, Bd. I, S. 38

[5] Iwan Kologriwow, Das andere Rußland, 1958, S. 35

[6] Berdjajew, «Die russische religiöse Idee», im Kairos, 1926, S. 399

[7] Mönchsväter des Ostens im Frühen Mittelalter, 1964, S. 56

Feodossij aus Kiew

[1] Die Altrussische Nestorchronik, ed. R. Trautmann, 1931, S. 112
[2] Mönchsväter des Ostens im Frühen Mittelalter, 1964, S. 81
[3] ibid., S. 59
[4] Die Altrussische Nestorchronik, a. a. O., S. 115
[5] ibid., S. 133
[6] Igor Smolitsch, Russisches Mönch tum, 1953, S. 69

[7] Mönchsväter, a. a. O., S. 94
[8] Dostojewskij, Die Brüder Karamasoff, 1920, S. 644
[9] Mönchsväter, a. a. O., S. 65, 90, 104
[10] Mönchsväter, a. a. O., S. 97
[11] ibid., S. 56

Sergius von Radonesch

[1] Mönchsväter des Ostens im Frühen Mittelalter, 1964, S. 138
[2] ibid., S. 141
[3] ibid., S. 144
[4] Tschizewskij, Das Heilige Rußland, 1959, S. 76
[5] Mönchsväter, a. a. O., S. 157
[6] ibid., S. 158
[7] ibid., S. 161
[8] ibid., S. 155
[9] Tschizewskij, a. a. O., S. 80
[10] Mönchsväter, a. a. O., S. 207
[11] ibid., S. 194
[12] ibid., S. 161

[13] ibid., S. 162
[14] N. v. Arseniew, Die Kirche des Morgenlandes, 1926, S. 67
[15] Mönchsväter, a. a. O., S. 164
[16] ibid., S. 188
[17] ibid., S. 208
[18] ibid., S. 219
[19] Alexej A. Hackel, Sergij von Radonesh, 1956, S. 37
[20] Dostojewskji, Tagebuch eines Schriftstellers, 1963, S. 414
[21] Iwan Schmeljow, Die Straße der Freude, 1952, S. 52

Seraphim von Sarow

[1] 66 russische Essays, ed. Erich Müller-Kamp, S. 604
[2] A. Eliasberg, Russische Literaturgeschichte in Einzelporträts. 1922, S. 131
[3] Die Großen der Kunst – Rußland, ed. Missenharter, 1964, S. 160

[4] Anton Tschechows Werke, 1963, Bd. II, S. 164
[5] ibid., S. 163
[6] Anton Tschechow, Erzählungen ed. Thomas Mann, S. 12
[7] I. Kologriwow, Das andere Rußland, 1958, S. 357

[8] Mt 5,39
[9] Valentine Zander, Seraphim von Sarow, 1965, S. 41
[10] Smolitsch, Lehre und Leben der Starzen, 1936, S. 219
[11] Zander, a. a. O. S. 21
[12] ibid., S. 37
[13] ibid., S. 38
[14] Kologriwow, a. a. O., S. 361
[15] Zander, a. a. O., S. 50
[16] Lilienfeld, Hierarchen und Starzen, o. J. S. 88
[17] Zander, a. a. O., S. 48
[18] Evdokimov, Die Frau und das Heil der Welt, 1960, S. 293
[19] Lilienfeld, a. a. O., S. 73
[20] Zander, a. a. O., S. 50
[21] Evdokimov, a. a. O., S. 104
[22] Zander, a. a. O., S. 52
[22] Zander, a. a. O., S. 99
[24] Smolitsch, a. a. O., S. 229

[25] Vgl. Kirche im Osten, 1960, Bd. III, S. 33/71
[26] Zander, a. a. O., S. 56
[27] Arseniew, Das heilige Moskau, 1940, S. 34
[28] Zander, a. a. O., S. 20
[29] Kologriwow, a. a. O., S. 368
[30] Smolitsch, a. a. O., S. 222
[31] Tschechow, Werke Bd. III, S. 697
[32] Zander, a. a. O., S. 131
[33] Zander, a. a. O., S. 33
[34] ibid., S. 136
[35] ibid., S. 84
[36] ibid., S. 92
[37] ibid., S. 105
[38] ibid., S. 138 u. ff.
[39] ibid., S. 146
[40] Kologriwow, a. a. O., S. 364
[41] Zander, a. a. O., S. 100
[42] Lilienfeld, a. a. O., S. 98
[43] ibid., S. 97

Russische Frömmigkeit

[1] F. von Lilienfeld, Nil Sorskij und seine Schriften, 1963, S. 201
[2] Der christliche Osten, 1939, S. 115/16
[3] Russische Frömmigkeit, ed. Bubnoff, 1947, S. 124
[4] Smolitsch, Lehre und Leben der Starzen, 1936, S. 84
[5] Arseniew, Das heilige Moskau, 1940, S. 8
[6] F. Stepun, Mystische Weltschau, 1964, S. 68
[7] Russische Frömmigkeit, a. a. O., S. 112

[8] Dostojewskij, Literarische Schriften, 1920, S. 342
[9] W. Weidlé, Rußland, 1956, S. 16
[10] Östliches Christentum, ed. Ehrenberg, 1925, Bd. II, S. 30
[11] Berdjajew, «Die russische religiöse Idee», im Kairos, 1926, S. 398
[12] Östliches Christentum, Bd. I, S. 162
[13] Russische Frömmigkeit, a. a. O., S. 155
[14] R. Hagelstange, Die Puppe in der Puppe, 1963, S. 235

Der unbekannte und doch bekannte Maximilian Kolbe

[1] 2 Kor 6,9
[2] Pater Maximilian Kolbe, Der Held von Auschwitz, 1971, S. 38
[3] ibid., S. 46
[4] Franz Xaver Lesch, Maximilian Kolbe, 1964, S. 8
[5] Dostojewskij, Die Dämonen, S. 511
[6] Julien Green, Tagebücher, 1946–1950, 1954, S. 91
[7] Reinhold Schneider, Die Stunde des hl. Franz von Assisi, 1946, S. 48
[8] Maria Winowska, Pater Maximilian Kolbe, 1952, S. 47
[9] Kamil Wenzel, Pater Maximilian Kolbe, 1971, S. 8
[10] Winowska, a. a. O., S. 154
[11] Lesch, a. a. O., S. 11
[12] ibid., S. 27
[13] 2 Kor 7,10
[14] Lesch, a. a. O., S. 35
[15] Wenzel, a. a. O., S. 30
[16] Lesch, a. a. O., S. 35
[17] Ida Friederike Görres, Heiligkeit heute, 1972, S. 47
[18] Lesch, a. a. O., S. 39
[19] Kolbe, Der Held von Auschwitz, 1971, S. 37
[20] Lesch, a. a. O., S. 36
[21] Winowska, a. a. O., S. 174
[22] Bruder Leo, Spiegel der Vollkommenheit, 1935, S. 18
[23] Mt 18,6.

Edith Stein spricht: Dies ist die Wahrheit

[1] H. de Lubac, Das Geheimnis aus dem wir leben, 1967, S. 155 u. ff.
[2] Julien Green, Aufbruch vor Tag, 1964, S. 21
[3] Edith Stein, Aus dem Leben einer jüdischen Familie, 1965, S. 276
[4] ibid., S. 45
[5] ibid., S. 86 u. 130
[6] ibid., S. 287 u. 76
[7] Reinhold Schneider, Winter in Wien, 1958, S. 99 u. 261
[8] Edith Stein, Briefauslese, 1967, S. 57
[9] Teresia Renata de Spiritu Sancto, Edith Stein, 1954, S. 76
[10] Unanumo, Das tragische Lebensgefühl, 1925, S. 384
[11] Waltraud Herbstrith, Das wahre Gesicht Edith Steins, 1971, S. 60 u. 118
[12] Edith Stein, Die Frau in Ehe und Beruf, 1962

[13] Kor 2,2

[14] Kor 10,5

[15] Briefauslese, a. a. O., S. 136

[16] Edith Stein, Briefe an Hedwig Conrad-Martius, 1960, S. 63

[17] Ben-Chorin, Zwiesprache mit Martin Buber, 1966, S. 190

[18] Hilda Graef, Leben unter dem Kreuz, 1954, S. 264

[19] Teresia Renata de Spiritu Sancto, a. a. O., S. 75

[20] Edith Stein, Briefe an Hedwig Conrad-Martius, a. a. O., S. 7

[21] Alois Huning, Edith Stein und Peter Wust, 1969, S. 31

[22] Unanumo, a. a. O., S. 384

[23] Edith Stein, Kreuzeswissenschaft, 1950, S. 3

[24] Briefauslese, a. a. O., S. 67

[25] ibid., S. 108

[26] Teresia Renata de Spiritu Sancto, a. a. O., S. 135

[27] Mt 7, 13/14

[28] Briefauslese, a. a. O., S. 10

[29] Teresia Renata de Spiritu Sancto, a. a. O., S. 130

[30] Das Buch Esther 8,2

[31] Briefauslese, a. a. O., S. 110

[32] Das Buch Esther 2,7

[33] Jes 53, 3/4

[34] H. U. von Balthasar, Einsame Zwiesprache, 1958, S. 77

[35] 2 Mos 23,2

[36] Teresia Renata de Spiritu Sancto, a. a. O., S. 115

Die einsam dastehende Maria-Figur

[1] 5 Mos 12,11

[2] H. U. von Balthasar: Theresia von Lisieux, 1950, S. 36

[3] 1 Mos 3,15

[4] Jes 7,14

[5] Lk 1,38

[6] Lk 1,45

[7] Lk 2,35

[8] Lk 2,51

[9] Lk 2,19

[10] Joh 2,5

[11] Lk 11,28

[12] Joh 19,25

[13] Joh 19,26/27

[14] Apg 1,14

[15] Offb 12,1 ff.

[16] Neutestamentliche Apokryphen, ed. W. Schneemelcher, 1959, Bd. I., S. 280 ff.

[17] Hilda Graef, Maria, 1964

[18] ibid., S. 136

[19] ibid., S. 358

[20] H. Volk, Maria, 1964, S. 14

[21] R. Guardini, Die Mutter des Herrn, 1956, S. 82

[22] R. Schütz, Ein Fest ohne Ende, 1973, S. 37

[23] Ps 8,3; u. Mt 21,16

[24] Vgl. R. Schimmelpfennig, Die Geschichte der Marienverehrung im Deutschen Protestantismus, 1952

[25] Martin Luther, Das Magnificat, 1929, S. 3, vgl. Walter Tappolet, Das Marienlob der Reformatoren, 1962

[26] H. Asmussen, Maria, 1950, S. 13

[27] R. Schneider, Pfeiler im Strom, 1958, S. 157

[28] Vgl. L. Birchler u. O. Karrer, Maria, Die Madonna in der Kunst, 1941, u. Ernst Günther- Grimme, Deutsche Madonnen, 1966

[29] Vgl. Romanische Madonnen, 1964

[30] Lobet den Herrn, ed. Zoozmann, 1928, S. 363

[31] Vgl. Maria in Dichtung und Deutung, ed. Karrer, 1962

[32] ibid., S. 248

[33] Birgitta von Schweden, Revelationes, 1,35

[34] Röm 4,11

[35] Dostojewskij, Die Dämonen, 1961, S. 195

[36] Leopold Ziegler: Spätlese, 1953, S. 428

[37] G. Bernanos, Tagebuch eines Landpfarrers, 1936, S. 443

[38] Novalis, Werke, Bd. I, S. 52.